21世纪体育系列教材 ● 西南区体育教材教法研究会教材编审委员会审订

乒乓球

PING PANG QIU

主　编　肖树新

副主编　左　晖　柳孟利　陈晓梅

　　　　江　涛　汪克新　杨庆辞

参　编（排名不分先后）

　　　　刘　玲　王云杰　龙光明

　　　　陈腊安　杨保亚　宋冬梅

　　　　龙庆菊

北京师范大学出版集团
BEIJING NORMAL UNIVERSITY PUBLISHING GROUP
北京师范大学出版社

图书在版编目(CIP)数据

乒乓球/肖树新主编 . —北京:北京师范大学出版社,2010.6
(2021.3重印)

ISBN 978-7-303-11074-2

Ⅰ.①乒… Ⅱ.①肖… Ⅲ.①乒乓球运动－高等学校－教
材 Ⅳ.①G846

中国版本图书馆 CIP 数据核字(2010)第 100692 号

营销中心电话   010-58802755   58800035
北师大出版社职业教育分社网   http://zjfs.bnup.com
电 子 信 箱   zhijiao@bnupg.com

出版发行:北京师范大学出版社 www.bnupg.com
         北京市西城区新街口外大街12-3号
         邮政编码:100088
印   刷:天津中印联印务有限公司
经   销:全国新华书店
开   本:730 mm×980 mm   1/16
印   张:17.25
字   数:390千字
版   次:2012 年 8 月第 2 版
印   次:2021 年 3 月第 8 次印刷
定   价:28.00 元

策划编辑:周光明   责任编辑:周光明
美术编辑:高 霞   装帧设计:华鲁印联
责任校对:李 菡   责任印制:陈 涛

于贵和（贵州大学）

邱　勇（贵州大学）

谭　黔（遵义师范学院）

李建荣（毕节学院）

雷　斌（贵州电子职院）

周　跃（云南昭通师专）

肖谋远（西南民族大学）

王　平（铜仁学院）

黄平波（凯里学院）

党云辉（思茅师专）

李　黔（六盘水师专）

张　龙（六盘水师专）

杨庆辞（保山师专）

薛　斌（云南师范大学商学院）

左文泉（云南师范大学）

余　斌（贵州财经学院）

张兴毅（兴义民族师范学院）

李　英（西藏民族学院）

何德超（遵义师范学院）

颜　庆（遵义师范学院）

教材编审委员会

主　　任　孟　刚（兼）（贵州师范大学）

副主任　王洪祥（兼）（昆明学院）

郭　颂（兼）（贵州民族学院）

姚　鑫（兼）（贵州师范大学）

陈雪红（兼）（楚雄师范学院）

吕金江（兼）（曲靖师范学院）

于贵和（兼）（贵州大学）

梁　健（兼）（红河学院）

前言

　　《乒乓球》是高校体育教育等专业技能必修课程，本教材为该课程学生用书，是由西南区（云、贵、川、渝）体育教材教法研究会《乒乓球》教材小组根据西南三省一市体育院校本科教学计划、培养目标和乒乓球课程教学大纲规定的教学任务、教学时数、教学内容及考核要求分工负责撰写和串编完成的。本教材在编写过程中，充分考虑了社会发展需要和西南三省一市地域特征以及体育教育等专业实际情况，总结归纳了多年以来学生学习、掌握、应用乒乓球基本知识、方法以及各院校乒乓球课程教学实践的经验，在继承前人不同时期出版的乒乓球教材优点的基础上，重点吸收了国内外乒乓球学科领域内先进的理论和实用知识。

　　在本教材的编写中，坚持"守正出新、突出特色、拓宽口径、整体优化"的原则，结构、内容上突出"灵活性、先进性、扩展性、专题性、实用性"，力求全面反映当前课程改革、教学改革和体育科学的新发展；精心设计编写体例，加大实用案例引用，从多方面强化学生学习的主体性，为体育教育专业更好地实现培养复合型人才的总目标做了一些实质性的探索。

　　本教材是由西南区体育教材教法研究会组织专家、教授、专业从业人员经过多次的认真讨论研究，同时听取和征求多所体育院校乒乓球教学工作者的意见后完成编写工作的。本教材由肖树新主编并统稿全书。参加本教材编写的人员有：左晖、柳孟利、陈晓梅、江涛、汪克新、杨庆辞、刘玲、王云杰、龙光明、陈腊安、杨保亚、宋冬梅、龙庆菊。

　　本教材是北京师范大学出版社联合西南区（云、贵、川、渝）体育教材教法研究会策划出版的系列教程之一。在编写过程中，参阅了兄弟院校有关教材和资料，同时，得到了多名专家的指导，北京师范大学出版社的部分编辑为此也付出了艰辛的劳动，我们一并表示衷心的感谢。对于在本教材中引用参考的未标明的被引用者的姓名和论著的出处，我们在此表示歉意，并同样表示感谢！

我们真诚地希望广大师生和专家对本教材提出宝贵意见，以便今后对教材进行修订，并逐步加以完善和提高。

西南区体育教材教法研究会《乒乓球》编写小组
2012 年 5 月

乒

兵

球

目录
Contents

第一章 乒乓球运动概述

本 章 要 点

本章共四节，主要介绍了乒乓球运动的起源，乒乓球运动的发展，乒乓球运动的组织机构及乒乓球重大赛事等。乒乓球作为一种游戏起源于英国，它是从网球运动派生出来的。国际乒联成立后，统一了竞赛规则，并定期举办世界乒乓球锦标赛，促进了乒乓球运动的迅速发展。

第一节 乒乓球运动的起源

一、乒乓球运动的游戏阶段

乒乓球作为一种游戏起源于英国，它是从网球运动派生出来的。传说18世纪末、19世纪初在英国首都伦敦，有两个青年到饭馆吃饭。饭后，两个人闲聊时感到很闷热，于是就拿起雪茄烟盒扇起来。后来，他们又捡起酒瓶上的软木塞子，以当时最盛行的打网球动作，用雪茄烟盒把塞子在餐桌上打来打去。这种游戏吸引了不少食客和侍者观看。英国的新闻界颇感兴趣，把它誉为时髦的运动，并做了充分的报道。很快，英国的一些大学生，以室内餐桌做球台，在两把高背椅子上挂一根细绳当做球网，采用比草地网球小的橡皮实心球裹上丝织物代替软木塞，将羊皮纸贴在窄长拍柄、椭圆形球拍两面作为击球工具。此种亦称"小网球"的游戏，很快便在贵族中流行开来，并命名为"桌上网球(Table Tennis)"。

1890年，英格兰越野跑运动员 J. 吉布从美国带来了一些作为玩具的赛璐珞球，由于这种球打起来发出"乒乓"的声音，于是有人称这项运动为"乒乓球"。

1891年，英格兰人查尔斯·巴克斯特把"乒乓球"作为商业专利权申请了许可证，其登记号码为19070号。

1902年，英国人库特发明了胶皮颗粒球拍。

与此同时，日本沿海港埠横滨，外国商船来往频繁，商行里经常进行类似乒乓球运动的游戏。于是日本人也模仿起来，他们把饭桌或制图桌当做球台，用毛巾或书籍堆起来做球网。球有的是胶质的，有的是丝织物；而球拍则是用盛饭的木勺子代替。1902年，留学英国的日本东京高等师范学校教授坪井玄道将乒乓球整套用具带回日本。

1904年，上海四马路一家文具店的老板王道平从日本购进乒乓球器材带回上海。他为了推销这些器材，介绍了在日本看到的打乒乓球的情况，并亲自作了表演，从此中国就开始有了乒乓球活动。1916年上海的基督教青年会设有乒乓球活动房，一些学生开始参加乒乓球活动，随后这项活动逐渐在京、津、沪、穗等几大城市开展起来。

1905～1910年间，乒乓球活动传入中欧的维也纳、布达佩斯，而后逐步扩展到北非的埃及等地。

乒乓球起源阶段的基本特征：一是乒乓球运动在器材和游戏方法上，有明显的网球运动项目痕迹；二是作为体育运动在项目开展水平上，还处在游戏阶段。

二、乒乓球运动成为竞技项目阶段

1918年，欧洲许多国家相继成立了乒乓球协会。乒乓球竞赛活动开始在各国之间开展。国家间的比赛活动，不仅促进了乒乓球技术水平的提高，同时也为国际乒乓球组织的建立奠定了基础。

1926年1月柏林国际乒乓球邀请赛期间，在德国人勒赫曼博士的倡议下，在柏林网球俱乐部召开了一次关于建立乒乓球国际组织的座谈会，会议决定成立临时国际乒联，并委托英国乒协于当年12月举办第一届欧洲乒乓球锦标赛。

1926年12月12日在伊沃·蒙塔古的母亲斯韦思林女士的图书馆里举行了第一次全体会议，通过了国际乒联章程，规定：国际乒联的主要宗旨是协调规则，促进乒乓球运动在全世界开展，筹备和组织世界乒乓球赛，全体代表大会为乒联的最高权力机构。会议还通过了乒乓球比赛规则草案，以便使规则统一起来；成立了第一届主席团，选出了国际乒联的领导机构，伊沃·蒙塔古被选为第一任主席。这时，参加国际乒联的成员国，除了1926年1月的德国、英格兰、奥地利、匈牙利，又增加了捷克斯洛伐克、瑞典和威尔士。

参加1926年第一届欧洲乒乓球锦标赛的国家有德国、匈牙利、威尔士、英格兰、奥地利、瑞典、捷克斯洛伐克、印度和丹麦，男、女运动员共64人，其中英格兰和威尔士占28名。女运动员只有14名，其中英国11名，奥地利2名，匈牙利1名。赛前举行了隆重的抽签仪式，参加国的外交官纷纷出席。第一任国际乒联主席蒙塔古先生的母亲斯韦思林夫人，专为男子团体冠军赠送了一只奖杯，故现今仍称男子团体赛为"斯韦思林杯"赛。本届锦标赛因印度是亚洲国家，故国际乒联将此次锦标赛更名为第一届世界乒乓球锦标赛，每年举办一届。比赛中，采用英国的乒乓球竞赛规则和21分为一局的记分方法。除男子团体外，还设立了男子单打、男子双打、女子单打、混合双打5个项目。经过5天角逐，5项冠军全部被匈牙利队夺得。上述事件标志着乒乓球成为了正式的竞技运动项目。

1928年1月在斯德哥尔摩举行了第二次国际乒联全体代表大会和第二届世界乒乓球锦标赛，共有14个国家参加。会议讨论了这项运动的名称，正式命名为"乒乓球"。同时通过了"21分记分法"为各国统一的比赛记分方法。此次大会还决定了增设女子双打项目。1934年又增设了女子团体项目，至此乒乓球比赛共设立7个比赛项目。

1940～1946年间，世界乒乓球锦标赛因第二次世界大战而中断。

1957年第24届世界乒乓球锦标赛后改为每两年举办一次。

1980年，创办了乒乓球运动的另一世界大赛：世界杯乒乓球赛，比赛每年举办一届。

1988年在汉城举行的第24届奥运会，开始把乒乓球比赛项目中的男子单打、女子单打、男子双打和女子双打列为正式比赛项目。

2000年，世界乒乓球锦标赛的团体项目和个人项目分开举办。

中国乒乓球运动员第一次参加正式的国际性比赛是在1927年。当年的8月，第八届远东运动会在上海举行，乒乓球列为表演项目。参加这次乒乓球表演赛的只有中国和日本两个国家。1935年在上海成立了中华全国乒乓球协进会。1949年新中国成立后，在北京成立了全国乒乓球协会。

乒乓球成为正式竞技项目的基本特征是：国际乒乓球组织的建立和规则的制订；国际性赛事的出现。

第二节　乒乓球运动的发展

一、世界乒乓球运动

国际乒联成立后，统一了竞赛规则，定期举办世界乒乓球锦标赛，以促进乒乓球运动的快速发展。回顾世界乒乓球运动的发展过程，大致经历了五个阶段。

(一)欧洲乒乓球运动的全盛时期(1926～1951年)

此时期共举办18届比赛，仅第13届在非洲埃及举行，其余皆在欧洲举行。

在 7 个正式比赛项目中，先后共有 117 个冠军，除美国选手取得 8 个冠军外，其余都由欧洲选手夺得，占全部锦标赛的 93.1％。此外，参加比赛的也主要是欧洲选手。基于以上 3 个原因，所以称此时期为欧洲的全盛时期。

乒乓球运动初期使用木板拍，打法只是推来挡去。20 世纪初，出现了贴有带颗粒的胶皮拍子，增加了球拍击球时的弹性和摩擦力，随之产生了旋转和削球打法，这一时期的主导打法是削球。

削球打法的成功，除了精湛的技艺外，得益于 1902 年英国人库特发明的胶皮拍。胶皮拍的出现改变了使用木板拍以挡球技术为主的初级击球形式，加大了击球的摩擦力，提高了球的旋转。胶皮拍与木板拍相比，使用上可以制造旋转，从而为削球打法运动员在下旋球技术的运用方面提供了条件。胶皮拍在进攻打法和削球打法的比较上，由于它的弹力比较弱，故能够发挥下旋技术在控制性、稳定性和旋转性上的特点；而进攻技术需要的速度和力量，胶皮拍还不能充分满足。另外，在 1936 年以前，比赛用的球台窄（146.4 厘米），球网高（17 厘米），球比较软，使得在技术使用上易于进行削球而不适宜进攻。因此，善于利用球拍性能和软球特点的削球打法运动员获得了突出的成绩。

第 11 届世乒赛前，由于对比赛没有时间的限制，所以，多次出现了"马拉松"式的乒乓球赛。1936 年第 10 届世界乒乓球锦标赛男团决赛时，罗马尼亚和奥地利出场的 3 名选手均为削球打法。由于水平接近，比赛进行了 3 天，耗时 31 小时，结果奥地利 5:4 胜。第 11 届的女单决赛，已打了 1 小时 45 分钟，双方仍未见高低，观众大多离去，裁判疲惫不堪。最后，裁判请她们用掷钱的方法决定胜负。两位执意不从，致使这届女单冠军的宝座空设。很显然，这种冗长、乏味的比赛，对乒乓球运动的发展是不利的。第 11 届世乒赛后，国际乒联对比赛规则进行了修改：球台加宽至 152.5 厘米，球网降至 15.25 厘米，比赛改用硬球，限制了比赛时间。这些改革皆为攻球创造了有利条件，不仅削攻结合打法开始发展起来，而且还出现了一些以攻为主的选手，但就这一时期的总体而言，攻球技术还未达到战胜削球的水平。

（二）日本队称雄世界乒坛（1952～1959 年）

日本乒协早在 1928 年就加入了国际乒联，但直到 1952 年才第一次参加世乒赛。此届世乒赛，手握海绵球拍、采用中远台单面长抽打法的日本队虽然只有 3 男 2 女共 5 名运动员参加，却一鸣惊人地夺得了男子单打、男子双打、女子团体和女子双打 4 项冠军。从此，世界乒坛的优势开始由欧洲的削球转到了亚洲的攻球，进攻与防守成为当时世界乒乓球运动的主要矛盾。

此时期共举行 7 届世乒赛，有冠军 49 个，日本队独拿 24 个，占全部锦标赛的 49%。第 19 届世乒赛，日本夺得女团、男单、男双、女双 4 项冠军。其后，又在第 21~25 届的比赛中蝉联男团桂冠，获第 19 届、21 届、22 届、23 届、24 届男单冠军，第 23 届、24 届、25 届女单冠军，以及多次女双、男双、混双冠军。特别是 1954 年第 21 届世乒赛，日本队双获男女团体冠军；1959 年第 25 届世乒赛，日本队竟然夺走了 7 项冠军中的 6 项（男单冠军由我国容国团获得）。日本队的中远台单面长抽打法冲破了欧洲防线，处于技术领先阶段。

1957 年日本人发明的正胶、反胶海绵拍，进一步提高了长抽进攻技术的威力。海绵拍、海绵胶皮拍进攻力量速度性能的充分使用和中远台单面长抽技术的出现，使乒乓球运动进入到一个讲究进攻力量和速度的时代。长抽进攻技术，为日本在 1959 年的第 25 届世界乒乓球锦标赛上获得冠军，提供了有利的技术支持。而海绵胶皮拍击球的力量速度和潜在的制造旋转性能，揭开了乒乓球运动运用强烈上旋进攻技术的序幕。

海绵拍的出现，当时曾引起许多人的反对，甚至要求予以取缔。直到 1959 年，国际乒联才通过了对球拍规格化的决定：运动员只准使用木拍、胶皮拍以及海绵胶拍（海绵上覆盖一层颗粒胶，颗粒可向里或向外，总厚度不得超过 4 毫米，其中颗粒胶的厚度不得超过 2 毫米）。海绵拍得以合法使用。这也意味着长抽进攻打法能够继续存在，日本队可以继续保持它的技术优势。

这个阶段，由于海绵拍和海绵胶皮拍的使用，使乒乓球运动进入到了追求进攻力量、速度的时期。

(三)中国队崛起，朝鲜队崭露头角(1959~1969 年)

1959 年，中国选手容国团在第 25 届世乒赛上，为中国夺得了第一个世界冠军。1961~1969 年，共举行 5 届世乒赛，中国队仅参加了第 26 届、27 届和第 28 届的比赛，夺得冠军 11 个，占全部锦标赛的 52%。具有"快、准、狠、变"独特风格的中国直拍近台快攻打法成为世界上最先进的打法，它代表了当时世界乒乓球技术的新潮流。

近台快攻打法的成功，是建立在正胶海绵拍提供速度支持的基础上的。中国乒乓球界在总结战胜日本单面长抽打法、欧洲削球打法以及中国运动员在世界比赛中取得优胜所获得的技术经验基础上，形成了站位近台，以左推右攻和两面进攻为主的近台快攻打法。这种打法充分发挥了正胶海绵拍快速的特点。在进攻速度上比中远台长抽要快，同时比较好地解决了反手位的技术（推和反手攻），在技术上比单面长抽技术要先进。这些技术上的创新为战胜日本队提供了重要的技术保证。

海绵胶拍发明不久，1960年弧圈球技术在日本产生了。由于这项新技术当时还处于初级阶段（上旋强烈，但弧线高、速度慢），仅对削球打法显示了极大的优势，而对进攻型打法并未能显示出多大的威力。然而，它对以后世界乒乓球技术的发展却起到了很大的促进作用。

20世纪60年代后期，中国队没有参加世乒赛，7项冠军是在日本和欧洲、朝鲜各队之间争夺的。第29届世乒赛，朝鲜男队连续战胜欧洲强队，获得团体亚军，女队亦成为世界强队之一。

在这个阶段，由于正胶海绵拍性能的充分利用和近台快攻打法的出现，使乒乓球运动进入到一个在近台意义上讲究进攻速度的时代。

(四)欧洲队复兴，中国队重整旗鼓(1971～1979年)

20世纪70年代，世界乒乓球技术的发展突飞猛进。欧洲选手经过了近20年的努力，终于闯出了一条新路：他们兼取了中国快攻和日本弧圈球打法的优点，创造了弧圈球与快攻相结合的新打法，从而走上复兴之路。第31届世乒赛，19岁的瑞典选手本格森连续战胜了中国队和日本队的强手，一举夺得男单冠军；第32届世乒赛，瑞典男队夺走亚洲保持了20年之久的团体冠军；第33届男单决赛，是在两名欧洲选手(约尼尔和斯蒂潘契奇)之间进行的；第35届男团冠军，由失去此冠军达27年之久的匈牙利队所获。这些成绩标志着欧洲运动员采用弧圈球进攻打法，在技战术方面已经可以和中国的近台快攻抗衡。面对新的发展形势，中国队及时调整了心态和技术。在20世纪70年代5届世乒赛的35个冠军中，中国队共获得35个冠军中的16.5个。

在此阶段，中国近台快攻打法在保持原有技术特点基础上，又有新的发展，形成了新近台快攻打法。新近台快攻打法是指针对弧圈球技术，形成的一种具有新的近台快攻技术内容的打法。新快攻打法有两个发展方向：

一是在传统正胶球拍近台快攻打法的基础上，提高回击弧圈球的技术能力以及进攻下旋来球的技术能力。采用的主要新技术有：盖打、反带、推挤弧圈球技术；在处理下旋球方面，正手进攻技术要求既可打低球突击，也能用正胶拉小弧圈球。这一针对弧圈球技术所采用的新技术内容，在世界大赛中都有成功的运用。

二是在逐步认识弧圈球技术先进性的基础上，开始对传统正胶海绵拍的近台快攻打法进行合理改造，即采用反胶海绵拍，学习弧圈球进攻技术，把正手的拉和打，以及与反手推挡结合起来，形成了直拍用反胶海绵拍打近台快攻的打法。

乒乓球拍在这一阶段没有本质性的变化。主要使用的是正、反胶海绵拍。但在球拍材料的选用上，开始把碳素纤维用在底板中。在一定程度上，它既提高了击球的速度和力量，又保证了击球的稳定性，为中国弧圈球技术打法的发展做出了重要的贡献。

这个阶段，由于对反胶进攻性能的进一步认识，使得乒乓球技术进入了速度和旋转结合的时代。

（五）"中国打世界"，"世界打中国"（1981年至今）

1981年第36届世乒赛，中国队囊括了7项冠军和5个单项的亚军，创下了世界乒乓球历史的新纪录。此后的3届世乒赛，中国队均取得6项冠军。"中国打世界"的局面开始形成。

20世纪80年代末至90年代中期，中国男队走入困境，女队遭遇困扰。标志乒乓球技术最高水平的男团、男单冠军，连续3届（第40届、41届、42届世乒赛）为欧洲选手所获；中国女队第41届痛失团体冠军，第42届女单比赛只有高军一人进入半决赛，这是中国女队14年来第一次在单打比赛中未能进入决赛。

进入90年代，中国直板正胶近台快攻选手创造"直拍横打"技术，完善和发展了传统直拍快攻打法。

1995年第43届世乒赛，中国队囊括7项冠军。第44届中国队又获6项冠军。第45届中国队包揽5个单项比赛的冠亚军和女团冠军，仅男团惜败于老对手瑞典队。

1996年第26届、2000年第27届奥运会上，中国队又连续两次实现大满贯。2001年第46届世乒赛，中国队囊括7项冠军。2003年第47届世乒赛单项赛中，中国队又获4项冠军（仅丢男单）。中国队已成为世界各队的众矢之的。"中国打世界"，"世界打中国"的形势还在发展中。

今天，人们对速度与旋转的对立统一关系，认识得更加深刻了，从技术动作到打法类型、从技术到战术，无不体现了这一新理念。世界乒乓球技术仍沿着"积极主动、特长突出、技术全面、战术多样"的方向发展。

自20世纪末，国际乒联对乒乓球比赛规则进行了一系列改革。2000年10月，乒乓球直径由38毫米、2.5克，改为40毫米、2.7克；2001年9月，乒乓球比赛由（每局）21分制改为11分制；2002年9月，乒乓球比赛执行发球无遮挡的规定。这些改革的目的有3个：

（1）增加击球板数，提高比赛的观赏性。

（2）增加比赛胜负的偶然性，打破由少数国家或地区的运动员包揽金牌的局面。

（3）最终扩大乒乓球运动的市场。

从目前看，这些改革虽未改变乒乓球运动的最基本规律，但对技战术的影响还是相当大的。欧洲选手不仅在原有旋转的基础上加快了速度，而且还加强了前三板球，他们的技术更趋全面，欧亚的争夺更加激烈。

二、中国乒乓球运动

(一)旧中国的乒乓球运动

1904 年，乒乓球运动从日本传入中国。

1916 年上海基督教青年会童子部添设了乒乓球房和球台，学校中开始有了乒乓球活动。随后，这项运动就逐渐在北京、天津、青岛、上海和广州等地开展起来，并举行了不同规模、一定数量的国内、国际乒乓球比赛。

1918 年上海乒乓球联合会成立。

1927 年中华队赴日本进行访问比赛，同年 8 月在上海举行的第 8 届远东运动会上，中日乒乓球又进行了表演赛。

1935 年，中华全国乒乓球协进会成立，发起并组织了新中国成立前的第 1 届全国乒乓球比赛，参加比赛的有上海、天津、浙江、江苏、南京、青岛、香港、澳门等代表队。当时的中国乒乓球运动不仅技术水平低，而且组织比赛的能力亦很有限。

1935 年 1 月，国际乒联主席蒙塔古曾电邀中国加入国际乒联，并参加第 9 届世界乒乓球锦标赛，由于没有经费未能实现。

曾有人形容新中国成立前的乒乓球运动："政府腐败无能，人民遭殃受穷；谁想发展乒乓，岂非白日做梦！"

(二)新中国成立后的乒乓球运动

新中国成立后，乒乓球运动得到了迅速的普及和提高。1952 年 10 月，举行了新中国的第一次全国乒乓球比赛大会。赛后组建了中国乒乓球队。从中国乒乓球队第一次参加世乒赛至今，其战斗历程大体可分为 5 个阶段。

1. 起步阶段(1953～1957 年)

1953 年，中国队第一次参加在罗马尼亚布加勒斯特举行的第 20 届世乒赛，男队被评为一级第 10 名，女队被评为二级第 3 名。中国队当时的技术水平是很低的，但是他们没有盲目地跟着外国人后面跑，而是以中国选手的特点为基础，认真研究乒乓球运动的客观规律，虚心学习外国队的长处。

1955 年中华人民共和国乒乓球协会正式成立。

第 21 届、22 届世乒赛，中国队未参加。1956 年，中国队参加了第 23 届世乒赛。赛后，男队被评为一级第 6 名，女队被评为一级第 11 名。这届比赛，显示了中国快攻打法既快又狠的优越性，同时，也暴露出中国选手在击球准确性方面的不足。

1957 年，中国队参加了第 24 届世乒赛，男队被评为一级第 4 名，女队被评为一级第 3 名。

1953～1957 年，短短的几年时间，中国队在认真钻研乒乓球运动规律的基础上，不断丰富、提高自己，中国乒乓球运动取得了长足的进步。

2. 腾飞（1959～1965 年）

1959 年容国团在第 25 届世界乒乓球锦标赛上夺得男子单打冠军。此外，中国队还在男团、女团、女单、女双和混双 5 个项目上都获得了第三名，男单有 4 人进入前 8 名，中国的乒乓球运动水平进入世界先进行列。

1961 年第 26 届世界乒乓球锦标赛在中国首都北京举行，这是中国第一次举办世界比赛。中国队获得男团、男单、女单 3 项冠军，4 项亚军和 8 个第 3 名。我国的直拍快攻和削球打法已初步形成了"快、准、狠、变"和"稳、低、转与不转、反"的技术风格。第 26 届世乒赛的胜利极大地鼓舞了全国人民，也极大地推动了乒乓球运动的发展，在中国掀起了"乒乓球热"。

第 27 届世乒赛，男队获得全面胜利。男团决赛，中国队派两名直拍快攻选手和一名直拍削球手上阵，比第 26 届世乒赛显示出更大的优势。男双冠军由两名削球选手获得。但女团、女单、女双和混双皆与冠军无缘。这对女队震动很大。在第 28 届世乒赛上女队打了一个漂亮的翻身仗，中国队共获男、女团体，男子单打和男、女双打 5 项冠军、4 项亚军和 7 个第 3 名。国际舆论普遍认为中国是"世界头号乒乓球国家"，称乒乓球为中国的"国球"。

1961～1965 年，是中国乒乓球运动的第一次高峰，无论直拍快攻，还是防守型削球打法，都取得了好成绩。各种类型打法相互促进、竞相发展。

3. 重整旗鼓（1971～1979 年）

正当中国乒乓球运动处于鼎盛时期，中国开始了史无前例的无产阶级"文化大革命"，使中国乒乓球队蒙受了巨大损失。1967～1969 年中国队未参加第 29 届和第 30 届世界乒乓球锦标赛。1970 年年底，与世界乒坛隔绝 4 年的中国队参加了斯堪的纳维亚公开赛，受到了欧洲选手强有力的挑战。中国队发现自己落后了。

面对欧洲选手的进步，中国的快攻应如何发展？20 世纪 70 年代初，中国乒乓球界展开了一场学术性的讨论。徐寅生同志力主在原来"快、准、狠、变"的指导思想上再加一个"转"字，并提出了用反胶打快攻的设想。随后，直拍正胶增加了拉上旋小弧圈和快带、盖打、推挤等对付弧圈球的技术；具有创新精神的直拍反胶快攻亦取得了可喜的成绩；两面不同性能球拍打法也有一些新的发展。

1971 年第 31 届世乒赛，中国队艰难地夺得了男团冠军，同时还获得女单、女双和混双冠军。1973 年第 32 届世乒赛，中国队仅取得男女单打和混双

3 项冠军。1975 年第 33 届世乒赛只获得男女团体冠军。1977 年第 34 届世乒赛保住了男女团体冠军，还夺得男双和女双冠军。1979 年第 35 届世乒赛，中国队在有女子参赛的项目中皆获冠军，而 3 个男子项目的第一名都被外国选手夺走。中国男队的这次全面失利，引起了乒乓界的震动。中国男队在认真分析了失利的原因后，提出要"苦练意志、苦练技术、苦练身体"，争取在最短的时间内夺回世界冠军！

4. 又创辉煌（1981～1987 年）

1981 年第 36 届世乒赛，中国队一举夺得全部比赛项目的 7 个冠军和 5 个单项的全部亚军，创造了世乒赛历史的新纪录，成为世乒赛 55 年历史上第一个夺取全部冠军的国家。在以后的 3 次世乒赛中，我国乒乓球运动员在技术风格上力求做到特长突出、技术全面、积极主动，没有明显的技术漏洞，中国队每届都获得 6 项冠军。4 届比赛共有冠军 28 个，中国队夺得 25 个，占冠军总数的 89.29%。尽管每届都不容易、项项都不轻松，但中国队在世界乒坛的地位已显而易见。各国都加强了对中国队的研究，并以在 7 个项目中的任何一项、任何一轮打败中国选手为荣。此时期成为中国乒乓球运动的第二次高峰。

5. 新程（1988 年至今）

1988 年第 24 届奥运会，乒乓球第一次被列为正式比赛项目。中国选手在 4 个比赛项目中获得了男双金牌和女单的金、银、铜牌，义勇军进行曲在汉城赛场高奏，3 面五星红旗同时升起。这天正是 10 月 1 日，中国乒乓球队为国庆献上了一份厚礼。

欧洲男选手经过一段时间的磨炼，技术更加全面，打法已趋成熟。中国队在长期的胜利中隐藏了失败的因素。

尽管在 1992 年第 25 届奥运会乒乓球比赛中，中国队夺得了 4 个比赛项目中的 3 枚金牌，但中国男队在世乒赛中连续 3 届（第 40 届、41 届、42 届）与含金量最高的团体和单打冠军无缘；中国女队在第 41 届世乒赛中痛失团体冠军；第 42 届的单打比赛中，中国女队无人进入单打决赛。为使男队尽快走出困境，女队摆脱困扰，1993 年年末 1994 年年初，中国乒协及时举办了全国乒乓球奥运会重点省市男队主教练和业余体校的教练员研讨班。中国乒协主席徐寅生、副主席李富荣做了重要讲话。这次会议，对中国乒乓球运动的发展起到了重要的作用。

1995 年第 43 届世乒赛在天津举行，这是中国第二次举办世乒赛。中国队囊括了全部冠军。中国队终于走出低谷，迎来了中国乒乓球运动的第三次高峰。

1996 年的第 26 届奥运会，中国队首次在这项全世界最重大的赛事中夺得了所有乒乓球赛的金牌。第 44 届、45 届世乒赛，中国队都取得了 6 项冠军的好成绩。

在 2000 年第二十七届悉尼奥运会上，我国选手囊括了全部金牌，圆满的结束了乒乓球小球（直径 3.8 厘米）阶段的历史。

2001 年的第 46 届世乒赛，中国队第三次囊括 7 项冠军。男团半决赛时，中国队遇上韩国队。韩国队拼劲十足，技术超水平发挥。在双方战成 2∶2 时，决胜盘由刘国正与金泽洙对垒。从过去的战绩看，刘国正处于下风，首局先负，第 2 局又以 3∶9 落后，面对如此局面，刘国正毫不气馁，凭借着在中国乒乓球队这个锻造英雄的集体中铸就的钢铁意志和勇敢善变的品质，把比分追成了 19 平。之后，刘国正先丢 1 分，追平；再丢 1 分，又追平……如此连续 3 个回合，最后以 24∶22 险胜。第三局，刘国正 15∶19 落后，眼看斯韦思林杯的决赛权就要属于韩国，他竟将比分又扳成 19 平。此后，重现了第 2 局的情景，刘国正在 4 次先输 1 分的情况下，都将比分追平，最后以 25∶23 为中国队拿下了这举足轻重的 1 分！这场比赛堪称世界乒坛的经典之战。

表 1-1　中国乒乓球队荣获世界冠军统计表

（截至 2009 年 9 月 24 日）

比　赛　名　称	冠军数（个）
奥运会男团	1
奥运会女团	1
奥运会男单	3
奥运会女单	6
奥运会男双	5
奥运会女双	4
世乒赛男团	16
世乒赛女团	17
世乒赛男单	15
世乒赛女单	18
世乒赛男双	14
世乒赛女双	17.5
世乒赛混双	17
世界杯男团	3
世界杯女团	4
世界杯女双	1
世界杯男单	16
世界杯女单	12
合计	170.5

2003 年的第 47 届世乒赛的单项赛，第一次执行 11 分制和无遮挡发球规则，中国队又获得 4 个冠军（仅失男单冠军）。

第 48 届、49 届世乒赛，中国队均夺得全部比赛项目的 7 个冠军。

2008 年北京奥运会，中国乒乓球队囊获男团、女团、男单、女单 4 块金牌，又一次展示了中国乒乓球队的风采。

中国乒乓球队自1959年容国团夺得第一个世界冠军至2009年9月，共获世界冠军170.5个。其中，奥运会冠军20个、世乒赛冠军114.5个、世界杯冠军36个(表1-1)。综观参加世界锦标赛50年的历史，中国乒乓球运动有过领先于世界的喜悦，有过失去领先的痛楚，但是，值得国人引以自豪的是：长期形成的"乒乓精神"，激励着一代又一代运动员不懈奋斗，为国争光！

第三节　乒乓球运动的组织机构

一、国际乒乓球联合会

国际乒乓球联合会简称国际乒联，是由各个国家和地区的乒乓球协会组成的联合体。国际乒联于1926年12月在英国伦敦成立，总部设在英国东苏塞克斯郡的里斯廷斯。国际乒联最早的会员国有英国、匈牙利、德国、奥地利、瑞士、威尔士、印度、捷克斯洛伐克、丹麦等，现已发展到拥有186个会员国，成为世界五大体育组织之一。中国于1952年3月正式加入国际乒联。1988年，乒乓球运动正式列入奥运会项目。

国际乒联的标记如图1-1所示，由乒乓球拍、球网、球和球台四个基本元素构成，形象地表现了乒乓球运动。其中用字母"ITTF"，组成了一个球网图案，这四个字母是英文International Table Tennis Federation的缩写，译文即是"国际乒乓球联合会"。贯穿在球网中间的是一只球拍图案，其形状突出了乒乓球运动这一主题面貌。字母F上的一点象征着乒乓球的圆球体形状，这一点与F字母组合成为一个运动员躯体图案，位于球拍下端的一条平行线段，代表乒乓球台。国际乒乓球联合会规定：凡是被国际乒联"许可"使用的球台、球网、底板、球拍覆盖物(胶皮)等器材上，必须印有此图案。

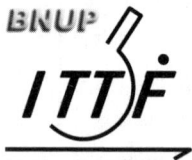

图1-1　国际乒联标记

(一)国际乒联的宗旨

(1)维护国际乒联的原则，发展协会和运动员之间的友好精神和相互帮助。

(2)协调各协会之间以及协会同其他团体之间的关系。

(3)继续提高乒乓球技术水平并在全世界扩大对乒乓球运动的参与。

(4)发展友好的乒乓球比赛，消除不公正行为和诸如用药物来影响比赛成绩的非体育行为。

(5)确定奥运会参赛资格。确定并维护乒乓球规则和国际竞赛规程。

(6)出版包括章程、竞赛规则和规程在内的规范性文件。

(7)鼓励用其他文字出版规范性文件并校对这些版本的准确性。

(8)促成和监督世界级比赛的举办。

(9)资金的使用要有利于乒乓球运动。

(二)国际乒联的主要活动

国际乒联的主要活动是：每隔两年委托一成员协会主办一届世界乒乓球锦标赛，并在举行该届世锦赛的同时、同地，举行代表大会。每一个正式会员协会有权派两名代表参加代表大会，并在代表大会上享有两票表决权。

(三)国际乒联的领导机构

国际乒联的领导机构为一名主席，一名第一副主席，一名名誉司库，六名副主席(分别代表非洲、亚洲、欧洲、拉丁美洲、北美洲和大洋洲)。理事会由代表大会选举产生，任期两年。代表大会休会期间，由理事会和各委员会进行工作。日常工作由主席、第一副主席、名誉司库和秘书长主持。另外，还设有分级分组、设备、医务、新闻宣传、规则、议事通则、技术7个专门委员会(图1-2)。

1. 分级分组委员会

分级分组委员会的职责如下：

(1)准备名次名单，供参加洲以上公开赛单打时排种子选手使用。

(2)世锦赛后公布各名次名单，最迟不迟于下届世锦赛抽签前一个月公布最后一次名次名单。

(3)自收到报名表时起，为世锦赛双打准备种子选手名单。

(4)就未参加上届世锦赛、根据实力已申请在最低级别以上某一级内的任何队的名次，向执委会提出建议。

(5)就有无种子选手排列，或把选手分配到各新时期预选赛阶段的问题，向世锦赛组织者提出意见。

2. 设备委员会

设备委员会的职责如下：

(1)就有关设备、比赛条件向理事会提出建议。

(2)起草有关设备、比赛条件的技术规程和指导性文件。

(3)对提交批准的设备进行检验或安排检验，并向理事会作出推荐。

(4)同技术委员会合作，就有关设备和比赛条件事宜通知世界比赛的主办单位。

```
                    ┌──────────────────┐
                    │   国际乒乓球联合会   │
                    └──────────────────┘

  ┌─────────────────┐        ┌─────────────────┐
  │    主持日常工作    │        │   各国家和地区     │
  │                 │        │   乒乓球协会       │
  │  ┌───────────┐  │        └─────────────────┘
  │  │    主席    │  │
  │  └───────────┘  │        ┌─────────────────┐
  │  ┌───────────┐  │        │    代表大会        │
  │  │   名誉主席  │  │        │   休会期间工作     │
  │  └───────────┘  │        │  ┌───────────┐  │
  │  ┌───────────┐  │        │  │   理事会    │  │
  │  │  第一副主席 │  │        │  └───────────┘  │
  │  └───────────┘  │        │                 │
  │  ┌───────────┐  │        │  ┌───────────┐  │
  │  │   名誉司库  │  │        │  │ 分级分组委员会│  │
  │  └───────────┘  │        │  └───────────┘  │
  │  ┌───────────┐  │        │  ┌───────────┐  │
  │  │   秘书长    │  │        │  │  设备委员会  │  │
  │  └───────────┘  │        │  └───────────┘  │
  │                 │        │  ┌───────────┐  │
  │  ┌───────────┐  │        │  │  医务委员会  │  │
  │  │  非洲副主席 │  │        │  └───────────┘  │
  │  └───────────┘  │        │  ┌───────────┐  │
  │  ┌───────────┐  │        │  │ 新闻宣传委员会│  │
  │  │  亚洲副主席 │  │        │  └───────────┘  │
  │  └───────────┘  │        │  ┌───────────┐  │
  │  ┌───────────┐  │        │  │  规则委员会  │  │
  │  │  欧洲副主席 │  │        │  └───────────┘  │
  │  └───────────┘  │        │  ┌───────────┐  │
  │  ┌───────────┐  │        │  │ 议事通则委员会│  │
  │  │ 拉丁美洲副主席│ │        │  └───────────┘  │
  │  └───────────┘  │        │  ┌───────────┐  │
  │  ┌───────────┐  │        │  │  技术委员会  │  │
  │  │ 北美洲副主席 │  │        │  └───────────┘  │
  │  └───────────┘  │        └─────────────────┘
  │  ┌───────────┐  │
  │  │ 大洋洲副主席 │  │
  │  └───────────┘  │
  └─────────────────┘
```

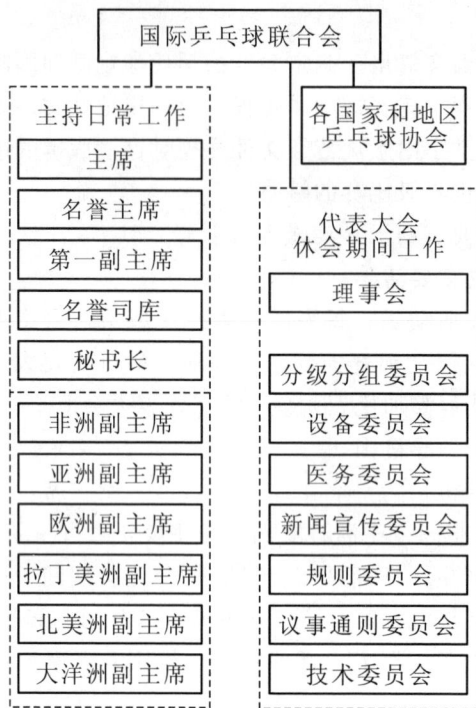

图 1-2 国际乒联组织机构

3. 医务委员会

医务委员会的职责如下：

(1)就有关乒乓球运动的医务、生理卫生等事宜向理事会提出建议。

(2)为运动员、训练人员和工作人员准备有关乒乓球运动的医疗设施、训练和饮食方面的指导性文件。

(3)准备有关兴奋物品和反兴奋剂运用的指令。

4. 新闻宣传委员会

新闻宣传委员会的职责如下：

(1)向理事会提出有关新闻宣传方面的建议。

(2)鼓励出版有关乒乓球运动的杂志、书籍、电影和情报交流。

(3)传播乒乓球运动的各方面情况。

5. 规则委员会

规则委员会的职责如下：

(1)向理事会就规则解释方面的任何问题提出建议。

(2)在世界乒乓球比赛中协同技术委员会协助裁判长解决规则方面的任何问题。

（3）按照代表大会同意的原则，对比赛的规则和规程在措辞方面进行审查，并进行适当的修饰和修正。

（4）协调、帮助裁判员、裁判长工作，并负责实施国际裁判的计划。

（5）通过各全国性协会，向国际裁判下达对于比赛规则和规程解释及应用的指令。

（6）制订一份该委员会的委员名单。在世界比赛期间，每天至少有一人在比赛场上日夜值班。

6. 议事通则委员会

议事通则委员会的职责如下：

（1）向代表大会推荐议事日程、开会次数及每次会议应处理的事项。

（2）对是否可接受逾期收到的提案、决议给予考虑，并向代表大会提出建议。

（3）对举办世界比赛的申请给予考虑，并向代表大会推荐。

（4）考虑各专门委员会和小组委员会人选的提名，并向代表大会推荐。

7. 技术委员会

技术委员会的职责如下：

（1）就组织世界比赛和有关世界比赛事宜向理事会提出建议。

（2）就世界比赛团体项目的比赛制度向理事会提出建议。

（3）在组织和管理方面向主办单位提出建议并给予帮助。

（4）委任世界比赛的仲裁委员会主席。

（5）在世界比赛中，就规则解释的任何问题协同规则委员会给予裁判长协助。

（6）负责世界比赛的抽签工作，并对主办单位准备的时间表予以批准。

（7）制订一份该委员会的委员名单，以便在世界比赛期间安排每天至少一人在场地日夜值班。

（四）国际乒乓球联合会的领导人

国际乒乓球联合会的领导机构由一名主席、一名第一副主席、四名执行副主席和六名各个洲的副主席构成。历任和现任主席是：

（1）国际乒联第一任主席：伊沃·蒙塔古；

（2）国际乒联第二任主席：罗伊·埃文斯；

（3）国际乒联第三任主席：荻村伊智郎；

（4）国际乒联第四任主席：洛罗·哈马隆德；

（5）国际乒联第五任主席：徐寅生；

（6）国际乒联第六任主席：阿达姆·沙拉拉

二、亚洲乒乓球联盟

亚洲乒乓球联盟简称亚乒联盟。1972年的5月4日至7日，中国、朝鲜、柬埔寨、伊朗、伊拉克、日本、科威特、黎巴嫩、马来西亚、尼泊尔、巴勒斯坦、新加坡、斯里兰卡、叙利亚和越南16个乒乓球协会在北京召开筹委会，并于1972年5月7日创立亚洲乒乓球联盟。

亚乒联盟理事会由20个协会组成。其组织机构有规则、教练、技术、少年、妇女、分级分组6个工作委员会，分别负责各分管的工作。

目前，亚乒联盟共有会员协会约为43个国家和地区，是亚洲最大的体育组织。

亚乒联盟的宗旨是增进亚洲国家和地区人民及运动员之间的友谊，发展亚洲与其他各洲乒乓球界和运动员的友好联系。促进亚洲乒乓球运动的普及、发展和提高。

此外，亚乒联盟章程还规定，亚乒联盟的会员协会不分大小，一律平等，互相尊重，民主协商。亚洲乒联每两年举办一次锦标赛，同时举行代表大会。

三、中国乒乓球协会

中国乒乓球协会简称中国乒协。是在中华全国体育总会领导下的单项运动协会之一，是由各省、市、自治区、解放军及各行业系统的乒乓球协会的代表组成的。成立于1955年，中国乒协的会址设在北京。

中国乒协的宗旨和任务是以提高乒乓球运动和发展与各国乒乓球运动员之间的友谊为宗旨。大力开展群众性乒乓球活动，特别是青少年的乒乓球活动。在普及基础上，努力提高乒乓球运动的技术水平，举办国际和全国的乒乓球比赛；向国外派遣教练员或聘请外国专家；加强与国际乒联及其所属机构的联系，开展与各国的乒乓球技术交流，积极参与国际乒乓球赛活动；检查和指导中国乒乓球的训练竞赛和科研工作；修改中国乒乓球竞赛规则、规程；组织全国教练员、裁判员的培训工作；承办中华体育总会的各项任务。

中国乒协会徽如图1-3所示。

图1-3　中国乒协会徽

第四节　乒乓球重大赛事

一、世界乒乓球锦标赛

世界乒乓球锦标赛(简称世乒赛)是国际乒联最早主办的、影响最大和水平最高的比赛,从 1926 年 12 月在伦敦举办第 1 届世界乒乓球锦标赛开始,已经举办了 49 届世界乒乓球锦标赛。世界乒乓球锦标赛正式比赛项目共有七个:男子团体、女子团体、男子单打、女子单打、男子双打、女子双打、混合双打。每项都设有专门的奖杯,名称分别是:

1. 男子团体——斯韦思林杯

斯韦思林杯(图 1-4)是由前国际乒联主席、英国的蒙塔古先生的母亲斯韦思林女士所赠,故称"斯韦思林杯"。

<table>
<tr><td>图 1-4　斯韦思林杯</td><td>图 1-5　考比伦杯</td></tr>
</table>

2. 女子团体——考比伦杯

考比伦杯(图 1-5)是由原法国乒协主席马赛尔·考比伦先生捐赠,故以他的名字命名。

3. 男子单打——圣·勃莱德杯

圣·勃莱德杯(图 1-6)是由原英格兰主席德科先生捐赠,因此以伦敦圣·勃莱德乒乓俱乐部的名字命名。

4. 女子单打——吉·盖斯特杯

吉·盖斯特杯(图 1-7)是由吉·盖斯特先生捐赠,故以他的名字命名。

图1-6　圣·勃莱德杯　　　　　　　图1-7　吉·盖斯特杯

5. 男子双打——伊朗杯

伊朗杯(图1-8)是由前伊朗国王捐赠，故以伊朗的国名命名。

6. 女子双打——波普杯

波普杯(图1-9)是由前国际乒联名誉秘书长波普先生捐赠，故以他的名字命名。

7. 混合双打——兹·赫杜塞克杯

兹·赫杜塞克杯(图1-10)是由前捷克斯洛伐克乒协秘书兹·赫杜塞克先生捐赠，故以他的名字命名。

图1-8　伊朗杯　　　　图1-9　波普杯　　　　图1-10　兹·赫杜塞克杯

以上七项奖杯都是流动的，各项冠军获得者可保存该项奖杯到下届世界锦标赛开始前。并享受在奖杯上刻上名字的荣誉。男、女单打如果连续获得三次冠军，则由国际乒联制作一个小于原奖杯一半的复制品，赠与获得者永久保存。我国优秀乒乓球选手庄则栋曾因连获第 26 届、27 届和第 28 届世界锦标赛男子单打冠军而获此殊荣。

从 1995 年第 43 届世乒赛开始，对获得男子单打冠军的选手除颁发圣·勃莱德杯外，还颁发一座"荻村杯"，以表示对国际乒乓球运动作出贡献的荻村先生的敬意。

此外，还有举办世界乒乓球锦标赛城市象征的"埃及杯"，该杯在该届锦标赛开幕式上转交给下一届的举办城市保存。国际乒联还为乒坛元老赛设置了一个"朱比列杯"，参赛选手都是历届乒乓球老教练、领队、乒联与乒协官员等。另外还有男、女单打安慰赛，但不设奖杯。

二、奥运会乒乓球比赛

由国际乒联申请，1981 年在巴登召开的第 84 届国际奥委会全体委员会上决定将乒乓球列入 1988 年奥运会正式比赛项目。设男子单打、女子单打、男子双打和女子双打 4 块金牌。它是先通过预选赛产生 64 名男选手和 32 名女选手，然后正式参加四个项目的比赛。乒乓球进入奥运会后，大大提高了乒乓球运动在国际体坛的地位。许多国家反响强烈，对乒乓球运动项目投入更多的人力、物力和财力，有力地推动了世界乒乓球运动的发展。

三、世界杯乒乓球比赛

为进一步推动世界乒乓球运动的发展，国际乒联决定从 1980 年起每年举办一届世界杯男子单打比赛，并于同年 8 月 29～8 月 31 日在中国香港举行了由国际乒联指定 16 名选手参加的第 1 届世界杯乒乓球比赛，参赛者均是世界优秀选手和各大洲单打冠军及东道主 1 名选手。

1990 年又增设了世界杯团体赛（女子 12 个队、男子 16 个队）和双打比赛（女子 12 对、男子 16 对）。

1996 年 9 月在中国香港举办了首届世界杯女子单打比赛，共 16 名选手参加，参赛名额的确定及竞赛方法同男子选手。目前，世界杯比赛尚未设混合双打比赛。

由于世界杯参加比赛的人数较少、比赛时间短、水平高、精彩场次多，很受观众欢迎。

四、亚洲运动会乒乓球比赛

亚洲运动会是亚运会联合会主办的亚洲地区规模最大的综合性运动会，每四年举办一次，第 5 届亚运会开始设乒乓球比赛项目，第 6 届亚运会又减掉了乒乓球比赛项目，第7届亚运会之后才连续有乒乓球比赛项目。

由于中国台湾参加了1954年在菲律宾举办的第2届亚运会，为反对制造"两个中国"的局面，我国断绝了与亚洲运动会联合会的关系。1973年在曼谷举行的亚洲运动会联合会执委会上，通过了伊朗代表的提案，确认我中华全国体育总会为联合会会员，并于当年11月在伊朗德黑兰举行的亚洲运动会联合会理事会特别会议上，批准了执委会通过的决议，取消了中国台湾地区的会籍，恢复了我国的合法席位。

1974年9月，我国第一次派代表团参加了在德黑兰举行的第7届亚运会。亚运会乒乓球比赛也是设7个比赛项目，中国乒乓球队至今已参加了8届亚运会，并取得了优异的成绩。

五、亚洲乒乓球锦标赛

亚洲乒乓球锦标赛开始于1972年，每两年举行一次，比赛时间是在每两届世锦赛之间的那一年举行。这是由参加亚乒联盟的亚洲各国家、地区委员协会的乒乓球选手参加的洲际乒乓球锦标赛。

亚洲乒乓球锦标赛的比赛项目与世界乒乓球锦标赛相同。亚洲乒乓球锦标赛为促进亚洲乒乓球运动的发展作出了积极的贡献。

六、全国乒乓球锦标赛

全国乒乓球锦标赛是中国乒乓球协会举办的全国规模的赛事，是全国最高水平的乒乓球比赛。参赛单位为在中国乒协注册的各省、自治区、直辖市、解放军和俱乐部乒乓球队。1952年在北京举行第1届比赛。从1956年起，每年举行一次。由于受文化大革命的影响，1967～1971年期间未举行比赛，1972年恢复。全国乒乓球锦标赛设有男子团体、女子团体、男子单打、女子单打、男子双打、女子双打、混合双打7个比赛项目。

七、全国运动会乒乓球比赛

全运会是全国各省、市、自治区、中国人民解放军以及各大企业体协参加的最大规模的综合性运动会。从1959年至今已举办了9届。乒乓球是其中的一个竞赛项目，包括了乒乓球全部7个比赛项目，是国内乒乓球最高水平的比赛。

>>>>>>>>>>>>>>>>>>>>>>> 练习与思考 <<<<<<<<<<<<<<<<<<<<<<<

1. 简述乒乓球运动的起源。
2. 简述世界乒乓球运动的发展历程。

3. 简述新中国成立后乒乓球运动的发展历程。

4. 国际乒联的宗旨是什么？

5. 世界乒乓球锦标赛正式比赛项目有哪几项？试述每项奖杯的名称及来源。

第二章　乒乓球教学工作

本 章 要 点

　　本章共四节，主要介绍了乒乓球运动的常用术语，旋转对乒乓球飞行弧线的影响，乒乓球击球力量的分析及提高击球力量的方法，乒乓球的教学原则，乒乓球的教学方法，乒乓球教学文件的制订及应注意的问题等。

第一节　乒乓球运动基本理论知识

　　乒乓球运动的理论知识是指在乒乓球运动技术实践过程中人们所形成的对乒乓球技术运用的系统化的认识。乒乓球运动的理论知识来源有两个方面：一是源于科学理论对运动技术的解释；二是源于乒乓球工作者在长期乒乓球教学训练和比赛过程中，基于对乒乓球技术实践的经验总结所形成的一整套关于乒乓球技术教学训练的专项性知识。

一、常用术语

(一)球台(图 2-1、图 2-2)

端线：球台两端与球网平行的白线称端线，宽 2 厘米。

边线：球台两侧与球网垂直的白线称边线，宽 2 厘米。

中线：球台中央与边线平行的白线称中线，宽 3 毫米。

左半台和右半台（又称 1/2 台）：通常是指击球范围所覆盖的台面。其左右方向是对击球者本身来说的。

2/3 台：是指击球范围占球台的 2/3。对击球者而言，左侧为左 2/3 台，右侧为右2/3台。

全台：是指击球范围占整个球台，不限落点范围。

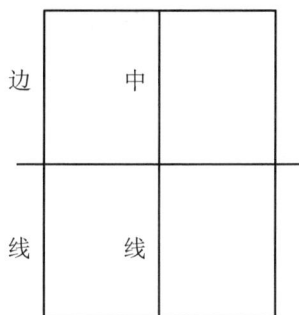

图 2-1　中线、边线、半台　　　　图 2-2　右2/3台

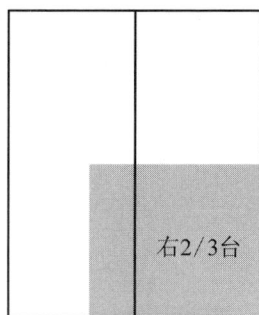

(二)站位与击球距离(图 2-3)

站位：运动员开始击球前的基本位置，是指运动员击球时，其身体与球台端线之间的距离。

近台：指站位在离球台端线 50 厘米以内的范围。

中台：指站位在离球台端线 70 厘米范围左右。

远台：指站位在离球台端线 100 厘米范围以外。

中近台：介于近台与中台之间的站位，站位离球台端线 50～70 厘米之间的范围。

中远台：介于中台与远台之间的站位，站位离球台端线 70～100 厘米之间的范围。

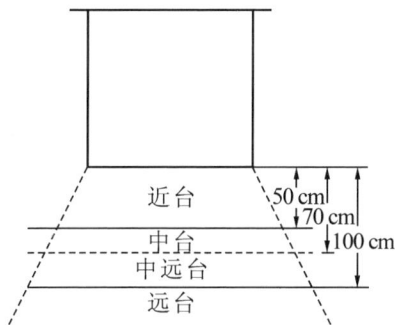

图 2-3　站位

(三)击球时间(图 2-4)

击球时间是指所击的来球从台面弹起至回落的那段时间。具体可分为：

上升期：来球从台面弹起至接近最高点的这段时间，还可细分为上升前期与上升后期。

高点期：来球从台面弹起在最高点附近的这段时间。

下降期：来球从最高点开始下降以后的这段时间，还可细分为下降前期和下降后期。拉下旋来球，一般在下降前期击球；削接弧圈球，一般在下降后期击球。

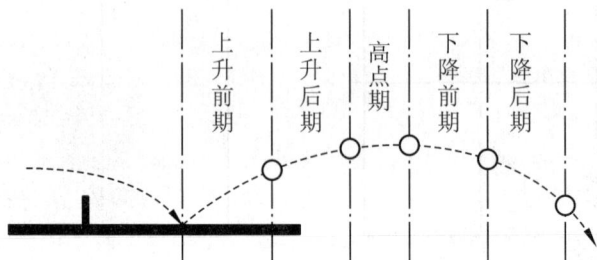

图 2-4 击球时间

(四)击球部位（图 2-5）

击球时，球拍触及球上的位置叫击球部位。为了说明方便，将球用表盘的形式标出 12、1、2、3、4、5、6 共 7 个点。

(1)上部(顶部)：球拍触在球的"12"处附近；

(2)上中部：拍触在球的"1"处附近；

(3)中上部：拍触在球的"2"处附近；

(4)中部：拍触在球的"3"处附近；

(5)中下部：拍触在球的"4"处附近；

(6)下中部：拍触在球的"5"处附近；

(7)下部(底部)：拍触在球的"6"处附近。

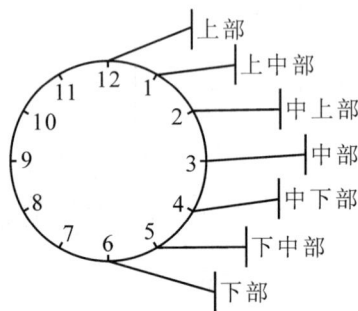

图 2-5 击球部位

(五)拍形

拍形包括拍面角度和拍面方向两个方面。

1. 拍面角度(图 2-6)

击球时，拍面与台面所形成的角度叫拍面角度。拍面角度小于 90°时，称为"前倾"；拍面角度接近 90°时，称为"垂直"；拍面角度大于 90°时，称为"后仰"。击球时的拍面角度，按其击球部位的不同，可以分为：

拍面前倾：拍面触球接近 1 点时的角度，击球的上中部。

拍面稍前倾：拍面触球接近 2 点时的角度，击球的中上部。

拍面垂直：拍面触球接近 3 点时的角度，击球的中部。

拍面稍后仰：拍面触球接近 4 点时的角度，击球的中下部。

拍面后仰：拍面触球接近 5 点时的角度，击球的下中部。

拍面向上：拍面触球接近 6 点时的角度。

拍面向下：拍面触球接近 12 点时的角度。

2. 拍面方向

击球时，击球拍面所朝向的方位叫"拍面方向"。

拍面向左：击球的右侧部。

拍面向右：击球的左侧部。

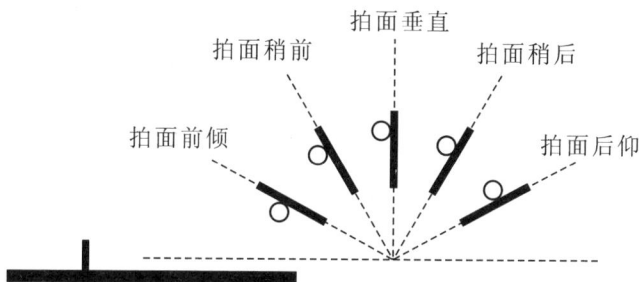

图 2-6　拍面角度

(六)触拍部位(图 2-7)

触拍部位是指击球瞬间，球体触及在球拍上面的位置，即用拍面的什么部位击球。球拍的击球拍面可划分为左、右、上、下、中等部位。

用拍面不同部位击球的效果是不一样的。用拍面的中间位置，击球易准确。初学者常会把球打在拍面四周的边缘部分，拍面与球接触部位不能相对稳定而击球失误。因此初学者第一步要把球触拍部位与拍触球部位两者结合起来，这样既有利于控制来球，又有利于准确地回击。

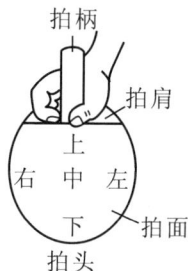

图 2-7　触拍部位

(七)击球点

击球点是指击球瞬间，球拍与球接触的那一点所属的空间位置。是对击球者所处的相对位置而言的。它包含三个因素：一是指击球时，球处于身体的前后位置；二是指击球时，球和身体的远近距离；三是指击球时，球的高低位置。

(八)击球线路

乒乓球的击球线路是指乒乓球在球台上空的飞行路线，与边线平行的是直线，对角线是斜线。

五条基本线路：右方斜线(正手斜线)、右方直线(正手直线)、左方斜线(反手斜线)、左方直线(反手直线)、中路直线(中路追身球)。五条基本击球线路如图 2-8 所示。

击球线路有时根据运动员的执拍手命名。如右手执拍者，可以把右方斜线称为正手斜线，左方直线称为反手直线。当右手执拍者在左方侧身用右手击球时，也可将左方斜(直)线称为侧身斜(直)线。中路直线往往以击向对方身体的方向为多，一般称为追身球。

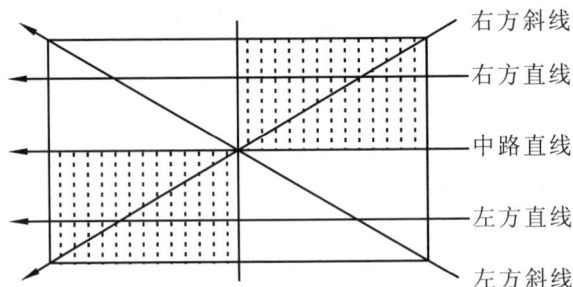

图 2-8　击球线路

(九)发力方式

发力方式是挥拍击球时的用力方式。击球者在力量的运用上有发力击球、借力击球和减力击球的区别。

靠运动员自身力量挥拍用力击球称为"发力"。发力又可分为撞击发力和摩擦发力两种。

运动员利用来球的反弹力击球称为"借力"。

在球拍触球的瞬间，利用持拍后缩或停顿以减少来球的反弹力称为"减力"。

但这种区分是相对而言的。因为实际上发力时不等于绝对不借助来球的反弹力，而借力时也不等于绝对不发力。

(十)挥拍方向

挥拍方向是指球拍的挥动方向。挥拍方向与用力方向相一致。挥拍方向不同，使球产生的旋转也不同。如：由后向前下方挥拍使球呈下旋；向前上方挥拍使球呈上旋；由右向左挥拍使球呈左侧旋等。

(十一)短球、长球和追身球

短球是指球落在对方台面近网区(距球网40厘米以内区域)附近，并且球在第一次弹跳后不弹到台面之外，略有回缩现象(图2-9)。

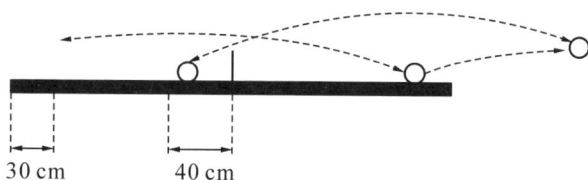

图 2-9　短　球

长球是指球落在对方台面底线区(距端线30厘米以内区域)附近(图2-10)。

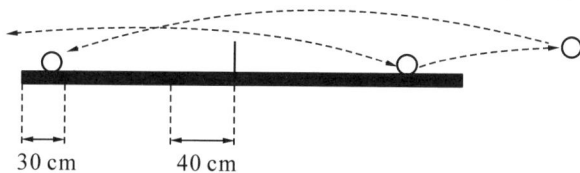

图 2-10　长球

追身球是指球的落点或反弹后逼近回球者的身体而造成回球者回击困难的球。

(十二)大角度球(图 2-11)

大角度球是指球落台反弹后从边线越出的球。落点离对方所站位置越远越好，落点离网越近，角度越大。

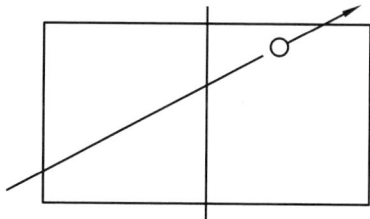

图 2-11　大角度球

(十三)过渡球、关键球

过渡球是指那些为争取进攻或连续进攻而采用的一种非进攻性技术的球。关键球一般是指临近终局，在比分很接近的情况下，得失一分对比赛的结果关系重大的球，如 8：9 或 10 平以后的每一分球。

（十四）前三板、相持

前三板是指发球、接发球（或接发抢）、发球抢攻加起来的头三板。

相持是指前三板之后双方对抗力量成势均力敌的阶段。

（十五）击球节奏

击球节奏是指在击球时由于击球时间、发力大小、摩擦球厚薄等因素而形成击球速度上快慢不同的节奏。

（十六）摆速

摆速一般是指在击球中左右两面照顾时，持拍手摆动的快慢。

（十七）发力方向与发力方法

发力方向：是指运动员击球时向哪一个方向发力。同一个拍形可以有不同的发力方向。

发力方法：是指击球时，运动员身体各部位的发力顺序和主次关系，特别是大小臂的发力顺序和主次关系。同时还要说明击球时是以撞击为主，还是以摩擦为主。

（十八）下旋推、推下旋

下旋推：是在双方对推中，将回球推成下旋性能的一种推挡技术。回球弧线低，落点长，带下旋，落台后往前滑。

推下旋（推对方击过来的下旋球，也叫搓中推）：这是变搓攻为对攻的一种过渡技术，回球呈上旋，弧线较高，球速较慢。

（十九）技术风格

技术风格是指运动员在比赛中，使用技术和运用战术的个人特点。同一类型打法的运动员，可以各具不同的技术风格。例如，李富荣、李景光、容国团都是直拍推挡攻打法，分属"快而狠""快而稳""快速多变"三种风格。反之，同一技术风格的运动员，也可以是不同类型的打法。

二、旋转对乒乓球飞行弧线的影响

在乒乓球运动技术实践的过程中，旋转对乒乓球飞行弧线的影响有着重要意义。因为在每一板的击球中，乒乓球始终具有一定的速度和一定的旋转。根据流体力学中流速越快压强越小、流速越慢压强越大的伯努利定理，旋转着的乒乓球，不管是上旋、下旋，还是侧旋，其飞行弧线也都遵循着流体力学的这一定理。

当球带着上旋飞行时，同时带动球体周围的空气一起旋转，而且球体上沿旋转着的气流受到迎面空气的阻力，因而降低流速；而球体下沿的气流与迎面空气阻力方向相同，因而加快了流速。结果是，上旋球的上沿空气压强大、下沿的压强小(图 2-12)。又由于球体上、下沿的面积相等，所以气流给予上旋球一个向下的力，这就使得上旋球下落速度加快。因此，在相同条件下上旋球的飞行弧线比不转球的飞行弧线要低、要短。飞行中下旋球的情况和上旋球正好相反，球体上沿的空气流速快，压强小；下沿的空气流速慢，压强大，于是气流给球体一个浮举力。因此，在其他条件相同的情况下，下旋球比不转球的弧线要高、要长。

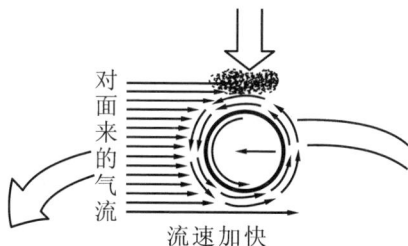

图 2-12 空气对旋转球的影响

同样的道理，飞行的左侧旋球，由于左侧压强大，右侧的压强小，因此球的飞行弧线就向右拐。右侧旋球则相反，球的飞行弧线是向左拐(图 2-13)。

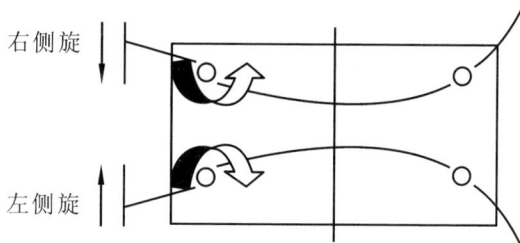

图 2-13 左、右侧旋球的飞行轨迹

通过以上分析可知，乒乓球飞行弧线及其变化是相当复杂的，所以我们在击球时，不仅要根据来球距网远近、弹起高低、旋转情况以及回击时间的不同来确定自己的回击方法，而且击球时还要注意用力方向、拍面角度变化、发力大小以及旋转性能等因素对乒乓球飞行弧线的影响。只有尽可能使回击方法符合来球情况，制造合适的乒乓球飞行弧线，才能提高击球的命中率。

三、击球力量

击球力量在提高击球速度、制造和克服旋转、加大击球的威力方面有着重要的作用。击球力量的大小主要取决于击球时挥拍加速度的大小。要想加大挥拍的速度，则必须发展力量素质，特别是击球的爆发力和全身的协调用力。在乒乓球比赛中，击球力量大，球速就快，在战术上就容易取得主动，获得更多的进攻机会。

(一)击球力量分析

在力学中，一物体对另一物体的作用叫做力。当某一物体受到力作用的时候，该物体的状态就会发生变化，从静止变为运动或从一种运动速度变为另一种运动速度。因此，力是使物体获得加速度的原因。

根据牛顿第二定律 $F=ma$（力＝质量×加速度）来分析，如果物体的质量不变，那么作用力就与加速度成正比。加速度越大，其作用力就越大。从乒乓球运动来说，击球力量（F）等于球拍和球质量（m）与挥拍加速度（a）相乘之积。

在乒乓球运动中，球拍和球的质量变化小，可以视为是相对固定的。击球力量可以用挥拍加速度来表示，也可用挥拍即将触球的瞬时速度来表示。击球时，球拍的瞬时速度越快，则打出的球力量就越大，反之则小。不论是发力拉冲弧圈球还是削强烈的下旋球，其实质都与击球的爆发力有密切的关系。要加大击球的爆发力，提高球拍运动的速度，除了要充分发挥大臂、前臂、手腕的动作速度外，还要注意腰、腿力量的协调配合，才能更有效地提高击球瞬间的球拍速度。

根据运动生物力学原理，球拍在加速过程中，某一位置所达到的瞬时速度的高低，取决于加速距离的长短和速度增加快慢的程度。任何原来静止着的物体，由静态变成动态时，因为物体的惯性作用，都不可能立刻达到很高的速度，而只能在向前行进的同时速度逐步增大，并且越来越快。物体在向前运动的同时速度越来越快的这一段行进距离，称之为加速距离。为使球拍达到足够快的速度以保证击球力量，那么加速距离必须有足够的长度。如果加速距离太短，球拍达不到足够快的速度，就会使打出的球软弱无力。近台快攻，快推加速距离一般都比较短，在此情况下而能击出速度较快的球，主要原因在于：一是较多地用前臂发力，在上升期击球，来球从起跳至碰拍的时间短；二是较多借助对来球的反弹力来加快回球的飞行速度。然而，终究由于它们的加速距离短，故打出的球仍显得力量不足。为了提高击球的爆发力，除了要适当拉长加速距离外，更为重要的是必须力求在此距离内尽快地增加挥拍速度。在加速距离相同的情况下，挥拍速度快，击球力量就大。为了能在一定的加速距离内使挥拍速度加快，就必须充分发挥上臂、前臂、手腕甚至腰、腿的协调作用，使躯干、肩、肘和腕各个关节（支点）都能起到一致的加速作用。

(二)提高击球力量的方法

1. 选择合理的击球位置

击球前，必须及时移动步法，抢占有利的击球位置，尽可能使身体与击球点保持一定的加速距离，以利加快击球的挥拍速度。越是要增大击球的爆发力，就越要使击球点离开身体远一些，动作半径大一些，以利整个手臂及腰腿各部分均能充分发挥作用。

2. 提高肌肉的工作效率

击球前，必须向后引拍，使手臂、腰各部分的肌肉拉长，以利击球时进行快速收缩。

3. 选择正确的击球时间和击球点

击球时，选择正确的击球时间和击球点也是十分重要的。正确的击球时间和击球点，有利于手臂的充分发力，使挥拍速度加快。击球点应在身体的侧前方。要掌握好发力的时机，就要在拍与球接触的一瞬间使挥臂达到最快的速度。同时，击球后必须使各部分肌肉尽快放松，使身体迅速恢复准备状态，以利下次击球。

4. 加强速度力量素质的训练

经常进行各种提高专项快速力量的辅助练习，使击球爆发力得到不断的加强。

第二节　乒乓球的教学原则

乒乓球的教学原则是乒乓球教学工作过程客观规律的反映，是乒乓球教学工作的经验总结和概括，是进行乒乓球教学工作必须遵守的基本要求。

一、自觉积极性原则

乒乓球教学工作是教师和学生的双边活动，只有使学生明确学习目的、端正学习态度，调动学生学习的自觉性和积极性，才能形成自觉勤学苦练、勇于克服困难的学习局面。

(1)教师要用积极工作的风貌感染学生，用自己的言谈举止和教学效果去赢得学生的信赖。

(2)使学生明确学习目的，把认真完成学习任务变成自觉的行动，并能在实践中自觉地运用所学的知识。

(3)明确每一次课的教学任务和要求，明确每个教学内容的意义和作用，善于激发学生的兴趣，提高学习的主动性。

(4)注意及时鼓励学生，帮助学生发现进步、看到成绩、树立信心，得到学习的动力。

(5)注意教学方法的研究和应用，教学内容丰富多彩，教学形式灵活多样，积极开发学生的思维能力，变被动学习为主动学习。

二、直观性原则

乒乓球动作技能的形成需要人体多种感觉器官参与活动，因此，在教学过程中充分发挥各种感觉器官的作用，通过直观的教学手段和方法，能更有利于调动思维，促进动作技能的形成。乒乓球教学的直观手段有以下几种：

(1)教师的示范是最主要的直观手段。教师示范时，要正确、熟练，符合自己讲解的要求，并注意示范的位置，有利于学生通过视觉获得正确动作的表象。为此，教师应尽力学会能用左右手持拍打球，根据需要，采用镜面示范、背面示范或侧面示范等方法。

(2)教师可采用助力或阻力的方法，使学生获得正确动作的肌肉感觉。教师可以握着学生的手臂，纠正他们的徒手击球姿势，还可以给学生手臂的某一部分施加阻力来限制动作的幅度以纠正错误动作。

(3)采用边示范边讲解的方法，有利于学生更快地由直观产生对动作的正确概念。边示范边讲解，是指在放慢击球速度的击球动作示范过程中进行讲解。这种边打球边讲解的技能对教师提出了更高的要求。

(4)运用教学录像片的演示手段，使学生进一步获得技术动作的表象和形成正确概念。由于教学录像片所进行的示范都是世界名手，对学生更具权威性。在有条件的情况下，对学生的动作进行录像，通过放映和讲解，有利于学生纠正错误动作。

(5)运用辅助击球装置，模拟击球动作，造成一个由徒手练习到台上练习的过渡阶段，使学生获得实感性的肌肉感觉，更有利于动作技能的加快形成，如用打吊线球的方法练搓球或削球、用打支架球的方法练抽球等。

三、从实际出发的原则

在乒乓球教学中，应根据学生的基础水平合理安排教学进度和运动负荷，既要便于教学工作的组织实施，又要让学生能够适应、接受。

(1)对学生的体能、专业进行摸底考察，根据学生基本情况、培养目标及教学条件综合考虑制订教学计划。

(2)注意处理好负荷量与负荷强度的关系，运动负荷的安排要由小到大、逐步提高。

(3)一般要求和区别对待相结合，既要考虑整体进度，又要照顾个体差异。乒乓球打法类型多样、技术特点各异，学生的专业水平和身体条件也不一样，可根据学生的差异情况进行分组教学。

四、循序渐进的原则

乒乓球教学的内容和方法应由浅到深、从近至远、由简到繁、由已知到未知，逐步深化，在运动负荷的安排上应有节奏地逐渐增加。

（1）安排教学内容、教学步骤时，必须遵循由易到难、由简到繁、由表及里的规律。

（2）加强计划性，充分考虑到教材内容中纵的联系与横的联系。一个技术的教学程序是纵的联系，与其他技术的关系是横的联系。前课应是后课的准备，后课对前课应起到巩固、补充和提高的作用。

（3）全面系统与重点突出相结合，切勿绝对平均。

（4）运动负荷有节奏地逐渐加大，练习与恢复有机结合，合理调整。

五、巩固提高原则

在教学过程中，学生通过练习使获得的技能巩固与提高是教学的要求。为贯彻这一原则，应做到：

（1）使学生通过反复练习，不断强化已获得的正确动作概念，建立正确的动力定型。

（2）注意运用预防和纠正错误动作的方法，进行正误对比，使学生不但能获得动作的正确概念，而且可以培养其对错误动作的识别能力，提高教学能力。

（3）教师要制订巩固与提高技术动作的标准，当某项技术达到标准后，再进行下一个较难的技术练习，使前一掌握的动作成为后一动作的基础，以利于提高。

（4）布置课外作业，并注意检查，加强考核环节，促进巩固提高。

六、理论与实践相结合的原则

在乒乓球教学中，应充分发挥理论知识对技术、技能学习的指导作用；而在学习与掌握技术、技能时又应不断加深对理论的理解，使学生对所学技术不但知其然，而且还知其所以然。

（1）全面分析教材内容、合理安排教学进度，以利于理论和实际的相互促进。

（2）在理论教学中，注意联系技术教学中的实际；在技术教学中，充分运用所学理论进行讲解、示范和分析。

（3）在运用直观性原则进行技术教学时，应特别注意与理论思维相结合。

上述教学原则是相互联系和相互渗透的，在实际的乒乓球教学工作中应注意全面考虑、综合运用。

第三节　乒乓球的教学方法

一、语言法

(一)讲解法

讲解法是乒乓球教学中最普遍的形式，即教师用语言向学生说明教学的任务、内容、要求、动作名称、动作要领等进行教学的一种方法。它在理论教学、思想教育和技术教学中都起着重要的作用。

具体运用时，应注意以下几点：

1. 目的明确、有的放矢

根据教学任务和学生的实际情况，有针对性、有区别地进行讲解，注意客观效果。在理论课或专门分析、讲解技术动作时，可以较详细地讲；但在练习课上(特别是学生练习情绪很高，打得正上劲时)应尽量少讲。

2. 内容正确、表达清楚

语言是人们表达和交流思想的工具，要使其真正发挥作用，第一，要求概念要正确；第二，要善于表达。在乒乓球教学中，就是教学内容正确、具有科学性，同时还必须注意选用最能够把概念表达清楚的语言。否则词不达意，往往会引起学生的误会或形成错误的概念，这不仅需要在语言上下工夫，而且还应认真研究学生现有的知识、经验和理解程度。

(二)口试及口头讲评

口试是在测验或考试时要求学生用口头回答的一种方法。学生拿到题目后，可有短时间的准备，可书写简短的提纲，然后进行回答，学生在回答过程中，教师遇有疑问或觉得有必要进一步发问时可进行提问，此法既可了解学生掌握知识的情况，又可锻炼学生的口头表达能力。

口头讲评运用很广泛，是教师对学生掌握知识、技术、技能的情况和思想作风等方面表现的一种反馈。在乒乓球技术教学中，一般运用口头形式给学生反馈信息者为多。即在学生做练习后马上进行指导或提出新要求，最好在完成动作后的 25～30 分钟内。因为一般对动作的记忆大多是在大脑皮层的短时间储存，超过 25～30 分钟就会消退 25%～30%。

在口头讲评学生的思想作风表现时，原则上应讲究实事求是，但对自尊心强、想得又比较多的人，应讲究方式、方法和说话的分寸。而对屡教不改、又满不在乎的人，可考虑说得适当重些。

(三)阅读书面材料

现代教学不一定都要老师讲，很多时候可以请学生看书面材料。这不仅可使学生获得知识，而且还能培养学生的自学能力。

另外，教师还经常以书面形式对学生进行教育和指导，如批改训练日记等。在这里，文字被看做是书面的语言。

二、直观法

(一)动作示范

动作示范是进行乒乓球技术教学时最常用的一种方法。教师根据任务选择具体的动作为范例，使学生了解需要学习的动作形象、结构、要领和方法。它不仅有利于学生形成动作表象，而且还能引起学生的兴趣(尤其是当示范的动作非常协调、漂亮时)。

具体运用此法，应注意以下几点：

(1)明确目的、选好对象：选择最符合教学目的和要求的示范者，不要仅以名气大小作为选择示范者的根本标准。如学习正手攻球，选一位名气虽大但正手攻球的基本动作欠佳的人来做示范就不好。

乒乓球技术教学中的示范可分为：有球与徒手动作示范、正确与错误动作示范。它们各具特点，应根据教学实际情况选择运用。

(2)注意示范者的位置和方向，以让学生能看清为准。

(3)与讲解相结合：一般在学习新动作时，多采用先示范后讲解的方法，而在进一步分析动作或纠正错误动作时，宜边示范(慢动作示范)边讲解的方法。

(二)直观教具

为弥补教师示范一晃而过的不足，可利用直观教具进行长时间观摩，而且还可根据情况突出某个细微环节，从而充分发挥图表、模型、照片的作用。

(三)电化教育

应充分发挥电影、录像的作用，看一次实际训练或比赛，往往印象不深；或看了这个，看不了那个；注意了这方面，忽略了那方面，而电影和录像却可弥补此缺点，特别是慢速电影，更有它的独到之处。

(四)助力与阻力

借助外力(如教师)的帮助或对抗力的阻碍，使学生通过触觉和肌肉的本体感觉，直接体会动作的要领和方法，多在初学或纠正错误动作或体会某一动作细节时运用。

(五)利用附加装置引导技术动作的方向、幅度和用力方法

如：适当升降网高，调整学生击球弧线的高度；在对方球台上放置一物品，提高学生击球的准确性。

三、练习法

乒乓球教学中包括徒手动作练习(又可分手法、步法及两者的结合练习)和有球练习。有球练习,又可分为不上台(如垫球、对墙打、打吊球等)与上台的有球练习。上台的有球练习,又可分为单球与多球练习。

上台的有球练习,按要求又可分为计时、达标与记分练习法;按练习目的又可分为单个技术练习、综合技术练习与战术练习。战术练习,又可分为单个战术练习与综合战术练习。

记分练习法简介如下。

(一)胜×球法

方法:在进行任何内容的技术练习时均可采用,规定甲要胜乙×分球,甲胜1分,就减去1分,至0为止;若甲连续失误2分,则应加1分。如规定甲要胜乙5分球,甲胜1分,就剩下4分球了,如此时甲连续失误2分球,则甲又要胜5分球。

作用:此法有奖有惩,又总能使其获得最后胜利,所以对调动学生训练的积极性有比较明显的作用。因为此练习还对学生有一定的心理负荷,故所练技术又比较符合实战要求。

(二)连续有效发球×次

方法:用多球练习发球时,规定发球者按预定技术要求连续发球×次,未完成指标前只要一失误,就得从零开始计数。

作用:学生用多球练习发球时,容易出现不珍惜每1分发球机会的情况,采用此法可使其有一奋斗目标与要求,从而提高练习效果。

(三)定时总记分法

方法:在规定的时间内,双方按原定练习内容的要求进行记分比赛,最后看总比分是多少。此法在进行任何内容的技术练习时皆可采用。

作用:不仅可提高学生的练习积极性,而且还可锻炼他们的意志。因为要在规定的时间内看得失分比例,所以,能胜1分是1分,能少输1分就少输1分,从而培养了学生胜不骄、败不馁的战斗作风。

(四)净胜6分法

方法:双方按原定训练内容的要求比赛,一遇失分即从得分中减去,最后净胜6分为胜。

作用:此法可提高练习兴趣,培养学生的毅力。净胜6分,并非易事,中间起伏很大,心理活动亦较复杂,但正好锻炼了学生的意志品质。

(五)记板数法

方法:在单线固定落点或单线对复线有规律地变化落点的练习中,记某一学生在一定时间内或规定的球数中，一球连续还击的最高板数。在记数的对打中，陪练者击球失误不算，继续练习时应累计其分。1球的击球最高板数可简写成为×板/球。

作用：适用于初学或技术水平较低者，借增加击球的板数，提高控制球的能力；亦可作为衡量他们技术进步的指标之一。

为调动练习积极性，还可规定每堂课的指标。如在10分钟内要求有3个球达到50板/球。

此法的缺点是测定结果与陪练者的关系太大。为防止被测者单纯追求击球板数而降低技术质量的现象出现，还可采用定时记板数法。如测定10分钟内击球的总板数。若击球质量过低、速度太慢，虽然单个球的板数增加了，但10分钟内的击球总板数却减少了。

(六)记命中率法

适用于测定某一单个技术或某组配合技术的命中率。在规定的时间或球数内，做好得、失分记录，然后用得分数除以得、失分之和。

四、比赛法

比赛法既是教学的方法，又是检查教学的手段，在调动学生的积极性方面具有特殊的作用。

比赛按其内容可分为专门性的技战术比赛与实战性比赛；按比赛的规模与气氛又可分为内部比赛与公开比赛；按比赛的分数还可分为规则规定的比赛和特定比分赛。

运用比赛法时，可根据不同的目的，选用不同的比赛方法。另外，还应特别注意在整个乒乓球教学计划中比赛所占的比例。

五、预防与纠正错误动作的方法

教师在教新动作前，应考虑到可能出现的错误，并设法预防之。但由于各种原因，学生在学习中仍会产生这样或那样的错误，教师应及时予以纠正，谨防形成错误的动力定型。

预防与纠正错误动作，应先找出产生错误动作的原因，再对症下药。

(一)目的不明确

有些学生的错误动作是由于喜欢"玩球"而产生的，特别是在精神和身体感到疲劳时，放松了对技术的要求，随意打之，久而久之就形成了错误的动作定型。

纠正方法：加强打球目的性的教育，说明玩球的危害。

(二)学生对所学动作的技术概念不清

这可能是由教师与学生两方面的原因造成的。教师讲解不清或教法不当，学生不虚心听讲，自以为是或本身理解错误都可能形成错误的概念，形成不正确的动作。

纠正方法：请学生讲解并示范动作要领，发现错误，及时纠正。另外，教师应经常检查提高自己的教学水平。

(三)不利的心理因素

如有人怕动作大，以致形成腰、腿都不会动的错误动作。又如，拉弧圈时，过分强调了摩擦球要薄而产生漏球的现象。

纠正方法：从道理上讲清、用实例说明。

(四)身体素质不好

如有人协调性差，打球动作僵硬。

纠正方法：对症下药，有针对性地进行身体训练。

(五)安排的练习内容不当

安排的练习内容不当也可造成错误动作，如初学者正手攻球过多地打直线，易形成发力差，不会打斜线大角度球的缺点。又如初学攻球者过多地安排了打削球的练习，易形成拍形后仰，不善打弧圈球的缺点。

纠正方法：根据不同技术特点，合理安排练习内容。教师应经常总结练习内容与掌握技术之间的关系。

六、多球训练法

(一)多球训练的作用

多球训练，指将数十个、数百个乒乓球放在一个筐(或盆)内，根据不同的练习内容与要求连续不断取球，并采取不同的供球方式将球击至练习者的台面，从而达到提高练习质量的目的。

多球训练方法，可采用完全是"人工"操作的供球方法；也可使用"发球机"机械式全自动控制的供球方法；或自制"木架"式多球器由人工供球的方法。

多球训练不仅节省了捡球时间，更重要的是加大了单位时间内练习的强度和密度。

此外，两人单球对练时，完成几个单个技术组合成的结合性技术比较困难；而多球训练不会过多受练习者回球质量影响，又可满足练习者选择的各种练习所需的有针对性供球，在击球的步法移动范围、练习难度方面比两人对练效果好。同时，因其练习的强度和密度较大，还有助于提高运动员的专项耐力与专项力量素质，易于磨炼运动员克服困难、顽强拼搏的意志，以及吃苦耐劳的精神。

采用多球训练与多球单练相结合的方法，可提高执拍手对接近实战情况下控制球拍和球的能力及击球的准确性起着良好的促进作用。中国乒乓球队四十年之所以能够保持长盛不衰，其中多球训练是重要的手段之一。

(二)多球训练的方法

1. 一人多球练习法

指一个人使用一筐(或盆)球自己练习各种单个技术动作的方式，用于初学者建立正确的击球动作结构，或提高前三板技术的发球技术质量。

练习方法：

(1)自己取球，采用自抛自打一板球练习。

练习者可采用快攻球、拉球、推挡、快拨、搓球、削球、快点等击球动作，提高单个(项)技术基本功。

(2)连续发各种不同性能球练习。

练习者可采用正手或反手、高抛或低抛动作发球，建立正确的发球技术动力定型；或将球发至对方台面固定区域，提高发球的难确性与落点变化能力。

2. 两人多球练习法

指两个人使用一筐(或盆)球练习单个(项)技术或两个以上单个(项)技术组合的结合性技术动作的方式。可分为一个人供球、一个人练习；或者两个人同时进行练习。这是多球训练中最普遍、最常用的方法。有助于练习者提高各种基本技术的质量，提高步法移动速度和挥拍摆动速度。

练习方法：

(1)单个技术动作定点练习。

练习者根据练习的内容，供球者采用攻(或拉)球、推挡或搓球手法固定一种旋转的球，供到对方台面固定的区域，练习者采用某种技术动作还击。既可纠正练习者错误动作，也可加大练习的密度，提高练习的效果。

例一：正手快攻练习。

供球者一般站在球台左侧或左角，用正手或侧身正手快抽连续供至对方固定区域。供球的力量大小和速度快慢应基本一致。练习者连续原地正手快攻，其落点可先不定点，随着技术水平提高，可限制击球落点。

例二：拉(或打)弧圈球练习。

供球者用正手或侧身正手连续供上旋(或下旋)球至对方固定区域，旋转强度力求基本相同；逐渐增强球的旋转和加快速度。练习者连续原地拉(或打)弧圈球，击球落点先不限制；待基本动作定型后，再限制间球区域，提高准确性和击球质量。如在其对手的球台台面上，用粉笔和线绳弹动方法标出回球区域；或用球拍、破乒乓球、拍套等做目标，要求练习者力求击中目标。

例三：正手扣杀球练习。

供球者用正手连续供上旋半高球，使球具有一般旋转和中等力量，落点稍长在端线附近。练习者原地用力扣杀半高球。

(2)单个技术动作不定点练习。

供球者不固定供球的旋转性能及供球的落点。练习者采用某种击球技术动作如推(或快拨)、拉、攻、搓、削、点等在脚步移动中进行还击。回球落点由无限制至限制。

例一：正手1/2台或2/3台，全台跑动攻上旋球练习。

供球者用攻球手法，连续向对方球台左右两个半区供球，两落点距离约占球台宽152.5厘米的1/2区域、2/3区域或全台宽区域。练习者在判断移动中采用正手攻、正手拉或反手攻、反手拉等单个动作还击。回球落点内无限制至限制。

例二：正手跑动拉下旋球练习。

供球者用正手搓或正手削球手法，连续向对方球台左右两个半区供球，供球角度逐渐加大。练习者在判断移动中，连续用拉抽(或拉攻)、拉弧圈球动作还击。回球落点由不限制到限制，移动距离逐渐加大。供球的旋转由弱至强，加大回击的难度。

例三：正手杀高球练习。

供球者将球筐(或盆)挪至球台端线2米以外，用放高球的手法向对方球台连续放高球。练习者在判断移动中，连续用杀高球动作还击。击球时间先击来球下降期，熟练后可击来球高点期或上升期，掌握杀高球的不同时间。供球的高度可逐渐增加。

供球的旋转可由一般上旋增加侧上旋，强度由弱至强。练习者回球的落点由无限制至限制。

(3)结合技术动作定点练习。

练习者采用两个或两个以上单项技术动作进行还击的多球练习。供球者可采用单个动作手法供球，也可采用两个以上动作手法供球；供球的落点须先固定，使练习者做有规律的还击。

例一：左推右攻或正反手两面攻练习。

供球者用攻球的手法，连续向练习者球台台面左右两个半区供球；供球速度由慢到快，供球的角度逐渐加大。练习者采用左推右攻或正、反手两面攻动作还击。回球落点由无限制至限制。随供球速度的加快，不断提高左右挥拍的摆动速度。

例二：正反手削球练习。

供球者以攻球手法，连续向对方球台台面左右两大角供球。练习者在判断移动中采用正反手削球动作还击。在掌握削球技术动作基础上，随对方供球力量和上旋强度的增加，练习削接突击球的能力。

(4)结合技术动作不定点练习。

例一：适应不同性能球拍练习。

供球者使用不同性能的球拍供球。练习者根据练习内容与要求，采用不同技术动作还击。提高对不同性能球拍的适应能力。

例二：扩大移动范围练习。

在练习者的一侧，放置两个半张球台，使球台宽度增大。供球者以攻球或削球手法向扩大的球台左右面角供球，逐渐增加两落点间的距离。落点不固定。练习者采用正手攻、正手拉、正反手削球等动作还击。提高判断能力，扩大脚步移动范围。

3. 三人多球练习法

指一人供球、两人练习的 3 个人使用一筐(或盆)多球的方式；或两人供球、一人练习多球的方式。有助于练习双打或难度稍大的结合技术及前 3～5 板球训练。

练习方法：

(1)双打走位练习。

供球者一人，以攻或削球手法供球，使球的落点能调动练习者脚步移动为宜，逐渐加大移动范围。练习者两人，交替在判断移动中进行还击。回击落点可攻对方台面一角或交叉攻两角。

50 个球一组，每次练习 2～3 组。

(2)一拉一打(或削)弧圈球练习。

供球者一人，以攻或削球手法供球，球的落点由固定至不固定。练习者两人，一人拉弧圈球至对方台固定一点，另一人在球台另一端练习打弧圈球(或削弧圈球)。

(3)正手打回头球练习。

供球者一人，用攻球手法供不同性能不同落点球。练习者两人，一人采用不同攻球技术动作进行还击，一练习者采用正手攻球打回头。

(4)接发球或接发球抢攻练习。

供球者两人，分别站在球台两侧，交替发各种不同旋转、速度、力量、落点的球。练习者一人，进行接发球或接发球抢攻练习。

计 20 个球为一组的命中率，每人 2～3 组进行轮换。

(5)一人对两人的双打练习。

供球者采用多球单练方法，从筐（或盆）中取球，在球台一端从发球开始，与对方两人对练。练习者两人，轮流交替合法还击。提高双打移动速度和战术配合。每方轮流发 5 分球。

计一局球的比分或一场球的比赛胜负。

(6)杀高球放高球练习。

供球者一个，放半高球或高球至对方台面固定区域，练习者熟练后，再放不定点球。练习者两人，分别站球台两端。一人练习杀高球，另一人练习放高球。要求逐渐增加杀高球的力量和落点变化与放高球的高度。

计 15～20 个球为一组的命中率，2～3 组后进行轮换。

第四节 乒乓球教学文件的制订

制订切实可行的教学文件，有助于教师全面地考虑和安排教学工作，充分发挥教师的主导作用，正确处理好教材、课次之间的关系，加强教学的系统性。教学文件包括教学大纲、教学进度和课时计划（教案）。

一、教学大纲

教学大纲是依据教学计划中所规定的培养目标、教学目的任务和基本要求以及对本专项课程规定的总时数，从整体上以纲要的形式规定出该门课程的教学内容、顺序、时数的分配、考核内容与标准、完成大纲的措施等的文件。教学大纲是教师教学工作的指南，也是编写教材、测量和评价学科教学质量的基本标准。

(一)教学大纲的结构

教学大纲一般包括以下几个组成部分。

1. 说明部分

主要概述该门课程的目的和任务，选择教学内容的主要依据、内容范围，安排教学进度，提出运用教学方法的原则性建议等。

2. 基本部分

列出教学内容及要点、授课时数；作业、考试、测验的要求和时数；参观和其他实践活动的要求和时数。

教学时数的分配一般是将总的教学时数合理地分给理论、实践、考核、机动等部分；教学内容：分为理论和实践两部分。理论部分分成若干个专题，每个专题应规定学时及其内容纲要。实践部分也应规定各项时数及具体内容（如身体训练、技术战术训练、教学比赛、裁判实习以及教学能力培养等）。

3. 附件

列出教学参考书目，提出使用各种教具和现代化教学技术的指导意见。

(二)制订教学大纲过程中应注意的问题

(1)根据教学计划对本门课程的要求，分析并明确提出本课程的教学目标、内容范围和教学任务。

(2)根据乒乓球运动的特点、本课程的任务和时数，确定具体的教材内容，突出基本知识、基本技术的教学和技能的培养。

(3)注意教材内容的科学性、系统性。

(4)合理分配教学时数，注意理论与实践的合理搭配。

(5)考核内容应以基本理论知识、基本技术和基本技能为重点。考核方法应力求客观而全面地反映学生掌握的实际情况。

二、教学进度

教学进度是把教学大纲所规定的教学内容和时数，按照一定的要求和顺序，合理地分配到每次课之中的教学文件，是教师编写课时计划的主要依据。在整个教学进度的安排中，要反映出教学计划的完整性和连贯性。

(一)制订教学进度时应注意的问题

(1)根据乒乓球运动发展规律和培养目标的要求，一方面，要全面安排大纲中所规定的教学内容；另一方面，要从实际需要出发，在时数分配、课的次数上，突出重点，加强基本理论、基本技术和基本技能的教学与培养。

(2)应保证每项技战术本身的系统性以及不同技战术之间关系的合理性。因此，在安排教学进度时，既要由易到难，循序渐进，注意系统性，又要注意教材之间的横向联系，合理搭配。

(3)本着理论联系实际的原则，根据不同阶段的教学任务与要求，有的放矢地安排理论课、教法课、实践课，把传授知识、掌握技术与能力培养有机地结合起来进行。

(4)教学进度要与教学具体条件相适应(如球台数量、上课班级人数等)。

(5)合理安排每次课的运动负荷，尽量做到大、中、小相结合。

(6)安排进度时，要课内外结合、校内外结合。要把课堂教学与课外作业和校内外的竞赛活动结合起来，把课堂教学实习和校内外教育实习结合起来。

(二)教学进度格式

教学进度格式最常用的有两种(表2-1、表2-2)。

表 2-1　教学进度表(格式一)

20＿＿～20＿＿年度		第＿＿学期	年　月　日
星期	课次	教学内容	备注
一	1		
二	2		
三	3		
⋮	⋮		
日	7		

表 2-2　教学进度表(格式二)

	每次课的内容							
	一月				二月			
编　号	第一周	第二周	第三周	第四周	第五周	第六周	第七周	第八周
	第一次	第二次 第三次	第四次 第五次	第六次 第七次	第八次 第九次	第十次 第十一次	第十二次 第十三次	第十四次 第十五次	第十六次
……	…… ……	…… ……	…… ……	…… ……	…… ……	…… ……	…… ……	…… ……

三、教案

教案是教师根据教学进度编写的教学计划。教案中要提出本次课的主要任务和要求、教学内容、教学组织形式、教学步骤和方法、课的各部分和每一练习的时间、次数等。

(一)编写教案的基本要求

任务要明确,要求要具体,教学内容要符合实际、突出重点,课的组织要严密,教法要科学多样,运动负荷要适宜,安全措施要落实,场地布置要合理,文字要简明扼要。

(二)编写教案的方法、步骤

1. 编写教案应在了解学生和钻研教材教法的基础上进行

(1)了解学生:如学生的知识、技术和技能基础、智力和体力的发展情况以及个性特点等。在此基础上,还应对学生学习新知识、新技术会有哪些困难、哪些问题,要采取哪些预防措施等,都有所考虑。

（2）钻研教材：包括研究教学大纲，明确本学科的教学目的及各章、节、课题的教学目标，弄清教材体系及教材的范围和深度；钻研教材，明确教材的重点和难点，收集与本学科、本课题有关的材料并加以精选和组织。

（3）考虑教法：包括如何组织教材，如何确定课的类型，如何安排每一节课的活动，如何运用各种方法开展教学活动。此外，也要考虑学生的学法，包括预习，课堂学习活动与课外作业等。教学中应尽可能采用多种教学方法，避免教学方法的单一化倾向。

2. 确定课的任务

确定课的任务是备好课的首要一环，是确定教学要求、课的组织教法和运动负荷的依据。

课的任务应正确、全面、具体。正确，是指所提出的任务应符合大纲和进度的要求，符合学生实际，是大多数学生经过努力可以达到的；对于部分基础较好和较差的学生，要注意区别对待，提出不同要求。全面，是指既有教养、教育的任务，又有提高身体素质和技战术的任务；实践中应根据课的类型不同，有主次之分。具体，是指任务应明确，不含混、不笼统。

3. 教案的基本结构

（1）准备部分：通常包括开课常规和准备活动两方面的内容。开课常规中应含有宣布本课任务和思想动员的内容纲要，以及队列练习和注意事项等。准备活动的教材如属较复杂的动作，则要写出做法和要领，一般常用的准备活动可只写动作名称和图示。

（2）基本部分：是课的主要部分。教材内容和教法、组织一栏，应将教材的动作名称、要领、教学要求、教学重点和难点、易犯错误等一一写清楚。各项教材的练习组织形式和为下一个教材安排的专门性准备活动等，都应用文字和图示详细说明。教学方法包括教师的讲解和示范、学生的练习顺序、练习方法、练习次数和练习时间等，要求用文字表述清楚，要把教学与练习有机地结合起来。

（3）结束部分：结束部分所采用的游戏教材应写明名称、方法和要求。放松活动采用一般柔软性放松练习或舞蹈等，要求只写出动作名称或加图示即可。

课结束后，教师要及时将本课的教学结果、优缺点、主要经验和教训等写入课后记录栏内，为教学工作积累资料，以便进行总结研究。

（三）教案的格式

在教学实践中，编写教案的格式是多种多样的，概括起来大致有表格式和笔记式两种，一般采用表格式较多。

1. 表格式教案(表 2-3、表 2-4)

表 2-3　表格式教案(格式一)

班级_____　人数_____　课次_____　____年___月___日　任课教师_____
课的任务_____
_____

课的部分	时间	课的内容	组织教法	备注
......	......	......	......	......

课后小结_____
_____

表 2-4　表格式教案(格式二)

班级_____　人数_____　课次_____　____年___月___日　任课教师_____
课的任务_____
_____

课的顺序	课的内容、练习分量、时间	组织教法
......	......	......

课后小结

2. 笔记式教案(表 2-5)

笔记式教案是按课进行的顺序,用文字逐条加以叙述。

表 2-5 笔记式教案

班级_____ 人数_____ 课次_____ ____年___月___日 任课教师_____
课的任务 _____
_____

教 案 设 计	实施情况
一、准备部分(15m) 　　(一)集合整队，报告人数，宣布本课任务与要求(2m) 　　(二)准备活动(13m) 　　　　1.…… 　　　　2.…… 二、基本部分(90m) 　　(一)技术练习(60m) 　　　　1.……(10m) 　　　　要求：…… 　　　　2.……(20m) 　　　　要求：…… 　　(二)身体练习(30m) 　　　　1.……(10m) 　　　　要求：…… 　　　　2.……(10m) 　　　　要求：…… 三、结束部分(15m) 　　(一)整理活动(12m) 　　　　1.…… 　　　　2.…… 　　(二)小结(3m) 　　　　……	

课后总结 _____
_____

>>>>>>>>>>>>>>>>>>>>>>>>>> **练习与思考** <<<<<<<<<<<<<<<<<<<<<<<<<

1. 简述站位与击球距离的关系。

2. 简述旋转对乒乓球飞行弧线的影响。

3. 试述乒乓球的教学原则。

4. 乒乓球教学的直观手段有哪些？

5. 试述乒乓球的常用教学方法。

6. 详细说明多球训练的方法。

7. 试制订一份教学大纲(附教学进度)。

第三章　乒乓球训练工作

 **本 章 要 点**

本章共三节，主要介绍了乒乓球的训练原则，乒乓球技战术训练方法，乒乓球训练计划的类型，训练计划的基本内容，制订训练计划的依据以及不同类型训练计划的制订等方面知识。

第一节　乒乓球的训练原则

乒乓球训练原则，是乒乓球训练工作内在本质的体现，是乒乓球训练工作客观规律的反映，是乒乓球训练工作实践经验的概括和总结，也是乒乓球训练工作必须遵循的准则。

一、按需训练原则

乒乓球训练工作的根本目的，是要提高运动员的比赛成绩。因此，训练工作必须遵循乒乓球运动的规律，一切从乒乓球比赛的实战要求出发、一切从提高运动员的比赛成绩出发。

决定一名乒乓球运动员竞技能力的因素大体上可归纳为：形态、机能、素质、技战术、心理和智力7个方面。我们应将决定乒乓球选手竞技能力的诸因素进行中肯的分析，并对各个因素之间的相互关联和影响进行认真的研究，有的放矢才能达到训练目的。

随着乒乓球运动的不断发展，对运动员身体形态方面的要求已不再是可有可无的了。身材适当高大一些，更有利于掌握现代乒乓球的技术，更有利于发挥某些乒乓球技术的威胁力。身体过分单薄，对运用某些打法和技术就显得"先天不足"。

乒乓球运动虽然不属于体能式的运动项目，但是没有必备的身体素质，精湛的技术就缺乏良好的载体，同样不能成为优秀的选手。尤其是连续的乒乓球比赛需要很好的专项耐力，如果乒乓球运动员的专项身体素质不高，经不住连续比赛体力的极度消耗，即便有较好的技战术水平，也难以取得理想的比赛成绩。目前我国乒乓球选手要提高相持能力和一定的中台进攻能力，除了技术要求外，身体素质的作用也是相当重要的。乒乓球运动训练中要重视身体素质训练，要注意把一般素质和专项素质的训练有机地结合起来，在发展一般身体素质的基础上，逐步加大专项身体素质训练的比重，训练后期应多进行专项身体素质训练。

技战术训练是乒乓球运动训练的主要内容，是训练的重点。技术训练和战术训练既有联系又有区别，要正确处理好两者的关系。要根据乒乓球运动员的打法类型和技术特长及假设对手特点安排技战术训练内容，做到目标明确、针对性强、实用性强，力求符合实战要求。

心理素质在现代乒乓球比赛中的作用和地位明显提高，竞技水平越高的比赛，运动员心理压力越大，心理素质的作用就越大。特别是实行 11 分制后，由于比赛节奏加快，强对抗增多，变数加大，运动员心理负担加重，经常会打到 8 平、9 平、10 平，这时就要看谁处理关键球的心理素质好一些。在比分咬得很紧的态势下，技术实力相当的运动员之间，心理素质的比拼就显得尤为重要。所以，现代乒乓球运动训练必须强调重视心理素质训练。

乒乓球竞技是单枪匹马的技战术对抗，在激烈的竞技对抗中运动员要快速地进行观察、记忆、想象、分析、判断等智力活动。敏锐的智力活动能力也是优秀乒乓球运动员的必备条件。

二、适宜负荷原则

乒乓球运动训练强度根据"超量恢复"理论要符合适宜负荷原则。运动负荷要适宜，过小则对肌体的刺激不大，技术和身体素质得不到提高；过大则因超过了负荷极限，不但技术退步而且还会伤害身体健康。只有将运动负荷控制在适宜的范围内，身体机能才能按照"负荷——疲劳——恢复——提高"的程序得到锻炼提高。在适宜的运动负荷控制范围内，适当加大运动量训练，不但运动条件反射建立得快，而且比较容易巩固。

在安排运动负荷时应注意：

(1)在训练中应注意从实际情况出发，根据不同选手、不同打法、不同训练时期的任务、身体状况等条件有所区别。

(2)应注意循序渐进地逐步增加运动负荷，直到最大限度，并处理好负荷与恢复的关系。

(3)加大负荷一般先增加负荷量，再增加负荷强度，不宜同时增加负荷量和负荷强度。还应注意在加大负荷量时可略微减小负荷强度；在加大负荷强度时可适当降低或保持负荷量。

三、系统性原则

系统性原则是指运动训练从最初阶段开始，直到出成绩、保持成绩并不断提高技术水平的整个训练过程，前后连贯、紧密相关而不中断。

乒乓球竞技能力的提高，是一个长期的生物适应过程，要取得优秀的比赛成绩，必须经过多年的系统性训练，必须持续地、逐步地提高身体机能的各种能力。因为人的生理和心理机能的调节、改造和提高不可能在短时间内完成，短期、零碎、脱节的训练是培养不出优秀运动员的。

过长时间的停训会导致身体机能的退化，这种退化不仅表现在体能上，而且还表现在技战术的掌握和运用上。因为学习和掌握运动技能的本质是通过神经系统的暂时性联系建立条件反射，间断训练就会使这种神经系统的联系减弱、条件反射消退、动力定型被破坏。只有经过长期的、不间断的系统性训练，才能巩固条件反射，保持和提高运动水平。

贯彻系统性原则时应注意：

(1)坚持训练的连续性，并处理好连续性和阶段性的关系，使每个训练阶段互相衔接，紧密相连成为一个有机统一的整体。

(2)注意处理训练内容、训练方法和运动负荷间的内在联系，提高训练时效，使每一次训练都能取得良好的效果。

(3)过度疲劳是系统性训练的主要障碍。要注意科学安排训练和休息时间，合理控制运动负荷。运动负荷的增加，只有渐进才能持续。

四、练为战的原则

一切训练都是为了适应比赛的需要，所以一切训练都要从难、从严、从实战出发。

(1)从难，是指不断加大技战术和身体素质训练难度，不断提高训练标准。当然，从难训练一定不能脱离实际情况，要难得有用、难得可行。过高和过低的训练要求，都不能达到从难训练的目的。

(2)从严，是指严格要求、严格训练。从严训练，首先是执行训练计划要严。对任务、指标和要求，要想尽办法努力争取完成；要严格执行进度、步骤、措施、方法及运动负荷；力争每一次训练都达到最佳训练效果。其次，执行技术规格要严。对各种技术和战术的训练质量要达到标准。

(3)从实战出发，是指训练必须从比赛的实际出发。在技术训练时要加强战术意识培养；在提高技战术训练质量的同时，要加强变化能力和应变能力的培养；要缩短训练与比赛的距离，强化比赛意识和心理，进行各种困难、复杂情况下的训练。

五、统一安排与区别对待的原则

乒乓球运动基本上属于个人竞技项目，每个选手都有自己的打法类型、技术风格、特长技术等特点，但乒乓球选手必须在集体训练中才能锻炼成长。这就要求我们在安排训练内容、方法手段及技术要求时，既要注意到全队需要解决的共性问题，根据全队整体情况统一安排，规定一定的时间、方法、步骤进行训练，以达到共同提高的目的；又要注意到个人需要解决的个性问题，根据运动员的不同情况区别对待，制订个人训练计划，以顾及运动员的不同特点。这就是统一安排与区别对待的原则。

要贯彻统一安排与区别对待的原则，就必须对全队每个运动员的情况进行深入细致的调查研究，详细分类整理业务档案，做到对每个队员的生物学特征、心理学特征、训练学特征和社会学特征胸中有数。

在整个训练过程中，教练员必须善于根据不同的训练单元、全队的训练水平、选手的技术状况和身体素质等因素，使统一安排与区别对待有机地结合起来，灵活地加以运用。例如，可将一个单元划分为两个部分，一部分为统一安排时间；另一部分为个人计划时间。在统一安排的时间内，训练内容统一，但在具体方法和要求上又可以按个人情况区别对待。只有真正贯彻统一安排与区别对待的原则，才能使训练取得积极效果。

六、全面训练与特长训练相结合的原则

乒乓球运动员必须掌握本类型打法的全面技术，并且有自己的特长技术和独特风格，在比赛中才能有战胜对手的竞技优势，取得优异的比赛成绩。

掌握本类型打法的全面技术，主要是要求运动员在技术上不能有明显的漏洞，进攻和防御能力兼备，既能对付各种不同类型的打法，又能根据不同来球灵活采用相宜的技术进行有效回击。应该指出，乒乓球技术在不断发展，过去已经全面掌握不等于现在全面掌握，技术的全面掌握也就是相对的。

特长技术是指运动员竞技能力总体结构中发展水平最高的技术。乒乓球运动员特长技术的建立和个人技术风格的培养密切关联，没有明显的特长就没有鲜明的风格，而没有鲜明技术风格的选手是很难攀登乒坛技术高峰的。

运动员所掌握的独特的、成功率很高的技战术是克敌制胜的绝招技术。优秀运动员在掌握本类型打法全面技术的同时，还必须注意发展自己的特长技术和绝招技术。

贯彻全面训练与特长训练相结合原则时应注意：

(1)全面技术是特长技术的基础，在训练初期或运动员技术水平还比较低时，应侧重于全面技术的训练；随着运动员对技术的逐步掌握和技术水平的

不断提高，则可逐步发现特长技术、发展特长技术；到了训练后期，尤其是运动员的打法技术已比较成熟时，则应突出特长技术和绝招技术的训练。

（2）正确处理好全面训练与特长训练的关系，既不能等技术全面了再去训练特长和绝招，也不能过早、过多地进行特长和绝招技术训练。

（3）在以全面技术训练为主的阶段，要注意发现和建立运动员的特长技术；在以发展特长技术为主的训练阶段，也应注意全面技术的巩固与提高。

七、训练与比赛相结合的原则

比赛不仅是训练的目的和依据，而且也是训练的手段。各种形式的比赛可以检验和巩固平时训练的效果；比赛中暴露出来的问题，要通过平时训练加以解决。比赛还是训练的一种特殊形式，许多技战术尤其是心理等方面的问题，只有通过比赛才能得到巩固和提高。所以说比赛和训练相辅相成，只有把两者有机地结合起来，才能促进运动员更快地提高技术水平。

（1）比赛可以促进训练，但不能代替训练，要防止盲目的"以赛代训"倾向。

（2）比赛次数和密度要适度。过少则对运动员的刺激小，往往会影响训练的积极性；过多则容易使运动员对比赛失去兴趣，同样也会降低兴奋度，甚至还会影响某些技战术的掌握和提高。

（3）在训练前期阶段或运动水平较低时，不宜过多安排比赛；随着技术水平的不断提高，应增加比赛机会；到了训练后期（赛前期或竞赛期），一般以战术训练为主安排各种形式的比赛，甚至可以在一定程度上"以赛代练"。

（4）尽管平时训练力求接近实战要求，但很难真正达到正式比赛的各种要求。因此应给水平较高的运动员创造更多的比赛临场机会，在实战中提高运动水平。

第二节　乒乓球技战术训练方法

乒乓球技战术训练方法，是指在乒乓球技战术能力培养过程中采用的训练方法。这些方法是根据比赛中技战术运用实际情况和练习者的技战术能力水平，把比赛中经常出现的技战术使用情况进行一定程度的简化，形成针对不同比赛实际情况和不同水平运动员的技战术训练模式，以适应训练的需要。技战术训练方法的核心是在技战术内容中有效地体现乒乓球制胜五个因素。

乒乓球技战术训练方法的运用繁多。概括起来有三种：程序训练法、诱导训练法、比赛训练法。

一、程序训练法

程序训练法的本质就是把比赛中发生的和可能发生的技战术事实，在训练学的意义上编制成具有技战术价值的训练内容。这些基本内容模拟了比赛中技战术发生的情况，出于学习和训练的需要，它是比赛中技战术运用的一种简化。

程序训练法是指在乒乓球技战术训练中，根据乒乓球竞赛要求和训练者技战术水平，把多种技战术内容编制成一个在技战术训练上具有内在逻辑联系的训练程序。它包括整体技战术内容的训练程序和单个技战术内容的训练程序。

技战术训练程序要求将庞大、复杂的技战术训练内容分解成小的训练内容单元，并编制出具有相关性、逻辑性的训练内容体系。在乒乓球技战术训练过程中，技战术训练程序的基本内容构成了一个比较完整的技战术内容体系(表3-1)，它为乒乓球训练程序在时间序列和联系形式的实施上提供了基本符合乒乓球竞赛要求的训练内容框架。因此，乒乓球技战术的训练程序是乒乓球技战术训练的一般方法。

表 3-1　乒乓球程序训练法基本内容及体系

一级	二级	三级	击球要素要求	具体技术内容范例
程序训练法	单一技战术训练法	有规律训练法	固定线路、落点、旋转、力量、速度	发球；接发球；正反手对攻（拉）；反手推（拨）；搓球；削球
		无规律训练法	不固定线路、落点、旋转、力量、速度	一推一攻(拉)；一削一攻(拉)
	结合技战术训练法	有规律训练法	固定线路、落点、旋转、力量、速度	发球抢攻(拉)；接发球后攻(拉)；左推右攻(拉)；搓中抢攻(拉)
		无规律训练法	不固定线路、落点、旋转、力量、速度	推、侧、扑；拉中攻(冲)；削中反攻

时间序列，就是技战术训练内容在时间维度上的安排。而时间序列安排又使得技战术内容安排在时间上发生关联。训练内容在时间序列上合理的划分，是根据竞赛对技战术的要求作出的。在时间序列的安排上，一般是以乒乓球技战术难度(与比赛近似性程度)来进行训练内容的安排。把技战术训练

内容在时间序列作出安排，也就表明了训练内容在训练逻辑上的相互联系。体现整体技战术内容的训练程序在课的训练内容安排中可以得到体现（表3-2）；单一技战术训练内容安排可以在单个技术动作内容中得到体现（表3-3）

表3-2　技战术训练课中训练内容的时间序列和联系形式

时间安排	顺序	训练内容	训练要求	训练重点
10分钟	1	正手对攻练习	固定击球要素	技术动作及细节的掌握
10分钟	2	推挡（拨）练习	固定击球要素	技术动作细节的掌握
10×2分钟	3	左右摆速（推挡侧身攻）练习	不固定击球要素	战术细节和策略的掌握
10×2分钟	4	搓中抢攻（拉）练习	不固定击球要素	战术细节和策略的掌握
10×2分钟	5	发球抢攻（拉）练习	不固定击球要素	战术细节和策略的掌握
20分钟	6	练习比赛	在比赛中实施练习的内容，并检验训练内容的实战效果	技术的战术运用及其有针对性的取胜策略

表3-3　单个技术动作（正手弧圈球技术动作）训练的时间序列和联系形式

顺序	正手弧圈球技术动作	方法	训练要求	训练目的
1	正手拉上旋球训练	多球	固定击球要素	掌握技术动作
2	正手拉下旋球训练	多球	固定击球要素	掌握技术动作
3	推挡中的正手连续拉练习	单球	不固定某种击球要素	提高动作调整能力
4	削球中的正手连续拉弧圈球练习	单球	不固定某种击球要素	提高动作调整能力
5	发球后的拉弧圈球练习	单球	不固定某种击球要素	提高动作调整能力
6	接发球的抢拉弧圈球练习	单球	不固定某种击球要素	提高动作调整能力

二、诱导训练法

诱导训练法是一种具有针对性的，进行技战术强化训练的方法。它在乒乓球技战术训练中有着特殊的作用。诱导训练的基本思路是，有针对性地提高运动员应对某一对手时的技战能力和解决某一技战术问题的能力。诱导训练法包括：模拟训练、陪助训练（强帮弱练）、多球训练。

(一)模拟训练

模拟训练从 20 世纪 50 年代末期开始，在我国乒乓球训练中采用。后来又有较大程度的充实和发展。现已成为我国优秀运动队主要的训练方法之一。

作为个人对抗性很强的乒乓球运动项目，由于个人在技术打法上的差异比较大，所以在高水平竞技训练中，其技战术训练必须要在有针对性的前提下进行。所谓有针对性，就是要了解对手技战术以及风格、个性特点等，让某位运动员作为模拟者。这样做，不仅在技战术上，而且在心理上，都能产生强烈的真实感。特别是临近重大比赛，模拟训练的作用就更为突出，它可以使运动员对将要遇到的对手，在技战术上，在事前就做到心中有数。

(二)陪助训练(强帮弱练)

由于男、女生理上的不同，男、女运动员在力量、速度以及掌握技术等方面也存在某些差异。在同一代运动员中，掌握高、难、新的技战术，女子比男子在进度上有时会慢些。采用男帮女练，可以加大技战术训练的难度和强度，有利于女子更快地提高技术水平。实践证明，男帮女练的训练方法是提高技战术训练质量，加速女运动员成长的有效手段。同样的道理，年龄大且技战术水平高的运动员帮带年龄小、技战术水平低的运动员，也非常利于他们技战术水平快速提高。

(三)多球训练

运用多球训练的方法提高运动员技战术能力，能收到显著的效果。这已在我国乒乓球训练实践中得到了证实。多年来的训练实践又促进了这一方法的不断完善。这种训练方法既可连续不断地供球(一球一用，供出各种不同性能的球)，也可以一球连用。因而训练中可以大大减少拣球的时间，加强单位时间内的练习次数，有效地改进运动员的技战术不足，有助于迅速提高运动员的技术水平。多球训练还可起到增强运动员战斗意志的作用。

多球训练虽是一种很有效的训练方法，但必须注意两个问题：第一，不能代替单球训练。多球训练与单球训练的时间安排应是 1：2，最多是 1：1，否则会产生不良的后果。第二，应防止和克服因为球多(不用每球必捡)而容易出现不动脑子，不认真对待每一板球的倾向。

三、比赛训练法

比赛训练法是技战术训练的重要手段之一。合理地运用比赛训练法，对加速提高技战术水平有良好的作用。比赛训练法包括检查性比赛、测验性比赛、关键分比赛、专门性技战术比赛。

(一)检查性比赛

检查性比赛是对一节课或一周技战术训练效果的检查。它是进行技战术训练内容安排和调整的重要依据。

在每次训练课的最后 20 分钟同一个对手或者轮换对手，进行 3～5 局的记分比赛。在周末最后一次训练，可组织队内比赛，或适当与外队比赛。既可以采用单淘汰、双淘汰竞赛法，也可以采用大循环或团体赛竞赛法。

(二)测验性比赛

在队内教学比赛中，根据教练员规定的主要战术，或运动员所掌握的技术(如发球、反手攻球、弧圈球等)进行比赛。在这种比赛中，不以胜负为主，力争多用、活用规定战术或新技术，以便观察和发现训练中的问题。在比赛中教练员应做较详细的记录，并指定专人协助做好统计，供赛后教练员、运动员一起总结使用。

(三)关键性比赛

所谓关键性比赛，就是把比赛过程的关键局、关键比分单独分段抽出来，作为比赛的内容。关键性比赛内容有：

1. 擂台式比赛

即在训练课中，安排 20～30 分钟进行多人次的 1 局或 6 分球决定胜负的比赛；获胜者继续与别的对手比赛，比谁当擂主的时间长。

2. 局末比赛

局末的比赛是提高运动员处理关键球能力的一种训练方法。教练员可以规定比赛从"8∶7""9∶9""10∶10"的分数开始，双方运动员从这个比分开始比赛，直至一方取胜为止。

(四)专门性技战术比赛

把某一种技战术内容，作为比赛的内容，根据教练员的要求进行比赛。这种训练有助于运动员某一技战术实战能力的提高。内容有：

1. 发球抢攻、抢拉(冲)比赛

将各种打法的运动员按技术水平混合编成若干组，用男子团体赛的方式(女子也采用此方式)进行比赛。将同类打法的运动员编为一组与另一类打法的运动员所编成的小组进行 3 人对 3 人，或 2 人对 2 人的比赛，获胜组再与其他获胜组进行比赛，直至赛出冠军组。进行全队个人大循环比赛、排出全队个人名次。以上方式的比赛，均要求发球一方在发球后 3 板内必须抢攻，抢拉(冲)得分。超过 4 板算失分(以削为主打法运用发球抢攻时可放宽为发球后 4～5 板)。另一种方法是，超过 4 板还可按各自的战术继续打下去，如发球一方取胜，此球不算输赢，如失误，则算作输球，接发球可按各自的打法采用任意的回接方法。发球抢攻，抢拉(冲)时要积极争取主动；接发球不应完全脱离自己的打法，但要有争取主动和加强控制的意识。

2. 接发球比赛

分组及竞赛方法与发球抢攻、抢冲比赛相同。发球一方采用发球后可以抢攻、抢冲，接发球一方可以用多种回接方法，如加转搓，摆短，快点、撇等，不限落点。回接后对方不能立即抢攻，抢拉时，算接发球一方胜2分。方法有两种：一种是只进行3板就停止；另一种是3板以后继续对打下去，按一般竞赛方法计算胜负。不规定发球的种类及套数，可视情况需要而对落点有所规定或不做任何规定。发球一方也可以在发球后抢攻、抢拉，但如失误要算失2分。接发球用加转搓、快拨，摆短、削、撇、抢攻、抢拉回接均可，前五种接法如直接得分算胜2分，后两种接法直接得分算胜3分。要求接发球要灵活多变，力争主动，要把它当做是重大比赛的接发球来对待。既不能求稳保守，也不能盲目搏杀，要努力提高由被动转化为主动的意识。

3. 拉球对削球比赛

快攻、弧圈进攻打法为一组的3人对以削为主，削攻结合和两面不同性能球拍打法为一组的3人。双方可按照自己的打法运用战术，但均不得采用发球抢攻、抢拉、抢冲。削球一方允许反攻，但失误一球算失2分；拉攻一方允许结合突击起板，或拉前冲弧圈球，失误一球也算失2分。此法是练相持时的战术运用，双方都要认真对待并努力提高落点、旋转变化和控制球的能力，做到咬得住，不盲目搏杀。如果拉球一方的水平明显高于削球一方，可根据具体情况采用先让几分球的方法进行比赛。

(五)适应性比赛

乒乓球比赛赛期比较长，运动员往往兼项多，体力消耗和精神消耗是很大的。加之有诸多作用于比赛的因素存在，如：比赛地点、气候、时差、饮食习惯、比赛场馆等因素，还有重大国际比赛在用球的弹性、软硬度，球台的弹性、光滑度也存在差别。另外，不同地区，不同国家的观众有不同的作为和情绪，裁判员也可能发生错判、漏判，这些情况对运动员的精神承受能力和技术水平的发挥有着不可忽视的影响。

为了让运动员能泰然应对上述情况，把不良影响降到最低，确保原有技术水平的发挥，在赛前要安排一定的适应性比赛。它可以使运动员获得重大比赛时所需的各种应变能力。即使出现意外情况，也能沉着镇定应对，不致头脑发晕，手忙脚乱影响比赛成绩。

第三节　乒乓球训练文件的制订

一、训练计划概述

(一)训练计划类型

根据不同的标准，可以对训练计划进行不同的分类。按训练计划时间跨度的大小，可将其分为多年训练计划、年度训练计划、阶段训练计划、周训练计划及课训练计划5种。这5种训练计划虽各自具有相对独立的内容和功能，但却相互紧密联系，构成一个统一的整体(表3-4)。

表 3-4　运动训练计划的类型及其功能结构特点

计划特点		计划类型	计划的功能	计划的时间组成
远景的	框架的	多年训练计划	长期宏观规划	2～20 年
↓	↓ ↑	年度训练计划	中期定向控制	1～3 个大周期 0.5～6 个月
		阶段训练计划	承上启下调控计划偏差	或 2～25 周
		周训练计划	短期训练安排	7±3 天或 4～20 次课
现实的	具体的	课训练计划	训练实施及宏观各种计划的基础	0.5～4 小时

(二)训练计划的基本内容

尽管不同类型的训练计划在内容上各自有所侧重，并有自己特定的要求，但不同时间跨度的运动训练过程的基本结构都是一样的，因此，不同类型的运动训练计划也有着许多基本的共同点，其基本内容如图3-1所示。

除了在实施性的周、课计划中不一定安排比赛之外，这10个要点可以说对任何一个训练计划都是必须包括的。根据这10个内容在运动训练过程中的意义，又可把它们归结为准备性部分(1、2，其中1是制订计划的依据)、指导性部分(3、4、5、6)、实施性部分(7、8、9)和控制性部分(10)。通常在制订多年训练计划和年度训练计划时，应特别重视指导性部分，而在制订具体的周、课计划时，应对实施性部分加以认真考虑。

1. 准备性部分

训练计划的准备性部分包括对运动员起始状态的诊断和训练目标的建立两项重要的工作。其中一个完整的起始状态诊断，应该包括运动成绩诊断、

准备性部分
- 1.运动员起始状态诊断
- 2.确定训练任务及指标

指导性部分
- 3.提出实现目标的基本对策
- 4.确定各阶段划分及各阶段任务
- 5.安排比赛序列
- 6.规划负荷变化趋势

实施性部分
- 7.选择训练方法与手段
- 8.确定各手段负荷量度
- 9.确定恢复措施

控制性部分

10.规划、检查、评定的时间、内容、标准

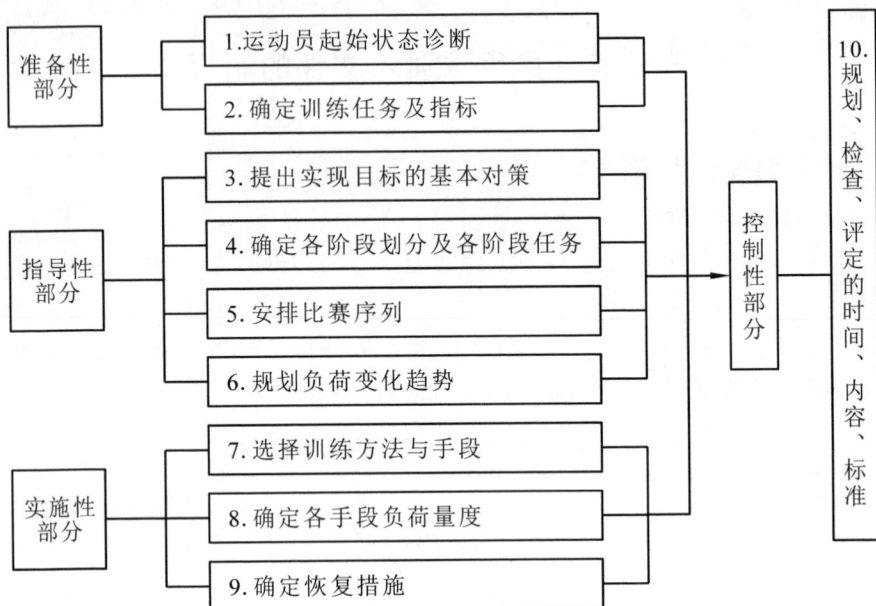

图 3-1 训练计划的基本内容

竞技能力诊断及训练负荷诊断；而一个完整的训练目标，也应该相应地包含运动成绩指标、竞技能力指标及训练负荷指标(表 3-5)。在确定训练目标时应考虑的主要因素有：运动员的现实状态、竞技潜力以及训练和比赛条件等。

表 3-5 男子乒乓球运动员(17 岁)2006～2008 年度个人训练目标体系

类 别			项 目	2005 年状态	2006 年目标	2007 年目标	2008 年目标
成绩			单打	全国前 32 名	前 16 名	前 8 名	前 5 名
			混双	全国前 32 名	前 8 名	前 4 名	前 4 名
			团体	替补	上场	第一主力	每场得 2～3 分
竞技能力指标	技术	发球抢攻	命中率(%)	60	70	75	80
			直接得分率(%)	30	40	50	60
		相持球	得分率(%)	40	50	60	65
	素质		100 米	13.7	13.2	12.8	12.6
			引体向上(个)	10	16	20	24
			2.5 米左右移动(次/30 秒)	15	20	25	28
			3000 米	12：20	12：00	11：40	11：10

类　别	项　　目	2005 年状态	2006 年目标	2007 年目标	2008 年目标
负荷 指标	1. 年训练日（天）	280～300	300～320	300～320	320～330
	2. 每周课次（次）	12～14	12～14	12～16	12～16
	3. 每日课次（次）	1～4	1～4	1～4	1～4
	4. 年比赛场数（场）	200～250	200～250	220～280	220～280

2. 指导性部分

指导性部分同训练目标一样是具有战略意义的重要内容。指导性部分首先是阶段的划分及各阶段任务的确定，再根据训练总目标和世界或国内重大比赛的安排来描绘出训练过程的基本构架，继而根据不同阶段的训练任务和比赛安排的特点规划出负荷动态变化的趋势，从而完成整个训练活动的大体部署。

3. 实施性部分

实施性部分包括训练过程中训练内容的安排与相应的训练方法和手段的选择，以及各训练手段的要求与量度（负荷量、负荷强度和总负荷节奏等），此外，还要特别注意制订恢复措施。

4. 控制性部分

在制订训练计划的各个基本内容中，教练员也必须规划好各个基本内容的检查评定方法与时间，这也是保证计划符合训练实践，促使训练效益不断提高的重要环节。

（三）制订训练计划的依据

1. 训练目标

训练计划是围绕现实训练目标而制订的，所以，制订训练计划时必须考虑到实现目标的需要。

2. 运动员的个人特点和现实状态

运动员的个人特点和现实状态既是运动员参加运动训练活动的基本出发点，也是运动员通过一定时间的训练后可能达到的新水平的重要条件。因此，训练计划必须符合运动员的现实状态和特点，必须符合运动员的"最近发展区"，这样才能满足实施个体化训练的需求，才能最大限度地提高训练效果。

3. 运动训练的客观规律

（1）竞技状态的形成和周期性发展规律：人体竞技能力的提高，明显地表现出周期性的特点，运动员竞技状态发展过程都要经历形成、保持和消失 3

个阶段。所以，教练员在确定训练周期结构和划分训练阶段，以及据此安排训练负荷与比赛负荷节奏时，应依据竞技状态形成和周期性发展规律。

(2)重大比赛安排的规律：根据乒乓球运动在技战术、身体竞技能力、运动负荷能量代谢和比赛等方面的特殊规律，合理地安排训练。

(3)生物和自然界的节律变化规律：训练过程是一个复杂而又受多种因素影响的动态变化过程，其中包括人体生物节奏和自然节奏的影响。训练中如能掌握好这一规律，一定会收到明显的效果。

(4)依据各种竞技能力和训练内容与手段之间的迁移规律，合理地安排发展竞技能力的训练内容与手段。

(5)依据人体承受负荷时的有限性和无限性规律以及各种竞技能力和能量物质在不同负荷后的异时性恢复规律，合理地安排负荷节奏，科学地实施大负荷训练，有效地提高运动员承受负荷的能力。

4.训练和比赛条件

同一个运动员在不同的训练条件和比赛条件下，训练和比赛的结果可能会有明显的差别。因此，在制订训练计划时，应认真考虑训练和比赛条件，并有针对性地安排适应性训练和模拟训练。

二、不同类型训练计划的制订

(一)多年训练计划的制订

多年训练计划是对运动员多年训练过程的总体规划。其时间跨度较长，可以是2～20年以上，按时间跨度的长短可分为全程性多年训练计划和区间性多年训练计划两种。

1.全程性多年训练计划

全程性多年训练计划是指对运动员从开始参加训练，到达到个人运动竞技水平的高峰，直至停止训练活动的整个训练过程的设计与规划。尽管这种计划很难由一名教练员实施到底，但从训练系统来说，对整体规划有着极为重要的作用。

全程性多年训练计划需要确定两个问题：全程性多年训练过程的阶段划分和运动员在全过程训练中进入各阶段的最佳年龄。确定这两点的基本依据是：运动专项的特点及本专项最优秀运动员进入各训练阶段和取得优秀成绩的年龄特征。乒乓球运动全程多年训练的阶段划分和适宜的起始年龄(见表3-6)。

表 3-6　乒乓球全程性多年训练阶段的划分及起始年龄

阶段划分	主要任务	适宜起始年龄/岁			训练重点及顺序	负荷特点
		男	女	说明		
基础训练阶段	培养基础竞技能力	6.1±1.5	6.0±1.3	进体校	1. 协调能力，基本运动能力 2. 多项基本技术 3. 一般心理品质 4. 基本运动素质	循序渐进留有余地
全面提高阶段	全面提高竞技能力	11.4±1.3	11.7±1.7	进专业队	1. 专项技战术 2. 专项运动素质	逐年增加逼近极限
最佳竞技阶段	创造优异成绩	19.4±2.8	17.8±1.6	可获世界前 3 名	3. 专项心理品质 4. 专项训练理论知识	在高水平区间起伏
竞技保持阶段	努力保持竞技水平	依个人具体情况而定			1. 保持心理的稳定性 2. 专项技战术 3. 专项运动素质 4. 专项训练理论知识	保持强度明显减量

修改自：田麦久等．运动训练学．北京：人民体育出版社，2000 年，第 323 页

2. 区间性多年训练计划

区间性多年训练计划是由目前教练员，尤其是优秀运动员、队的教练员主要制订的多年训练计划。区间性多年训练计划是与多年训练的具体阶段（基础训练阶段、全面提高阶段、最佳竞技阶段和竞技保持阶段）相吻合，常常是围绕一些重大比赛而制订的。

在多年训练过程中，无论是运动负荷的内容，还是运动负荷的量度，都依训练阶段的不同而表现出不同的特点。如表 3-3 所示，基础训练阶段的负荷内容，首先是协调能力和基本技术的训练；在专项提高阶段及最佳阶段中，则首先要发展决定专项竞技能力的首要因素；而在竞技保持阶段，则需要把运动员心理稳定性的保持和提高放在训练的首位。因此，在制订多年训练计划时，必须考虑它的阶段性、年龄特征和负荷特点来进行安排。

多年训练计划的内容主要包括：逐年的奋斗目标、任务、措施、比赛安排等。计划的形式以文字阐述结合表格（表 3-7）。制订多年训练计划应目标明确、任务具体，步骤与时间安排恰当，内容能反映出多年训练发展过程的蓝图。

表 3-7　全面提高阶段多年训练计划

总目标						
状态		起始状态	目标状态			
时间		（　　年）	第一年 （　　年）	第二年 （　　年）	第三年 （　　年）	第四年 （　　年）
竞技能力指标	技术					
	战术					
	素质	速度				
		力量				
		耐力				
	心理					
负荷指标	总时数					
	技训与身训比例					
	大强度量					
	量与强度比例					
比赛安排						
恢复措施						
反馈考核措施						

(二)年度训练计划

年度训练计划是教练员和运动员组织运动训练过程的重要文件之一，人们通常以年度训练作为组织系统运动训练过程的基本单位。制订年度训练计划时，要根据本年度参加的主要比赛和运动员的基本情况、竞技能力以及训练场地、器材等客观条件进行。

1. 年度训练计划的类型

根据一个年度中所含大周期的数量，可把年度训练计划主要分为：单周期（包括单周期双高峰）、双周期和多周期 3 种类型。不同的结构类型有着不同的总体规划、不同的比赛系列和不同的训练安排。根据乒乓球运动训练实践，一般采用双周期或多周期。

(1)单周期：全年训练按一个完整的大周期组织实施。与运动员竞技状态的形成、保持和消失 3 个阶段相对应，一个训练大周期通常分为准备期、比赛期和过渡期。由于在单周期年度训练过程中，准备期和比赛期延续的时间较长，易出现生理负荷和心理负荷的积累，导致运动员竞技能力下降，所以在训练实践中，人们常常把每个时期又分成几个阶段，并常常在长比赛期的中间加一个短时间的调整期，这种安排就是单周期双高峰。即一个准备期、两个比赛期和两个过渡期。

(2)双周期：全年训练按两个完整的大周期组织实施，它包含两个准备期、两个比赛期和两个过渡期。在现代竞技训练中，这种安排是一种较为常用的年度安排模式。

(3)多周期：按 3 个以上大周期组织全年训练的过程。实施这种安排的基本条件是，运动员能在 3～4 个月左右的时间内，有效地提高竞技能力，并在比赛中充分表现出来，把提高了的竞技能力转化为运动成绩。这就要求训练方法更为科学，恢复手段更为有效，比赛条件更为理想，否则得不到理想的总体效应。

近年来，由于比赛的不断增多，训练中若只采用常规大周期的安排，有时不能满足训练比赛的需要，因此出现了微缩大周期的安排。常规大周期通常不短于 14 周的时间，要求运动员分别提高不同的竞技能力，进而综合起来，表现为高度的专项竞技能力；而微缩大周期主要用于参加重大比赛的 2～3 个月的训练之中，在较短的时间内，运动员集中精力于恢复或提高综合的竞技能力。现代运动竞赛制度的发展要求我们将两种大周期有机地结合起来，根据重要比赛的时间，安排好常规大周期与微缩大周期的合理组合。

2. 年度训练计划的基本内容

(1)总结上一年度训练工作情况。

①专项成绩指标的完成情况。

②各主要竞技能力指标的完成情况。

③参加各种比赛的情况。

④训练工作存在的优点和不足。

⑤运动员机能、健康状况以及伤病治疗情况。

(2)安排本年度训练工作。

①全年训练的目标和任务。

②各竞技能力的主要指标的标准、要求与思想教育措施。

③全年训练周期的划分，各个时期的主要任务、时间及各训练内容的安排(技术、身体、心理训练的比例)。

④各训练时期、阶段的负荷安排。

⑤比赛系列的安排与具体指标以及准备工作要点。

⑥身体机能测定和医务监督的具体安排与要求。

⑦各阶段训练工作的考核、总结的安排与要求。

3. 大周期中各个时期的训练计划要点

(1)准备期：其训练的基本任务是要提高运动员的竞技能力，并培养和促进竞技状态的形成。准备时期可进一步划分为两个或更多的训练阶段，在这一过程中，训练的特点也从一般到专项、从局部向整体逐渐转移。越接近准备时期的结束，训练的专项化程度越高，训练的整体性也就越强。

准备期负荷总趋势是开始阶段量和强度逐渐增大，其中以增加负荷量为主，可达全年最大量；之后则减少量，同时加大专项练习强度，以促进竞技能力的不断提高。

一般来说，准备期的时间不应少于1.5～2个月。全年单周期的准备时间可长达5～6个月。双周期中，每个训练大周期的准备时期又有不同，在我国通常第一个大周期，即冬春大周期的准备期较长，可达4～5个月，第二个大周期，即夏秋大周期的准备期常常只有1.5个月左右。

(2)比赛期：其训练任务是发展运动员的专项竞技能力和使运动员在比赛中充分表现自己已具有的竞技能力。对于乒乓球运动员来说，在这一阶段首先是要提高在实战中发挥技术特长的能力。这一时期计划的安排应围绕着使运动员在比赛中适时地形成最佳竞技状态而进行。

比赛期的负荷总量开始明显减少，以后趋于稳定，强度增到最大，同时出现比赛的最大强度和最佳竞技状态。在此时期应特别注意，在重大比赛之前，应适当地安排一些热身赛和其他适应性比赛。

比赛时期的时间一般也不应短于1.5个月。

(3)过渡期：其主要任务是消除比赛所积累的疲劳，促进机体恢复。通常采用负荷量较小的一般身体训练及积极性休息。

过渡期的时间与训练大周期的长短有着密切的联系。单周期训练安排中的过渡期，应持续1～1.5个月。双周期训练安排的每一个周期的恢复时期，应持续2～3周。

(三)阶段训练计划

阶段训练是指全年训练中的特定时间范围内的训练，持续时间通常在0.5～6个月之间。从它与全年训练的关系看，可将其划分为两种不同的类型：一种是作为完整的全年训练过程中的一个有机组成部分，即一个时期或一个特定阶段的训练(一般2～8周)；而第二种是指中短期临时性集训(一般4～6个月)，它具有更加突出的阶段性和独立性的特点。与这两种阶段训练相适应的计划也分为两种不同的类型：一种是全年训练计划或一个大周期的训练计划的有机组成部分；另一种则是独立的中短期阶段集训计划。

在制订阶段训练计划时，应根据全年训练计划中各个时期的任务、内容、要求，划分各个阶段，可以把每一阶段的训练过程看做是若干个周训练过程的组合来制订训练计划。其中，教练员必须注意本阶段训练任务与其他各阶段任务之间的衔接，体现出不同阶段训练任务与内容的一致性。同时又要注意周计划的合理安排。

阶段训练计划的内容主要有：阶段的主要任务、内容、时数、各项训练的比重、主要方法与手段、量与强度的安排以及对阶段训练任务的检查评定和保证训练质量的措施等。

(四)周训练计划

周训练计划是具体的实施计划。依训练任务及内容的不同，可把周的训练分为基本训练周、赛前训练周、比赛周以及恢复周四种基本类型。为适应不同任务而制订的各种相应的周训练计划，也表现出明显不同的负荷变化特点。

周训练计划主要是依据年度训练计划中的训练时期和训练阶段所规定的任务、负荷等要求，以及实现训练目标的需要和不同负荷后机体的反映和恢复状况等制订的。

周训练计划一般比较详细地安排周训练的次数、训练课的任务、时间、内容和运动量度等。

1. 周计划的主要任务

(1)基本训练周：主要任务是通过特定的程序和反复练习使运动员熟练掌握专项技战术，以及通过负荷的改变引起新的生物适应现象，提高运动员的多种竞技能力。在全年训练中的准备时期，基本训练周是最主要的周型。在比赛时期中的赛前阶段和赛间阶段也主要按基本训练周的模式组织训练。

(2)赛前训练周：主要任务是使运动员的机体适应比赛的要求和条件，把各种竞技能力集中到专项竞技中去。它主要用于比赛前的专门训练准备。一般情况下，在比赛时期的比赛周之前，连续安排几个赛前训练周。

(3)比赛周：主要任务是为运动员在各方面培养理想的竞技状态作直接的准备和最后的调整，并参加比赛，力求实现预期的目标。比赛周一般是以比赛日为最后一天，倒计一个星期予以计算的。

(4)恢复周：主要任务是消除运动员生理上和心理上的疲劳，促进超量恢复的出现，激发他们强烈的训练动机，使他们准备投入新的训练。

2. 周训练内容和负荷的结构特点

决定周训练计划内容结构的主要依据是实现训练目标的需要和不同负荷

后机体的反应及恢复状况。前者决定着应该把哪些内容列入训练计划之中，后者决定着这些内容应怎样组合在一起。在周训练计划中，不同的训练内容要交替安排，以便使运动员所需要的各种竞技能力得到全面综合的发展，而避免由于负荷过于集中而导致过度训练。

(1)基本训练周：安排技战术、身体等训练的不同内容，使之合理交替，使运动员在心理上和生理上都能在持续不断地紧张训练中得到必要的调节和恢复。对运动员进行系统的持续训练，使他们在一周中承受多次负荷，更加有效地发展专项竞技能力。在一周中应安排3～5次大负荷课，在这些课中应分别安排两种或三种不同任务的训练，使不同训练内容合理地交替。一般说来，恢复性训练课应占周总课次的1/4左右。基本训练周负荷变化的主要特点是周运动负荷的加大。加大负荷的途径有3条：

①增加负荷量，同时负荷强度保持不变或相应地下降。

②提高负荷强度，负荷量保持不变或相应地减少。

③负荷量和负荷强度都保持不变，通过负荷的累加效应给机体以更深的刺激。

(2)赛前训练周：其内容结构的主要特点与基本训练周一样，但其训练内容更加专项化，采用的练习更加接近专项的运动形式，练习的组织形式更加接近于专项的比赛特点。在素质训练方面，一般运动素质的比例减少，而专项运动素质的比例增加。在技术训练方面，分解练习的比例减少，完整练习的比例增加，并努力提高练习的成功率和稳定性。对乒乓球运动员来说，还应努力提高运用战术的能力，增加实战训练比例。负荷变化的基本特点是，提高训练强度，适当减少负荷量。如果原来的量就不大，有时也可以保持原有的负荷量。赛前训练周更需要注意安排好训练负荷的节奏。恢复性的小负荷课次，从基本训练周的1/4增加至1/3。同时，要注意加强恢复措施，以保证运动员能更好地完成这一阶段的训练任务。

(3)比赛周：应把高强度专项训练及无氧代谢训练、速度训练、力量训练，安排在赛前3～5天的训练中，而把恢复性的有氧代谢训练和中低强度的一般性训练安排在1～3天进行。使运动员通过艰苦训练所获得的竞技能力能在比赛中得到充分的发挥和体现。比赛周负荷的安排，全部要围绕着使机体在比赛日处于最佳状态来进行。负荷的组合方式也是多种多样的，需依乒乓球运动的特点、运动员个人特点及赛前的状态而定。一般来说，总的负荷水平不高。在比赛日之前，通常需降低训练强度或保持一定的训练强度。负荷量在大多数情况下亦应减少或保持。

(4)恢复周：训练内容广泛而灵活。通常选择一般性的身体练习和带有游戏性的练习等。恢复周通常大大降低负荷强度和负荷量，或者大幅度地减少，或者适当保持一定的水平。

3. 周训练计划的格式（表3-8）

表3-8　周训练计划

____年____月____日至____月____日

训练阶段：第____周　周的类型：_____

主要任务：_____

_____

星期	主要内容	方法手段	负荷	恢复措施
一 二 三 … 日				

(五)课训练计划

课训练计划是根据周训练计划规定的各个课次的训练任务，并结合运动员的机能状况、场地器材、气候等实际情况制订的。它包括训练内容的选择与安排、课的组成结构、训练手段与方法的实施程序、训练负荷的大小及恢复手段等方面。

1. 训练课的类型和特点

根据训练课主要任务和内容的不同，可把训练课分为以下几种类型。

(1)身体训练课：主要安排身体素质训练的内容。其主要特点是通过多种多样的训练方法和手段，发展运动员的一般和专项运动素质，提高和保持体能水平，负荷相对较大。这类课在大周期中的准备期安排较多。

(2)技战术训练课：主要进行各类专项技战术训练，以及各种为专项技战术训练服务的辅助性练习。其主要特点是目的明确，内容、训练手段与方法较为集中。训练负荷视课的目的及其在训练过程中所处的位置而定。通常安排在大周期中的准备期和比赛期。

(3)综合训练课：运用包含素质、技战术及心理等紧密结合实战需要的综合性训练方法与手段进行训练，以发展运动员的多种竞技能力。这类课在训练大周期的各个时期经常采用。课的负荷依据所处的训练时期和具体任务而定。

(4)测验、检查和比赛课：课的内容、测试手段根据计划中的要求予以安排。负荷量可能较小，但负荷强度很大，甚至达到或超过正式比赛强度。一般安排在准备期的后半期和赛前训练中以及一个阶段的训练结束时。

2. 不同类型训练课任务及内容的安排

(1)身体训练课：主要任务是发展各种运动素质，提高运动员体能。一次课中通常会安排两种以上运动素质的训练。一般来说，快速力量练习和速度力量练习应安排在发展耐力素质或力量素质的练习之前。

(2)技战术训练课：主要任务是学习、掌握和熟练专项运动技术和战术，提高技战术质量，及时纠正技战术错误。在制订此类课的计划时，要注意安排好技战术训练程序，选择有效的技战术训练手段。

(3)综合训练课：任务是全面或综合地发展运动员所需要的专项竞技能力。安排时特别注意不同训练内容的合理组合。通常在一次训练课中，先进行技战术训练，后进行运动素质的训练。

(4)测验、检查和比赛课：要注意按训练计划所安排的时间和要求进行。

3. 训练课的结构

一堂训练课一般由准备部分、基本部分和结束部分 3 个部分组成，基本部分时间最长，应包括训练的主要内容，准备部分与结束部分的内容应依据基本部分的内容而定。

(1)准备部分：任务是使运动员的机体尽快进入工作状态，并从生理和心理两个方面做好承受负荷的准备。准备部分有一般性准备活动和专门性准备活动两个内容。一般性准备活动以有氧活动开始，逐步提高工作强度，当心率达到 110～150 次/分钟之后，结合基本部分的内容需要，做一些专门性准备活动，如手法挥拍练习、步法练习等。

(2)基本部分：

①单一内容训练课的基本部分。特点是内容集中、任务明确、时间集中，适于完成需时较长的训练任务，如基本技术训练、各种运动素质的训练等。就乒乓球项目来说，仅在训练的特殊阶段或特殊时间偶然采用。实践中，为了避免运动员身体局部疲劳，保证训练质量，可采用多种形式、不同的练习密度和间歇等方法进行调整。

②综合内容训练课的基本部分。特点是内容较多，通常 2～3 项主要内容。安排这类课的基本部分时，应注意以下问题：

a. 合理安排各种练习之间的顺序。凡是需要运动员精力充沛才能很好地予以完成的内容一般安排在前面，容易产生疲劳的练习则应安排在后面；技术性强的练习安排在前面，素质性练习安排在后面；对其他练习产生良好影响的练习安排在前面，不产生影响或有负影响的练习安排在后面。

b. 改变训练内容(尤其是不同内容之间的联系不是很紧密时)，必须做好适应性的准备活动。

c. 注意不同练习内容负荷的累积效应，尽可能安排不同的机能系统交替进行工作。

d. 安排作用于同一机能系统的练习时，应采用间歇、改变练习密度等方式，使负荷产生波浪形的变化，以便使该系统得到适时的休整。

（3）结束部分：主要任务是促进机体恢复，负荷相对较小。

在实施课计划中，教练员应通过观察，不断检查练习手段、组织形式对练习效果的影响并在课后记录训练情况。表 3-9 为课训练计划的基本格式。

表 3-9　课训练计划

日期：＿＿年＿＿月＿＿日＿＿午　　　　地点：＿＿＿＿＿＿＿＿＿＿＿＿＿

课的任务：＿＿＿＿＿＿＿＿＿＿＿＿＿＿＿＿＿＿＿＿＿＿＿＿＿＿＿＿＿＿＿

＿＿＿＿＿＿＿＿＿＿＿＿＿＿＿＿＿＿＿＿＿＿＿＿＿＿＿＿＿＿＿＿＿＿＿＿

课的部分	时间	内容手段	组织形式	负荷
准备部分				
基本部分				
结束部分				
小结				

（六）个人训练计划

1. 制订个人训练计划的必要性

随着现代训练的发展，实施个体化训练已成为现代训练的一个特点。个体生物适应性的不同，使得训练计划的针对性越强，效果越好，收效越快。由于每名运动员的具体情况都不一样（包括思想、心理、技战术以及运动素质等），发展和完善个人打法必然在负荷内容上表现出明显的个体性。而全队的集体计划又很难做到区别对待，所以平时训练中就要通过制订个人训练计划来加以补充。

2. 制订个人训练计划时，应注意的问题

（1）根据全队训练计划（包括长期与短期）的需求，结合个人的实际情况（主要是在训练，特别是在比赛中的思想与心理表现），指出个人在思想和心理上需解决的问题和努力方向。

（2）根据全队训练计划（包括长期与短期）所提出的指标，结合本人实际情况，制订更切合个人情况的指标（包括技术与运动素质等方面）。

（3）明确提出个人的技术风格，以及坚持技术风格的具体措施和办法。

（4）根据全队训练计划的要求，制订个人在不同周期或阶段训练时的重点和需解决的主要问题（如个人技术训练的主要内容、训练方法及时间分配等）。

>>>>>>>>>>>>>>>>>>>>>> **练习与思考** <<<<<<<<<<<<<<<<<<<<<<<<

1. 试述乒乓球的训练原则。

2. 按训练计划时间跨度的大小,可将训练计划划分为哪几种?

3. 试述训练计划的基本内容。

4. 试述不同类型训练课任务及内容的安排。

5. 试述制订个人训练计划的必要性和应注意的问题。

6. 编制一堂课(50 分钟)的专项身体训练计划。

7. 试制订一份多年(或全年或阶段)训练计划。

第四章　乒乓球技术

本 章 要 点

　　本章共十一节，主要介绍了乒乓球技术的新理念，乒乓球基本站位、基本姿势，乒乓球握拍方法，击球的基本环节和动作结构，发球、接发球、推挡球、攻球、弧圈球、直拍横打、搓球、削球及步法等技术的动作要领和教学方法。

第一节　乒乓球技术的新理念

　　20世纪90年代，以快为主的中国队、全面均衡的瑞典队和欧洲的"凶狠派"，曾代表了世界乒坛的主要潮流。进入21世纪以来，随着各种技术风格的交汇融合，乒乓球技战术继续沿着快速、凶狠的方向发展，对运动员提出的要求是，积极主动，抢先上手，技术全面，特长突出。尤其是国际乒联3项新规则：40毫米大球、11分赛制和无遮挡发球的先后实施，使得这一趋势更加突出。因此，我们对乒乓球技术的重新认识是很有必要的。

一、充分运用身体力量

　　快攻打法一直在我国占据主导地位，在动作结构上讲究幅度小、出手快。尽管我们在20世纪就已经意识到运用身体力量的重要性，但历史沿袭而成的训练体系仍然是为快攻服务的，这就使得我们培养出来的弧圈运动员只适宜近台作战，擅长第一、二板的拉冲，一旦形成相持或退到中远台，正手弧圈就发挥不出应有的威力。因此，有必要从学球的起始阶段就注意改进弧圈球运动员的动作结构：第一，注意动作的舒展性，以蹬腿、转腰、转髋带动手臂协调发力，尽可能发挥身体重心的作用；第二，不能忽略前臂的快速收缩，以免影响发力的集中程度。在大球时代，更需强化迎前主动发力的意识，避免过多打借力球，这样才能令自己的进攻更具威胁。

二、速度与旋转的融合

　　速度是乒乓球竞技中核心的制胜因素，因为人对旋转的适应能力可以不断提高，而在反应速度上却存在着极限。但实践已经证明，仅有（出手）速度而缺乏力量的进攻，其杀伤力有限，只有借助旋转，才能实现速度与力量兼备的攻击。实际上，乒乓球技术中速度与旋转的融合从未停止过，瑞典的瓦尔德内尔堪称这方面的典范，他较好地解决了弧圈球的速度问题，并借此引领一时。时至今日，速度与旋转的结合已在很大程度上超越了当初的范畴。例如，过去横板反手对付弧圈球多以挡、拨、带为主，有速度但缺乏旋转，而现在融入了更多摩擦成分的快撕技术已被普遍运用，甚至直板反手（正面）也演化出了"围"的技术，较之传统推挡略带上旋、回球更顶手。再以正手抢拉半出台下旋球为例，过去那种弧线偏高的高吊弧圈几乎已经消失，取而代之的是弧线从上向下压的拉冲，这种球快且顶手，大大增加了对方反攻的难度。

三、全方位的立体作战

正是由于乒乓球速度与旋转的进一步融合，使得"立体作战"成为可能，原来仅限于局部发起的攻势正在向全方位的范围扩展。具体表现在：

（一）反手进攻能力的加强

我国历来的指导思想是以正手为主，体现在横板运动员上也是如此。如孔令辉，其反手已经较好地解决了速度与旋转问题，但击球力量上与欧洲选手相比仍有相当差距。但乒乓球技术发展到今天，反手具备与正手相近的进攻能力已成为必然的趋势。

直板的反手更是发生了质的变化。"直拍横打"的发明和广泛使用，为直板解决了反手主动上手的难题。以王皓为代表的新一代直板运动员，对这项技术进行了全面的开发，使其初步具备了连续相持和攻防转换的能力，开辟了从根本上摆脱直板反手弱势的道路。目前，掌握"直拍横打"技术已成为高水平直板运动员的基本要求。

当然，无论直板或横板，反手进攻能力的提高都不能以牺牲正手为代价，这就要求运动员在改进反手进攻的动作结构上下工夫，并适当提早击球时间——反手拉下旋球的击球点是在球刚从台上跳起的上升期，改变最高点和下降前期拉球的传统观念；反手快撕也是在上升前期；弹打在高点期。

（二）近台争夺更趋激烈

事实上，不仅仅是反手进攻的击球点更靠前，实战中近台的争夺也更加至关重要，这几乎已经成为当前乒乓球技战术发展的集中体现。前三板技术历来是中国的传统强项，原先我们所强调的是在近台以下旋控制落点创造进攻机会为主，而现在上旋球的对抗已经越来越多地出现在近台争夺之中，主动发力挑打的使用日渐频繁，新一代运动员更将第一板对上旋球进攻的速度提高到了新的层次。

1. 发球抢攻的变化

(1)使用大球后，发球的旋转下降，对发球时变化落点的能力提出了更高要求。

(2)对方接发球时搓出的下旋底线长球速度、旋转下降，抢拉两条线相对容易。

(3)对方接发球时摆短的旋转也减弱，回摆易偏高，第三板应主动地上手挑打。

(4)主动发不转或上旋的正手近网短球，迫使对方轻挑，然后反撕转攻，配合发反手底线长球，多为横板对直板时采用，大球的起用令其更加奏效。

(5)传统的发球抢攻多集中于左半台，现在由于调右压左的战术被广为采用，运动员尤其直板运动员需要更多地注意右半台抢攻。

2. 接发球抢攻的变化

(1)建立侧身以正手接发球为主的意识，以晃接、劈长、挑、拉等为主要手段，配合摆短至两个小三角，既能够有效地抑制对方的发球抢攻，又便于自己接发球后直接从侧身位发起全台正手抢攻或反拉。

(2)使用大球后，发球相对容易出台，旋转减弱，给接发球直接抢冲半出台球提供了更多机会。

(3)采用无遮挡发球后，发球段的主动优势会略有削弱，而接发球段的地位有了根本性的变化，应把接发球作为得分的时机来看待，重点提高台内球挑打和半出台球抢冲的能力。

3. 攻防转换意识增强

发球、接发球和发球抢攻构成了传统的"前三板"技术体系，而现代乒乓球在近台的争夺已经更多地延伸到了第四板、第五板的控制与反控制上，只有通过快速有效的攻防转换，才能做到真正意义上的抢先上手，力争进入主动相持。

由于运动员侧身抢攻的威胁越来越大，现在高水平的乒乓球比赛中，接发球时往往是直接送到对方的正手位，这样下一板的回球质量就成为能否转攻的关键，即要求所谓"接、防、反"一体化，同样，发球后第三板、第五板的技术也尤显重要。而在各种攻防转换的手段中，反拉技术无疑是最具杀伤力的(当然也是最难掌握的)，它已经成为现代弧圈球的核心技术，其水平高低将直接影响到比赛的胜负。目前，反拉弧圈的主要运用是：

(1)主动发半出台球，让对方拉起后反拉；

(2)发长球后主动侧身反拉；

（3）接发球控制对方后第四板的反拉。

总之，重点在于抓好反拉对方第一板从下旋拉起的球。如果不能熟练掌握反拉技术，面对高水平对手时将只能发短球而不敢发长球，接发球抢攻的空间也将受到很大局限。

特别需要指出的是，前三板与其后的第四板、第五板是相互依存、相互制约的，通常应将它们作为一个整体来考虑。当年的盖亭就擅长侧身抢拉上旋球进行强转换，但由于进攻手段和节奏单一，技术组合存在结构性缺陷而昙花一现。

此外，削球打法也更加注重削攻能力的转换，甚至有人提倡选择一些原先是进攻型打法的运动员改打削球，以求有所创新。

显然，世界乒乓球技术正在发生新的变化，尤其是 11 分赛制增大了比赛的偶然性，破坏了原有的发球抢攻节奏，令对阵双方的攻防转换和战术变化更快，只有紧跟世界的潮流，才能不断地创新和发展。

第二节　乒乓球技术基础

一、基本站位

乒乓球比赛中，运动员为了准备回击各种不同落点和性能的来球，根据自身打法、特点及对方打法、特点，在每次击球前选定一个相对固定的位置范围，并保持一种相对稳定的准备姿势。这个相对固定的位置范围就称为基本站位。

（一）不同类型打法的基本站位

不同类型打法及特点的选手，其基本站位区域也不相同。正确的站位，应能保证运动员向任何方向迅速移动，并有利于运动员保持稳定的击球姿势。比赛中基本站位是否合理，将直接影响运动员技战术水平和特长的发挥。当然，基本站位只是一个大概的范围，比赛中应根据运动员自身的技术特长、身体高度、步法形态、击球习惯以及对方的打法特点灵活调整。

不同类型打法选手的基本站位：

左推右攻打法，基本站位在近台、偏左 1/3 处。

直拍近台两面攻打法，基本站位在近台、中间略偏左处。

直拍弧圈球打法，基本站位在中远台、偏左 1/3 处。

横拍弧圈球打法，基本站位在中远台、中间略偏左处。

直拍快攻结合弧圈球打法，基本站位在中近台、偏左 1/3 处。

横拍快攻结合弧圈球打法，基本站位在中近台、中间略偏左处。

削球打法，基本站位在远台、中间位置。其中攻削结合型离球台稍近一点，削攻结合型离球台稍远一点。

(二)基本站位易犯错误及纠正方法（表4-1）

表4-1　基本站位易犯错误及纠正方法

易犯错误	纠正方法
左推左攻打法站在球台中间偏右位置	用粉笔在球台偏左1/3处画线示意，规范左推左攻打法正确站位区域。增加练习次数，建立正确的站位概念
近台快攻打法站在中远台	讲解站位区域的划分，示范正确的站位范围，提高初学者对站位重要性的认识
削球类打法站在中近台	采用正、误对比方法，要求站在离球台1米左右处

二、基本姿势

基本姿势包括击球前的准备姿势和连续击球之间需要保持的身体姿态。打乒乓球必须注意保持恰当的基本姿势，从而保证迅速起动、及时找到合理的击球位置，同时维持身体重心的相对平衡与稳定。

正确的基本姿势可使身体各部位有更多的肌肉处在"应激"状态，"一触即发"，随时准备回击来球。

三、握拍方法

握拍法指运动员手握乒乓球拍的方法。它与击球动作有着密切的关系，在相当程度上影响着每个运动员的技术特点。目前世界上流行的握拍法主要分为直拍握法和横拍握法两大类，前者多为亚洲运动员所采用，而后者是欧洲的传统，两者各有其优缺点。选用何种握法，因人而异。可根据个人的身体条件、兴趣爱好、技术特点选择一种适合的握拍法。

正确的握拍法对调整击球时的引拍位置、拍形角度、拍面方向、发力方向等有重要作用，它对掌握乒乓球基本技术和提高乒乓球技巧有密切关系。

(一)握拍法动作要点

1. 直拍握法

(1)中钳式握法。

直拍握法由于拇指和食指间距离大小，分为大钳式、中钳式、小钳式3种握法。采用中钳式较为合理。其握法如图4-1所示。

拇指、食指自然弯曲，以拇指第一关节和食指第二关节压住球拍的两肩，

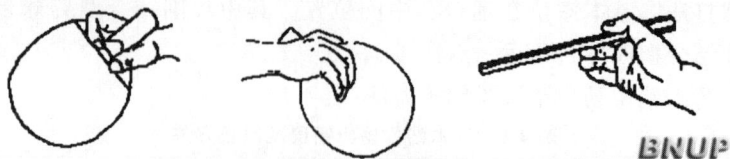

図 4-1 中钳式握法

两指间距适中（一般以一指宽距离为宜）。中指、无名指、小指自然弯曲斜形重叠，以中指第一关节偏左侧部托于球拍背面上 1/3 处；或小指、无名指微屈，同时压住拍面。

此握拍法适合近台快攻型打法选手采用，如李富荣、江嘉良等。

大钳式握法：拇指和食指间距离大于一指宽以上。因影响手指手腕灵活性，此握法已少见。

小钳式握法：拇指和食指间距离小于一指宽，往往贴近连在一起。此握法虽利于正、反攻球，但不利于发力。

(2)食指扣拍式握法。

球拍的拍身大多为长方形，在拍柄部位有一较高的软木垫，便于扣拍。因日本和朝鲜选手使用此种球拍较早较多，亦称"日式"球拍。

其握法如图 4-2 所示。

图 4-2 食指扣拍式握法

拇指紧贴在拍柄的左侧，食指扣住拍柄、形成一个小环状，紧握拍柄。中指、无名指、小指自然弯曲顶在球拍的背部约 1/3 处。

此握法适用于弧圈球型打法。

(3)削球式握法。

20 世纪 70 年代，采用削球式握法的选手，曾取得优异成绩，也曾登上世界冠军的技术高峰，但因其技术难度大，目前已少见。

其握拍方法如图 4-3 所示。

拇指和其余四指分开握球拍的两面。拇指弯曲紧贴拍柄的左侧肩部，食指、中指、无名指和小指托住球拍的背面。

此握法在正手削球时，引拍至肩高，为减少来球冲力，拍形垂直或稍后仰，击球后尽量使球拍后仰；反手削球时，拍后四指灵活地把球拍"兜"起，

图 4-3　削球式握法

使拍柄向下压住来球。

（4）直拍横打型握法（图 4-4）。

直拍横打是 20 世纪 90 年代我国对乒乓球运动的一项技术创新。在击球工具上，改变原有直拍单面覆盖正胶或反胶、单面击球的状况，而是在另一面粘上反胶，使球拍正、反面都可以击球。中国运动员直拍横打技术完善、丰富，拓宽了快攻打法的球路，使传统的左推右攻打法朝着"两面开弓"方向发展，使直拍的反手位"死角变活"。其握拍方法如图 5-4 所示。

"直拍横打"用正面击球时，握拍方法与传统握拍方法相同。当用直拍横打反面击球时的握拍方法是拇指用力压住球拍，食指相对放松，球拍背面三指弯曲度加大并移向拍柄，形状类似于半握拳，腾出拍面，避免击球时球打在手指上，使拍面易于稳定。

图 4-4　直拍横打型握法

直拍握法优、缺点：

优点：手腕与手指比较灵活，易于调节拍形角度和拍面方向；正、反手击球时摆臂速度快；发球和攻台内球时多变、灵巧。

缺点：手腕不易固定，使拍形相应难以稳定；反手的正面攻球时，不易掌握和发力；拍柄延伸长度短，左右照顾范围小。

2. 横拍握法

横拍握法因每人的习惯、特点不同，分深握和浅握两种。因手指动作相似，均称"八字"式握法。

其握拍方法如图 4-5 所示。

虎口压住球拍右上肩，拇指和食指自然弯曲分别握在拍身前、后两面。中指、无名指、小指弯曲握住拍柄。

图 4-5　八字式握法

此握法适用于快攻型或弧圈型打法。正手攻球时，食指在拍身背面应稍向上移位。反手攻球时，拇指稍向上移位，便于固定板形易于发力击球(图 4-6)。

图 4-6　正反手攻球指移方法

横拍握法优、缺点：

优点：拍柄延伸距离长，左右照顾范围大；反手进攻时，因拍形固定且不受身体阻挡，易于发力；另外，攻球和削球时手法变化不大，易于从进攻转为防守，又由相持转入进攻。

缺点：因拍形比较固定，手腕不太灵活，还击台内短球难度增大；正、反手攻球时，左右转动拍面击球，手臂作旋内和旋外动作幅度大，故挥拍摆速慢。

(二)握拍法教学方法

1. 练习步骤

(1)徒手模仿练习。教师检查初学者握拍时各手指位置及用力情况。

(2)两人一组做若干次正、反手平提球或正手攻球后，互相检查、纠正握拍动作。

(3)观看优秀选手握拍技术录像。

2. 握拍法易犯错误及纠正方法(表 4-2)

表 4-2　握拍法易犯错误及纠正方法

易犯错误	纠正方法
握拍手指关节僵硬、不灵活	采用"本体感受"方法，即教师示范正确握法，要求初学者用手触摸教师执拍手各部位的关节与肌肉屈伸、收缩放松程度进行正、误对比
忽视用手指侧面压拍动作，影响击球力量和拍面转动灵活性	采用"手把手"教学手段，检查、纠正练习者的手指动作。强调击球时，手指的偏侧部用力可发挥各关节的灵活与配合

易犯错误	纠正方法
直握拍者中指、无名指、小指分开顶板，变反手位击球时摆速慢	此握法虽便于正手进攻与发力，但影响反手位击球。应反复强调正确的握法对技术全面发展的作用，不可偏废一方

四、击球过程基本结构

(一)击球的基本环节

在双方对打的过程中，每一次击球所包含的基本因素叫做击球的基本环节。根据从前到后的顺序，有以下 5 个基本环节：

1. 准备

乒乓球选手击每一板球前都要有所准备。这里的准备包含两方面的内容，一是身体方面的准备，包括站位、身体姿势等；二是心理方面的准备，眼睛紧盯对方，时刻准备回击来球。

2. 判断

根据对方的站位、击球时间、击球部位、拍形角度、拍面方向、发力方法，特别是拍触球时的情况，以及球在空中飞行的弧线、速度、旋转特点等来判断对方来球的性能。这是打好一个球所必需的基本要求，判断错误就无法回击来球。

3. 移步

根据判断的结果和准备使用的还击技术，迅速采用合适的步法移动到理想的击球位置。没有灵活快速的步法，到达不了理想的位置，往往出现手快脚慢的现象，结果很容易失误。即使没有失误，还击的质量也必然很差，造成被动。

4. 击球

根据判断的结果和准备使用的技术，结合采用的战术，用合理技术把球击回。挥拍击球的质量好坏，不仅取决于技术掌握得如何，而且还取决于步法是否移动得合适。有时一个很好还击的半高球，由于步法移动慢，只差一点儿位置，也会失误。这种现象在初学者中普遍存在，所以重视步法移动是非常重要的。

5. 还原

击球后，要使身体重心迅速还原成准备姿势，或调整重心，使身体保持平衡，以便于随时对下一个来球进行新的判断，可以迅速移动步法去还击。

能否迅速还原关系到下一次击球的好坏。有的运动员在一板大力扣杀后，以为必然得分，没有及时还原，结果被对方轻轻地把球接回，反而造成自己的被动和失误。

以上5个基本环节的不断循环，直到任何一方出现失误为止，就是比赛中的"一个回合"。在这一回合中，哪一个环节处理不好，都会造成被动和失误。因此，可以说比赛的过程，就是努力保持自己击球的基本环节不被破坏，而力求破坏对方击球基本环节的过程。

(二)击球的动作结构

乒乓球击球的技术动作是多种多样的。尽管方法要领各有不同，但在击球动作的结构方面，却有共同的规律。乒乓球的击球动作一般包括选位、引拍、迎球挥拍、球拍触球、随势挥拍、身体协调和击球后放松动作等部分。

1. 选位

击球位置是否合适，直接影响击球质量。击球位置是根据对方来球的落点和旋转性能及本方所要采取的还击方法来确定的。击球开始，要求调整好两脚位置、身体重心和身体姿势，做好挥拍击球的准备。

2. 引拍

引拍是指挥拍击球前的准备动作。其作用是为了更好地发力。引拍是否到位，是能否击中来球的首要条件。引拍是否及时，是能否保持合适的击球点的重要因素之一。引拍的方向决定着回击球的旋转性质。要使回球呈下旋，就必须向上引拍；要使球呈上旋，就应向下方引拍。引拍动作的正确与否，影响击球的命中率和击球效果。

3. 迎球挥拍

迎球挥拍是指引拍结束到击中来球这段过程的动作。引拍与迎球挥拍是一个连贯的不停顿的动作，挥拍的方向决定回球的旋转性质，挥拍的速度决定击球力量的大小。因此，挥拍动作正确与否，直接影响击球的命中率和击球效果。

4. 球拍触球

球拍触球是指球拍与球接触时的瞬间动作，包括拍形角度和拍面方向、击球时间、击球部位和发力方向。球拍触球时，拍面所朝的方向决定击球路线。拍形角度决定触球部位，并直接影响动作的准确性。这一环节是决定击球方向和落点的关键。球拍触球是整个击球动作中的核心部分，直接决定着回球的准确性和击球质量。

5. 随势挥拍

随势挥拍是指球拍击球后有一段随势前挥的动作。这一动作有利于在击球结束阶段保证击球动作的准确性。

6. 身体协调和击球后放松动作

身体协调是指击球过程中不持拍的手臂、身体扭转、重心移动等动作与挥拍击球动作的配合关系。它能促使身体各部分肌肉的协调用力。放松动作是指击球动作完成后，随着挥拍的结束而出现的一个短暂的放松阶段。放松动作是在连续击球中保持身体平衡的关键，也是保证有节奏地连续击球的重要因素。

第三节　步　　法

一、步法特点与作用

步法指运动员为选择合适的击球位置所采用的脚步移动方法。其特点是：起动快、移动快、频率快。

比赛中来球的落点不断变化，正确的步法使自己移动到合适的击球位置。没有灵活的步法是不能适应训练和比赛需要的，相对来说，也会影响技术水平的提高。

步法移功的基本因素是：运动员运用下肢力量作用于地面，使地面产生大小相等、方向相反的支撑反作用力。

二、步法种类与动作要点

乒乓球步法的区分：从移动范围来说有大、中、小三种不同范围；从移动方向来说，有向前、向后、向左、向右、斜前方、斜后方等不同移动方向；从移动方法来说，有单脚、双脚、交叉移动；从移动形式来说，有平动、滑动、跳动等。其种类有：跳步、单步、跨步、并步、交叉步、侧身步、小碎步等。

(一)单步

在来球距运动员身体一步以内的较小范围、角度不大的情况下采用。

其动作要点是：以一脚前脚掌内侧蹬地用力，并以此前脚掌为轴稍转动，另一脚向来球方向前、后、左、右移动一步(图 4-7)。

在还击追身球时或近网短球时常采用此种步法。在做单步移动时，身体重心必须向击球方向移动，并应注意立即用移动脚的前脚掌内侧用力蹬地还原，保持准备姿势。

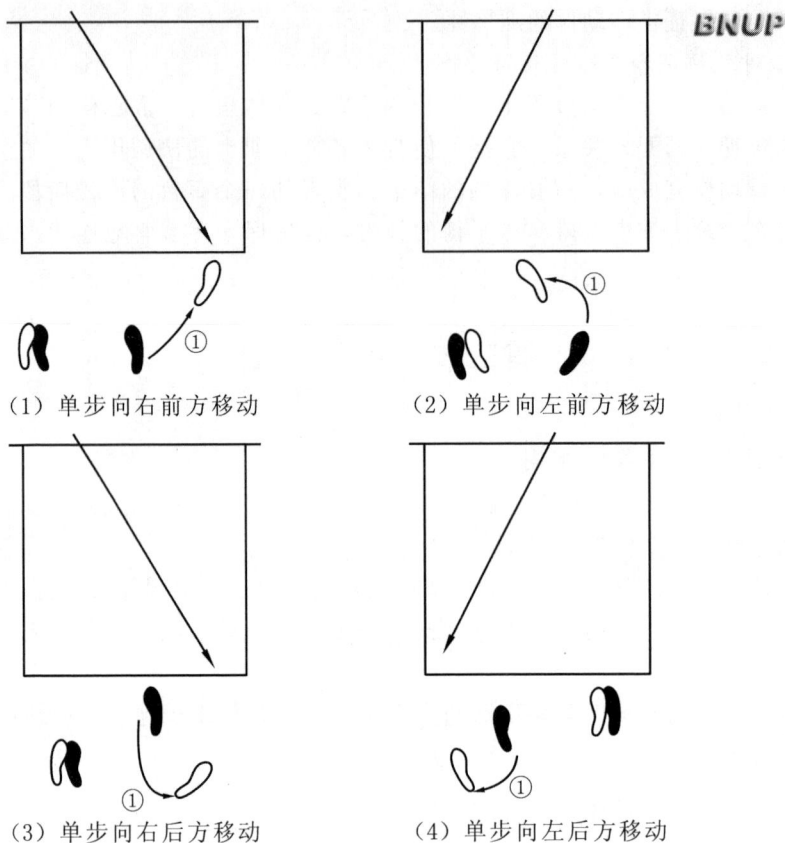

(1) 单步向右前方移动　　　　　　　(2) 单步向左前方移动

(3) 单步向右后方移动　　　　　　　(4) 单步向左后方移动

图 4-7　单　步

(二)并步(亦称滑步或换步)

当来球距运动员身体一步以上而移动幅度又不大时采用。此步法没有腾空动作，它的优点是移动后，能保持身体的平衡和稳定的击球姿势，便于发力和连续进攻。

它是削球打法选手常用步法；欧洲横拍快攻结合弧圈型选手采用最多。近台左推右攻选手从左至右正手攻时，也采用此步法。

其动作要点是：移动时，先以来球反方向的脚用力蹬地迅速向另一脚并拢；同时，来球同方向的脚用前脚掌内侧蹬地，用力向来球方向滑一步，两脚几乎同时蹬地与着地。第一步小、第二步大，保持成准备姿势(图 4-8)。

由于并步是由两步组成的，故要求两脚移动时的动作速度更应快捷。

(三)跨步

在来球距运动员身体一大步的范围时采用。此步法优点是移动速度快，便于还原。直拍左推右攻打法选手在还击正手位大角度来球时用此步法较多。

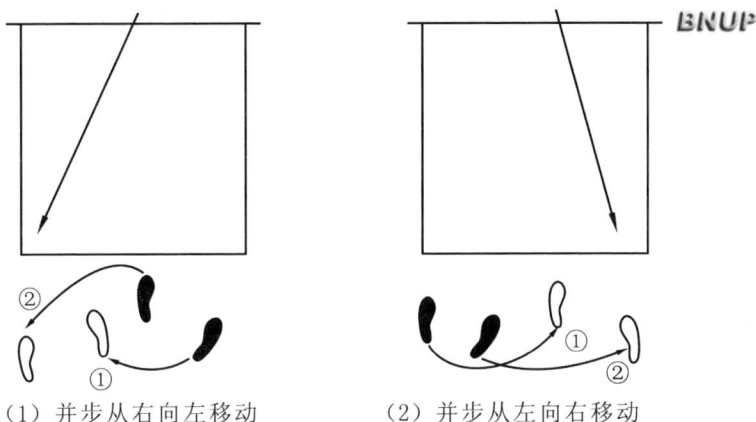

（1）并步从右向左移动　　　（2）并步从左向右移动

图4-8　并　步

削球选手在中台接突击球时，也往往采用此步法。

其动作要点是：来球方向的异侧脚前脚掌内侧用力蹬地，另一脚向来球方向侧跨一大步。同时，脚尖应转向来球方向，并用前脚掌内侧蹬地制动起缓冲作用；另一脚再迅速跟着移动。球一离拍后应立即迅速还原，保持准备姿势（图4-9）。

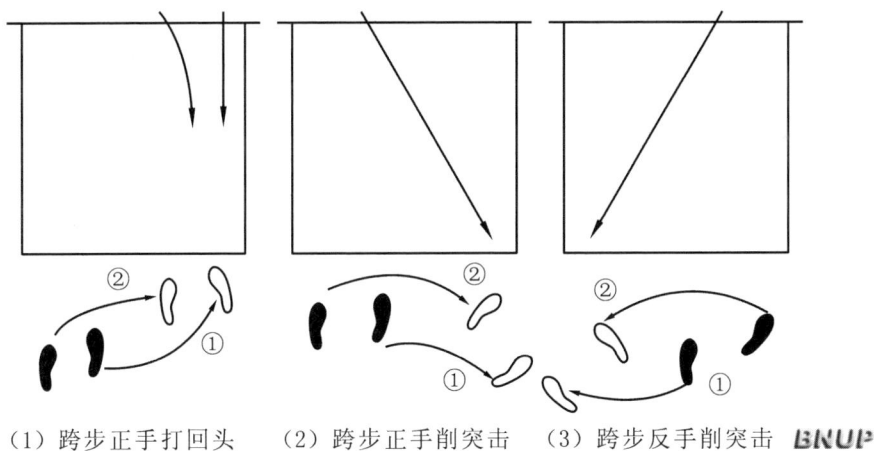

（1）跨步正手打回头　　（2）跨步正手削突击　　（3）跨步反手削突击

图4-9　跨　步

（四）跳步

1. 小跳步

亦可称作小垫步。两脚的前脚掌几乎同时上下轻轻跳一下或踮一下，有时两脚是不离开地面的。一般用于还原身体重心或脚距，调节击球的姿势。优秀的运动员在发球后，常用小跳步进行还原，伺机进行抢攻。否则身体重心压在右脚上或侧向球台，很难起动结合下一板击球。又如削球选手，每削完一板球后，经常采用小跳步还原，从而加快了步法移动速度。

在运用小跳步时，应注意上、下跳动的幅度不宜过大，否则延误时间对还击下一板球不利。

2. 大跳步

在来球较快、角度较大时采用。即来球反方向的一脚前脚掌内侧用力蹬地，使两脚离开地面同时向前、后、左、右方向跳动，蹬地脚先着地(图 4-10)。

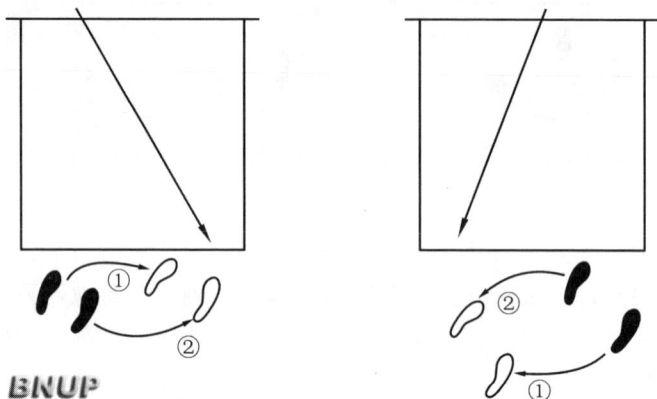

图 4-10　大跳步

在做跳步时，通常是依靠膝关节和踝关节的缓冲来减少重心的上下起伏。

(五)交叉步

主要是用来对付离身体比较远的来球。其移动幅度和范围都比较大。弧圈球和快攻型打法在侧身进攻后扑右大角空当，或从正手位返回到反手位大角度，还有削球选手在做前、后移动时均可使用此种步法。

其动作要点是：交叉步应先以靠近来球方向的脚作为支撑脚，使远离来球的脚迅速向前、后、左、右不同的方向跨出一大步，而原作为支撑的脚跟着前脚的移动方向再迈一步。在移动时膝关节始终保持弯曲，与来球方向同侧脚外旋、异侧腿内旋，腰、髋迅速转向来球方向，与挥拍击球同步进行(图 4-11)。

(六)侧身步

侧身步严格地说不是一种独立的步法，它是根据乒乓球实战的具体情况在侧身位的应用。当来球迫近击球员身体或来球到达球员反手位时，球员采用侧身正手进攻的方法。常用的侧身步有单步侧身、并步侧身、跨步侧身、跳步侧身、交叉步侧身等。其动作要点和作用如下。

单步侧身：右脚向左脚后方跨一步后侧身击球。这种侧身移动速度较快，移动幅度很小，通常在来球处于身体中间附近的位置或与对方相持的情况下

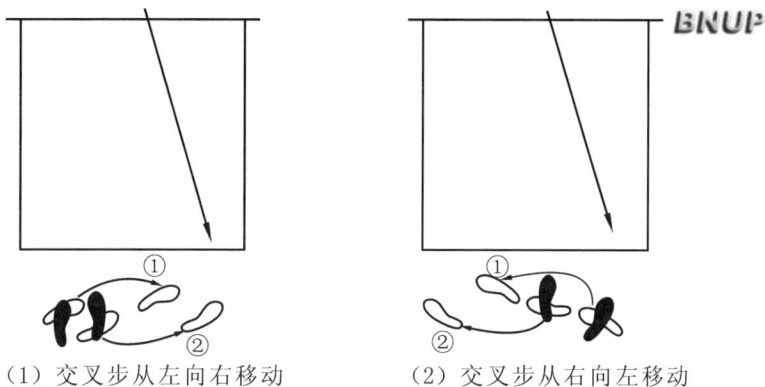

（1）交叉步从左向右移动　　　　（2）交叉步从右向左移动

图 4-11　交叉步

使用(图 4-12)。

　　跨步侧身：左脚向左侧跨一步，右脚向左侧后方移动，同时上体收腹侧转腰，重心落在右脚上。它具有移动较快、范围较小、侧身较充分、发力较大等特点，故快攻打法较多采用此法(图 4-13)。

　　跳步侧身：基本上同正常的跳步动作要点，跳动中腰、髋向同侧腿方向转动。它的移动速度比单步和跨步侧身要慢一些，但移动的范围较大，让位较充分，有利于正手发力攻球或发力拉、冲弧圈球(图 4-14)。

　　交叉步侧身：基本上同正常的交叉步动作要点，在移动的同时要注意腰、髋关节配合向右后方转动让位。它主要是在来球离身体较远时采用，其移动的范围比跳步大，让位更充分，对于弧圈球选手的发力抢冲比较有利(图 4-15)。

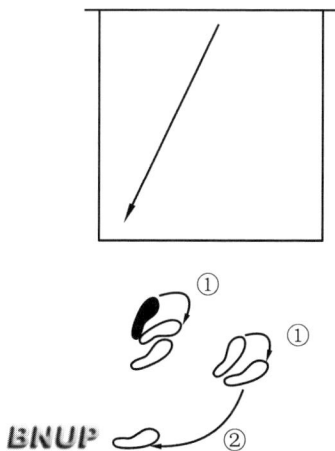

图 4-12　单步侧身　　　　　　图 4-13　跨步侧身

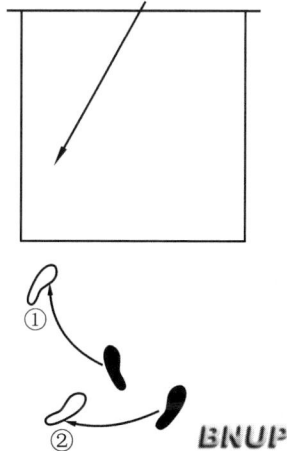

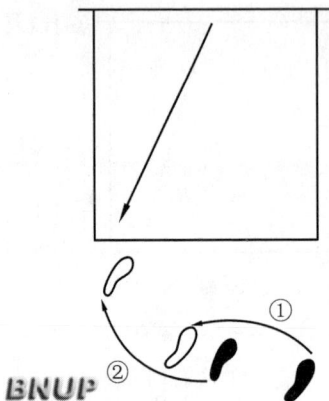

图 4-14　跳步侧身

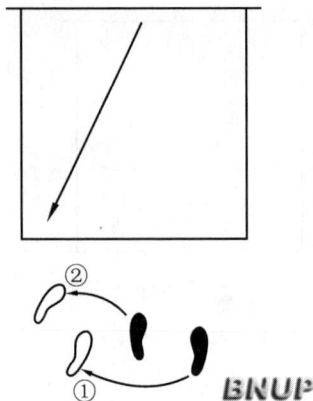

图 4-15　交叉步侧身

三、步法教学方法

(一)练习方法

(1)单个步法或组合步法的徒手模仿练习。挥拍做单个步法,挥拍做跳步结合侧身步、并步结合侧身步、侧身步结合交叉步和并步等。

(2)看教师手势,练习者快速变换前、后、左、右移动。要求重心保持在同一水平面上。

(3)采用多球训练法:一组球的单个步法、或多种步法组合练习。可逐渐加大供球速度和难度。

(4)规定步法的次数或组数练习;或规定时间的步法练习。

(5)步法与手臂摆速结合练习。

如手摸球台端线(1.525 米)两角。采用并步或跳步进行规定时间或规定次数的练习。

每次练习后应作数据记录,以便对照。

(6)步法和手臂摆速结合教学比赛。

如 4 张球台,4 名运动员分别站于每张球台边线(2.74 米)一端。教师发令开表后,练习者采用并步、交叉步、或小跑步、并步结合跨步等步法移动、用一只手或两只手分别触摸边线两端。

可规定一定的次数计算时间;或规定一定的时间计算移动的次数。看哪张球台练习者所用的时间最短;或者移动的次数最多。

(7)加强身体的一般素质尤其是腿部力量练习,提高爆发力。

可采用蛙跳、蹬跨、单足起、杠铃蹲起等练习。

(8)观看优秀运动员技战术录像。观看步法移动时重心的位置、重心的移动、步法的衔接与运用。

（9）步法与手法综合练习。

分别做小碎步、跳步、并步、跨步、交叉步、侧身步的徒手推、搓、攻的动作练习。如推挡（或快拨）中正手跨步攻球、推挡中侧身攻后扑正手、反手搓中侧身拉、左推右攻（并步移动）小碎步移动后跨步攻台内球、小碎步向后移动正手中远台攻球等。

练习1："8"字踩点。

平整场地上画一"8"字图形（图4-16）。开始前，运动员站于D处，听口令后用滑步按 DA—AB—BC—CD—DC—CB—BA—AD 移动，再重复一次。计其所需时间。

移动时必须踩到点上，否则不予计算。

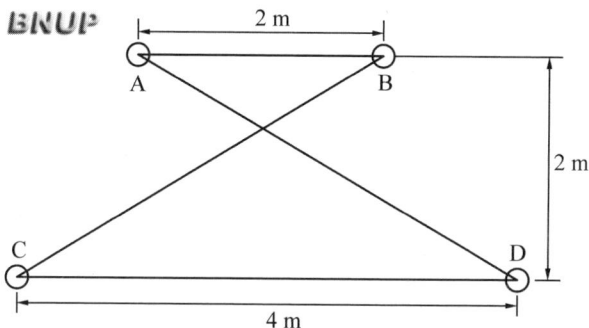

图 4-16 "8"字踩点练习

练习2：绕球台正面跑。

运动员始终正面向前方，故跑时有正面跑、侧向滑步跑、后退跑几种步法（图4-17）。

开始时，运动员两脚位于球台左边延长线的右侧，听口令后按顺时针绕台一周，回到该延长线的左侧，然后按逆时针方向绕台一周，两脚回到延长线右侧。再按顺、逆时针方向跑动各一次，计所需时间。

在绕台跑中，如有意扶台，则不予计算成绩。

练习3：移动换多球。

在相距3米的两条平行线之间进行。平行线外两端各放一筐球，球筐架高度与球台的高度平齐，球筐要求扁平，高度不超过5厘米，直径不得超过20厘米。

开始前，运动员站于左侧球筐，筐内装15只乒乓球，听口令后右手至筐内拾一球，并迅速用滑步向右移动，其中球换左手，放入右侧球筐。再往返，直至左侧球筐15只球全部放入右侧球筐为止，计其所用时间。

如果球脱手落地，裁判员立即补球放于左侧球筐。

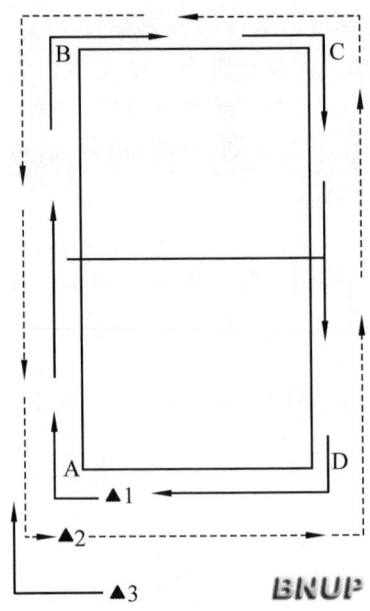

图 4-17 绕球台正面跑练习

练习 4：30 米×8 往返跑。

在每条 30 米跑道两端向内 1 米处立一标杆，运动员听口令后任选以顺、逆时针方向绕杆往返跑 4 次，计所需时间。

站立式起跑，绕杆时不得扶杆、碰杆(图 4-18)。

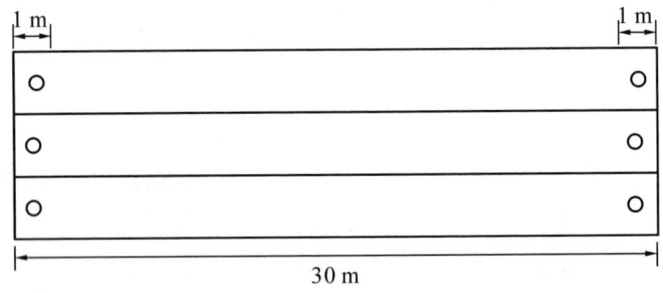

图 4-18 30 米×8 往返跑练习

练习 5：60 米跑。

按田径规则执行，用站立式起跑。教师进行计时。

练习 6：跳绳。

包括单摇跳和双摇跳两种。

运动员双手持绳作好准备，听口令后开始起跳，同时开表计时。

双手摇绳一周、两脚分别着地一次为单摇跳绳一次。双手摇绳两周为双摇跳绳一次。

记 45 秒钟单摇或双摇跳绳的次数。运动员最多跳两次、两次之间的间歇时间 2 分钟，取其中多的一次计算成绩。

练习 7：立定跳远。

运动员双脚开立，脚尖不得踩线。双脚起跳，起跳前不得有垫步和连跳动作。连续跳两次，计最好成绩。

跳远距离应为起跳线前至身体任何部位着地点后沿的垂直距离。

(二)步法易犯错误及纠正方法(表 4-3)

表 4-3　步法易犯错误及纠正方法

易犯错误	纠正方法
单步移动时，蹬地脚前脚掌无蹬旋动作，身体不稳定	要求用前脚掌内侧蹬地并随击球动作转动，保持身体的重心随挥拍动作向前移
并步移动时，来球方向的异侧脚蹬地后未及时向另一脚先并一小步	提醒初学者牢记向右并步时，左脚先动；向左并步时，右脚先动的顺序
跨步时，蹬地一脚用力不够，蹬跨步幅小，速度慢	一是腿部力量小，致使蹬踏无力。应加强腿部力量素质训练。二是不会用力。应强调运用前脚掌内侧蹬地。三是缺乏用力蹬地的意识。应随时加强用力蹬地与重心交换、位置移动、腰髋和上肢协调配合的意识教育
侧身步时，让不开身	提醒练习者蹬地脚的前脚掌应在蹬地的同时要立即转动，才能转体让位
交叉步时，过早伸手没转腰击球；无法发力和迅速还原	提醒练习者自我暗示"转腰击球"，"先动脚后出手"
交叉步时，扑正手攻易向右后方跑动，延误还击时机	要求练习者在上升期或高点期击球；或者专练正手位大角度短球，强化向右前方跑动的意识
两腿直立，肌肉僵硬，重心过高；或两脚分开过大，重心太低。无法用力蹬地	要求练习者放松股四头肌、小腿三头肌等肌群，两脚间距略宽于肩。做原地的踝、膝屈伸运动。体会向前间上的蹬踏用力方法

第四节　发球技术

发球是乒乓球比赛中每一分球的开始，它是乒乓球技术中唯一不受对方来球制约的技术，可以最大限度地实现自己的战术意图，其主动性显而易见。

正因如此，它也是最有潜力可挖的一项技术。

发球的种类较多，有以速度为主的，如正手、反手奔球；有以旋转为主的，如高抛、低抛，左、右侧上、侧下旋球；有上手式发球，如下蹲式侧上、侧下旋球等。

现在的发球都把旋转与速度结合放在首位，讲究落点，形成套路，并且每套发球力求动作相似，以造成对方判断的困难。由于"直拍横打"技术的创新，运用直拍背面发球，又丰富了发球的内容，成为比赛中引人注目的新景观。

一、主要发球技术介绍

(一)平击发球

特点：平击发球发出的球一般不带旋转，速度中等。熟练后可发平击快球。其击球动作简单易学，是最基本的发球方法，也是掌握其他复杂发球的基础。

1. 正手发平击球的动作方法(图 4-19)

击球前：左脚稍前，身体略向右转，左掌心托球置于身体右侧前方，右手持拍于身体右侧。左掌向上抛球的同时，右臂内旋，使拍面角度前倾成半横状，并向右后方引拍。

击球时：当球下落时，身体重心由右脚向左脚移，腰带动上臂，上臂带动前臂挥拍；球落至稍比网高时，快速挥拍击球的中部偏上，球击出后第一落点在球台中间。

击球后：手臂顺势前挥并迅速还原。

图 4-19　正手发平击球

2. 反手发平击球的动作方法(图 4-20)

击球前：右脚稍前或平站，身体略向左转，左手掌心托球置于身体左侧前方，左手将球向上抛起，同时右臂外旋，拍面稍前倾成半横状，并向身体左侧后方引拍。球从高点下落时，持拍手臂从身体左侧后方向右前方挥动。

击球时：当球下落至稍比网高时，腰带动手臂击球，击球点在中上部并向右前方发力。球击出后的第一落点在球台中央。

击球后：持拍右臂随球向右前方挥动，并迅速还原。

图 4-20　反手发平击球

(二)正手发下旋加转球与不转球

特点：这种发球方法所发出的球速度慢，前冲力小，旋转变化大，手法近似，动作隐蔽，通过旋转变化来迷惑对方，造成对方的失误或为自己抢攻创造有利条件。

1. 正手发下旋加转球的动作方法(图 4-21)

击球前：左脚稍前，身体略向右偏斜，左手掌心托球置于身体右前方，向上抛球时，右臂持拍向身体右后方引拍。

击球时：球由高点下落时，腰部带动右臂，从身体右后上方向左前下方做浅弧形的挥拍；当球落至约与网同高时，前臂加速向左前下方作弧形发力，同时持拍手以拇指压拍，腕作屈内收，用球拍的左侧偏下部位触球，击球的后中下部并向底部快速摩擦。

击球后：手臂继续向左前下方随势挥动，并迅速还原。

图 4-21　正手发下旋加转球

2. 正手发下旋不转球的动作方法(图 4-22)

正手发下旋不转球的动作方法大致与发下旋加转球相同，主要区别在于：击球瞬间手臂外旋幅度小，减小拍面后仰角度；击球中部或中下部，减少向下的摩擦力；球触拍的位置在中间偏右；拍触球时稍加向前推力，尽量使作用力接近球心，形成不转球。

图 4-22　正手发下旋不转球

(三)反手发下旋加转球与不转球

特点：与正手发下旋加转球与不转球的特点相同，只是反手的难度比正手大。较适合横握球拍的选手。

1. 反手发下旋加转球的方法

击球前：右脚稍前或平站，身体略向左偏斜，左手掌心托球置于身体左前方，向上抛球时右臂外旋，直握球拍手腕作屈，横握球拍手腕外展，使拍面后仰，向身体左后方引拍。

击球时：球从高点下落时，持拍手臂从身体左后上方向右前下方挥动迎球，当落至网高时，持拍手前臂加速，以前臂和手腕发力，直拍手腕作伸，横拍手腕内收，击球中下部并向底部摩擦。球击出后第一落点在中台。

击球后：手臂继续向右前下方挥动，并迅速还原成准备姿势。

2. 反手发下旋不转球的方法

大致与发下旋加转球相同，主要区别在于：手臂内旋幅度小，减小拍面后仰角度，拍击球中部或稍下位置，减少摩擦力，稍加向前推力，尽量使作用力接近球的中心，从而形成不转球。

(四)正手发左侧上(下)旋球

特点：用近似的发球方法发出两种旋转方向完全不同的球，极易迷惑对方，并具有较大的威胁性，是极重要、极常用的发球技术。所发出的球均具有较强烈的左侧旋。

1. 正手发左侧上旋球的动作方法(图 4-23)

击球前：站位左半台，左脚稍前，身体略向右偏，左手掌心托球位于身体右前方，向上抛球时，右臂外旋，直握球拍手腕作伸，横握球拍手腕外展，使拍面方向略向左偏，并向右上方引拍，腰部略向右转。

击球时：球从高点下落时，持拍手从右上方向左下方挥拍，当球落至网高时，持拍前臂加速挥摆，手腕发力使球拍加速向左下方挥动，此时直握球拍手腕作屈，横握球拍手腕内收，拍击球的中部并向左侧上方摩擦。根据发球的长短调整第一落点的远近。

击球后：持拍手臂随势向左方挥动，并立即还原。

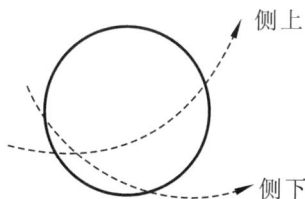

图 4-23　正手发左侧上旋球

2. 正手发左侧下旋球的动作方法

正手发左侧下旋球的动作方法与发左侧上旋球的动作方法大致相同，区别仅在于：挥拍击球时，侧上旋是屈腕垂拍，侧下旋是沉腕拇指压拍，击球中下部并向左侧下方摩擦球。横握球拍发左侧上（下）旋球时，手指不宜紧握球拍，以免影响手腕的灵活性。

（五）反手发右侧上（下）旋球

特点：与正手发左侧上（下）旋球相同。

1. 反手发右侧上旋球的动作方法（图 4-24）

击球前：站位左半台，右脚稍前或平站，身体略向左偏，左手掌心托球位于身体左前方，向上抛球时，右臂内旋，持拍手向左后方引拍，拍面几乎垂直，拍柄略向下，腰部略向左转。

击球时：球从高点下落时，持拍手从身体左后方向右前挥拍，当球落至与网同高时，腰部配合，前臂和手腕同时发力挥拍击球，击球点在球右中部略偏下位置，在触球瞬间手腕快速向右上方抖动摩擦球。根据发长球或短球来调整第一落点的远近。

击球后：持拍手臂随势向右上方挥动后应迅速还原。

2. 反手发右侧下旋球的动作方法

与右侧上旋球的发球方法相似。区别仅在于：挥拍击球时，球拍与手腕的位置不同，发侧上旋是屈腕垂拍，拍柄在上方；发侧下旋是手腕与前臂较平直，拇指压拍，拍面较平，击球的中下部并向右侧下方摩擦球。而横拍发

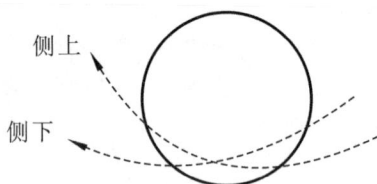

图 4-24　反手发右侧上旋球

反手右侧上(下)旋球时要加大右上臂向右方挥摆的幅度。

(六)直拍反手发急下旋球

特点：球速较快带有下旋，飞行弧线低而长，具有突然性，常令对方猝不及防。

动作方法如图 4-25。

击球前：站位左半台，两脚几乎平行站立，身体正对球台，左掌心托球位于身体前方，向上抛球时不宜抛高，右臂稍内旋，拍面稍后仰，向胸腹前引拍。

击球时：球从高点将落下时，持拍手由胸腹前向右前下方挥拍，当球下落至稍比网低时，前臂加速向前下方挥切，手腕外展发力，挥拍击球中下部。球的第一落点在近端线。

击球后：手臂随势向前下方挥动后迅速还原。

(七)侧身正、反手发高抛球

特点：由于将球高抛至 2～3 米，故下降的球获得加速度，从而增大球与拍的合力，增强了发球的旋转；也因高抛球下落时间长，改变了击球节奏，可影响对手的注意力和心理状态，从而增大发球的威胁性。

动作方法：与低抛发球的动作方法基本相同。区别仅在于高抛球下落的时间较长，故可以加大引拍的幅度和充分利用腰部的转动来加强发球的力量。(图 4-26)

(八)下蹲发球

特点：以旋转变化为主，多为横拍运动员所采用。属于上手类发球，其

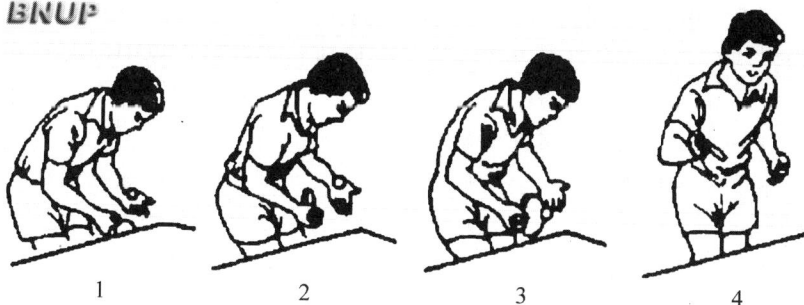

图 4-25　直拍反手发急下旋球

图 4-26　侧身正手发高抛球

摩擦球的部位和方向与下手类发球不同，所以发出的旋转球越网落到对方台面时，反弹方向也不同于一般的下手类发球。当今的乒乓球比赛中下蹲发球已很少见，所以偶尔使用往往会令对手感到不适应，尤其关键时刻会起到意想不到的效果。但下蹲发球时自身的重心起伏过大，还原较慢，对下一板击球也会造成一定的影响。

1. 下蹲发正手右侧上旋球的动作方法

左脚稍前或两脚平行开立，身体向右偏斜。左手将球向上抛起，同时做下蹲姿势，右臂上举比肩高，手腕外展，拍面方向略向左偏斜。当球从高点下降至与网同高或稍高于网时，前臂加速从左向右前方挥动，手腕同时作内收，击球中部向右侧上部摩擦。

2. 下蹲发正手右侧下旋球的动作方法

动作方法与下蹲发右侧上旋球大致相同，区别在于：击球时间在球从高点下降至高于网时，球拍要比球高，击球中下部向右侧下方摩擦，前臂从左向右前下方挥动。

3. 下蹲发反手左侧上旋球的动作方法

两脚平行开立，身体正对球台。左手将球向上抛起，同时做下蹲姿势，右臂向右下方引拍，手腕作外展。当球从高点下降至与网同高或稍高于网时，前臂加速从右下方向左前上方挥动，手腕同时作内收，击球中部向左侧上方摩擦。

4. 下蹲发反手左侧下旋球的动作方法

动作方法与下蹲发左侧上旋球大致相同，区别在于：击球时间在球从高点下降至略高于网时，球拍要比球高，击球的中下部向左侧下方摩擦，前臂从右向左前下方挥动。

(九)直拍背面发球

特点：用直拍背面发球是"直拍横打"技术创新之一，与正面发球相结合，使发球更具变化与威胁，为抢攻制造机会或直接得分。

二、发球教学方法

进行发球教学时，应遵循由易到难、由浅入深、循序渐进的原则，首先学习平击发球的技术，让初学者首先熟悉和掌握发球技术的几个关键环节，即抛球与击球的动作配合关系、击球后第一落点与长短球的关系、旋转球与急(奔)球的关系。在提高了发球准确性的基础上，再强调发球的旋转、弧线与落点的变化。教学中应做到因材施教，区别对待，不应强求一律。

(一)练习方法与步骤

(1)模仿练习：持拍做发球动作的模仿练习，体会发球时抛球与挥击的动作配合。

(2)抛球练习：讲解竞赛规则对抛球的要求后进行抛球练习，体会、掌握抛球动作技术以及配合击球的协调性。

(3)两人一组在台上进行单一发球练习。

(4)单人多球的发球练习。

(5)进行先斜线后直线、先不定点后定点的发球练习。

(6)先进行单一旋转性能的发球练习，后进行同一手法发不同旋转、不同落点的发球练习。

(二)注意事项

(1)发球技术应有特长。初学者首先应掌握全面的发球技术，然后依据个人情况，选择一两种适合自己的发球方法进行练习，要求精益求精，形成自己的风格和特长。要防止发球技术过于平淡与单调。

(2)发球应有突然性。让对手感到意外的发球才有威胁性。因此要将各种发球技术配套使用，这样，可以收到更好的效果。如侧上旋与侧下旋的配套，长球与短球的配套，斜线与直线的配套，转与不转球的配套使用，就可增加发球的突然性。

（3）发球应有针对性。旋转、速度、落点是提高发球质量的三要素，三要素结合，可以发出各种各样变化的球。在比赛中，要尽快找出对手接发球的弱点，采用有针对性的发球方法克制对方，从而赢取主动权。

（4）发球应有隐蔽性。运用同一种发球手法发出不同性能的球，可取得好的发球效果。因此，发球手法越相似，越能隐蔽发球意图，使对手不易判断，所获得的发球效果就越好。

（5）发球应为抢攻服务。在激烈对抗中发球直接得分的机会毕竟不多，因此，掌握发球权时，不仅要发出高质量的球，还应了解对方接发球的回球规律—— 即球过来时的旋转与落点的变化规律，形成预见性，为下一步抢攻争取主动。

（6）发球应养成良好的习惯。在学习发球的过程中，应严格按照竞赛规则的要求训练。这样可以避免比赛中因发球违例造成的被动局面。

（三）发球技术易犯错误及纠正方法(表4-4)

表4-4 发球技术易犯错误及纠正方法

易犯错误	现　　象	纠正方法
发球犯规	判罚失分	学习规则，严格按照规则要求进行练习
击球点过高或过低	发球准确性差，球易出界或下网	明确击球点的位置，反复进行正确的击球练习
发球时的触拍部位不准	发球准确性差，发球质量不高	弄清各种发球的触拍部位，反复进行练习，提高触拍部位的准确性，加强手上调节
球发出后的第一落点位置不当	发球不过网或发球出界	弄清第一落点位置，要求击球点正确，调节好击球时的拍面角度

第五节　接发球技术

随着乒乓球运动不断发展，接发球技术变得越来越重要。从形式上看，发球技术像矛，而接发球技术像盾，是处于被动地位的，但是，通过运动员努力，把这种形式上的被动局面，转变为主动的局面，则会大大增强运动员赢得比赛胜利的信心，并会更有利于发挥其技术特点。

一、接发球的技术要求

(1)减少或做到不直接失误。

(2)用较稳健的方式，回接到对方的薄弱处，控制住对方，不使对方抢攻；而削弱对方发球所取得的主动性。

(3)按自己的技术特点回接，变被动为主动，达到贯彻自己的战术的目的。如：善于对付上旋球的快攻运动员，应多用推挡或抽拉的方式接发球，迫使对方再还击成上旋球，善于搞旋转变化的削球运动员，应多用转、不转的削球，结合逼角的方式接发球，以发挥自己的技术特长等。

(4)反客为主，积极伺机抢攻，争取直接得分。

要使接发球技术达到以上要求，就必须掌握"选好站位，准确及时的判断，敏捷的步法移动和多种熟练的手法"这几个接发球技术方面的关键。

二、接发球的站位

不同打法的运动员，往往采取不同的站位，两面攻打法的运动员，多站于球台中间，两脚平行开立(图4-27)。这样，对方发球到反手，可以左脚撤后一步用反手起板。对方发球到正手，可以右脚撤后一步用正手起板。接对方发来的中路球时，可左脚上斜前一小步，然后侧身用正手起板。

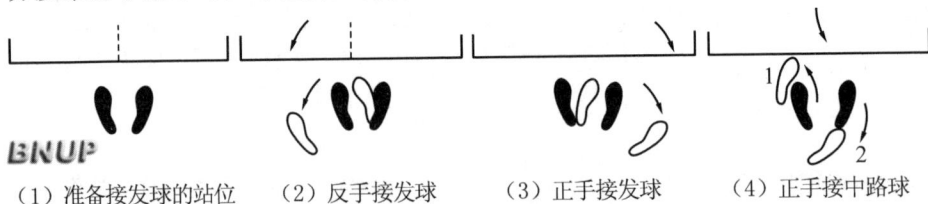

(1)准备接发球的站位　　(2)反手接发球　　(3)正手接发球　　(4)正手接中路球

图4-27　两面攻打法的站位

左推右攻打法的运动员，多站于球台中间偏左方，比两面攻打法者略近一点球台。左脚稍前，右脚稍后，以利于正手攻球(图4-28)。这样，用推挡接反手来球时，只须将身体重心移至左脚，而不必移动脚步；正手接发球时，右脚略向后移动就可以了；接中路球时，只是右脚向后移动大些，就可侧身。

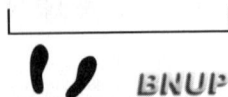

图4-28　左推右攻打法的站位

以削球为主打法的运动员，多站于球台中间，距球台较上两种打法的运动员远一点。右脚稍前(图4-29)，左脚稍后或两脚平站。右脚稍前的站法是考虑到反手接球时转体不如正手灵活，平站则可以平均照顾到左右两面接发球。一般地，在接对方发来的左右近网短球时，多上右脚。这是因为右手便于伸长距离到台内去接球，能争取到及时击球。但若要用上左脚的方法接左方短球，则有利于当对方还击后用正手反攻。

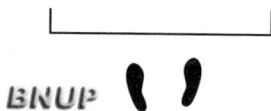

图 4-29　以削球为主打法的站位

由此看来，接发球时，选好站位对充分发挥技术特长起着很大作用，站位不恰当就不利于摆脱接发球的被动地位。

选择接发球站位的原则是：第一，根据自己的技术特点来站位；第二，为充分发挥自己的技术特点，可采取独特的站位，如日本运动员的站位；第三，为弥补自己的技术弱点，可以采取相适应的站位，如削球运动员正手差而反手好，就可采用左脚稍前、右脚稍后的站位。另外，这种站位法还有利于反手逼角后用正手反攻。

选好基本的站位后，还要注意对方角度的变化，以便适当调整自己的站位。如果对方站在球台靠左角处发球，那么，接发球时，自己左方照顾的范围就增大了（图 4-30）。这时，就应略向左方调整一下站位。如果对方站在球台靠右时，就应略向右方调整一下站位。另外一种方法是把注意力多集中于增大范围的一方，而不必调整站位。这样，可以隐蔽自己接发球的意图，使对手判断失误。

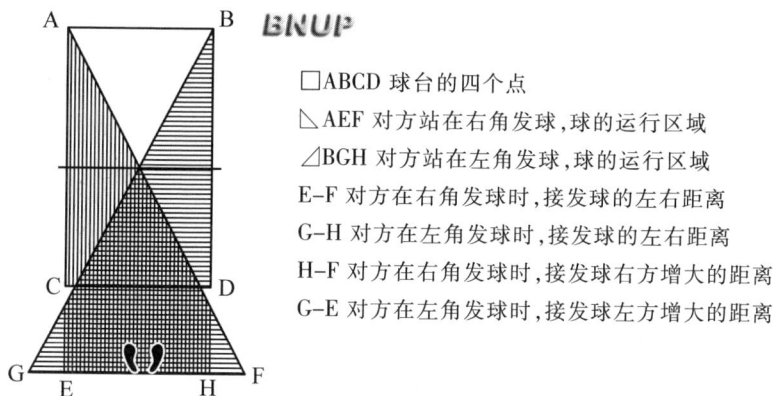

□ABCD 球台的四个点
△AEF 对方站在右角发球，球的运行区域
△BGH 对方站在左角发球，球的运行区域
E-F 对方在右角发球时，接发球的左右距离
G-H 对方在左角发球时，接发球的左右距离
H-F 对方在右角发球时，接发球右方增大的距离
G-E 对方在左角发球时，接发球左方增大的距离

图 4-30　发球角度与接发球站位的关系

三、接发球的准备姿势

选好站位后，还要有一个合理的准备接发球姿势，才能做到快速而准确地接发球。接发球的准备姿势要做到以下几点。

(一)下肢关节要保持一定程度的弯曲

髋关节屈，协助腹肌收缩，使身体保持一定的前倾；膝关节屈，保持140°~150°角。同时，踝关节背屈，使膝关节的地面投影在脚尖稍前部位（图4-31）。两脚尖朝前或略向内成内八字形，两脚跟略微抬起，以前脚掌着地，身体重心落在两前脚掌之间，两脚之间的距离约同肩宽或略宽于肩。

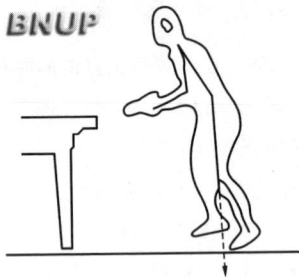

图 4-31 接发球的准备姿势

(二)上体保持略带前倾

持拍手臂持拍处于自然半紧张状态，将拍置于身前，比台面略高，肘关节自然靠近身体右侧（以右手持拍为例）。持拍手前臂和上臂保持弯曲（攻击型者角度较大，便于向下后引拍；削球者角度较小，便于向上引拍），另一只手臂也保持与持拍手臂差不多的自然弯曲，置于身体左侧前，以维持身体的平衡稳定。

(三)头部保持正直，两眼平视、集中注意力于对方发球的动作上

四、提高对对方发球性能的判断力

正确判断对方发球的性能（速度、落点和旋转）是接发球技术的重要关键。所谓"知己知彼"的"知彼"阶段，就在这一环，只有及时判清对方发球的性能，自己才能用适当的方法去接发球，判断不及时或判断错误，往往是接发球被动和失误的主要原因。

(一)提高接发球的能力

在熟练掌握自己特长的发球技术基础上，还应练习各种不同旋转、落点和速度的发球，看别人怎样去接你的各种发球，从中吸取经验和教训，掌握规律。特别是当你感到对方某种发球使你难于接好时，就更要多动脑筋，多观察，训练中请对手多发这种球，你用各种不同的方法去接发球。当对某一种发球用自己的特长接法接不好时，应大胆采取其他的辅助方法去接（有时也可以收到好的效果），这就要求思想上灵活多变，善于思考。同样，这种思想表现在比赛中还要加强判断的灵活性，在练习中多看、多练，与同伴互相讨论研究，以便提高接发球的判断力。

(二)集中注意力观察对方发球动作的细节

执行无遮拦发球的新规定以来，为接发球员观察对方发球动作的细节提供了保证。一般用眼睛的余光就可以看清对方发球时上臂和前臂的挥摆动作。例如：对方缓慢而放松地将前臂向后拉，然后快速地向前挥摆，就会发出急球（由下向上就是上旋急球，由上向下就是下旋急球）。急球往往是落点长的底线球。对方快速向后用力引拍，然后向前摆动，在接触球的瞬间突然停止向前摆动，这种向前闪动一下使球产生很小的前进力，往往就是落台很轻的近网短球。前臂上下摆动，往往会发出上旋球或下旋球；前臂左右摆动，往往会发出左侧旋球或右侧旋球，这些都是显而易见的动作。但是，对于对方发球时的手腕动作，却必须集中注意力去判断，因为手腕动作摆动幅度不大，较前臂的摆动不易看见。另外，在球拍触球的一刹那间产生的旋转变化，手腕动作起着决定作用。这就是我们常说的手腕抖动。要看清在发球时手腕到底怎样"抖动"，首先就要清楚手腕的运动方式，要了解这一点并不难，通过解剖学的知识和亲身体验，可以认识到手腕的外展和内收、屈和伸，还可以环转。另外，在前臂旋内和旋外的带动下可以翻转，不管是空手或持拍都能使手腕完成这些运动方式（图4-32）。

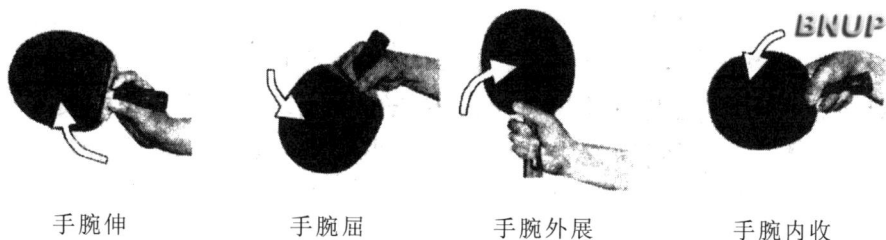

| 手腕伸 | 手腕屈 | 手腕外展 | 手腕内收 |

图4-32　发球队员手腕的运动方式

判断手腕动作决定发球旋转的情况有以下几种：

(1)当手腕动作和前臂摆动方向一致时，前臂摆动使球产生的旋转也就是手腕动作使球拍触球时的旋转。例如：对方发球时，先屈前臂，然后向下摆动做伸肘动作，这说明是发下旋球，同时对方手腕随着前臂动作，由伸到屈，使球拍接触球。因为，这时手腕的屈和前臂的伸动作方向一致，所以，手腕动作就不改变前臂摆动时使球产生的旋转性能，对方发球仍然是下旋球。对这种情况，对方手腕动作就比较容易判断，这时，手腕动作的作用不是改变前臂动作所产生的旋转，而是配合前臂加转。

(2)当前臂摆动而手腕固定不动时，发球的旋转和速度就决定于前臂。这时，手腕起控制落点或不加转的作用。例如，对方反手发球时先将前臂拉后，然后前摆去击球，同时手腕固定拍形朝向我方左角，就是在发斜急球；若固定拍形朝向我右角，就是在发直线急球。

（3）当手腕动作方向与前臂摇动方向不一致时，则手腕动作决定球拍触球的旋转性能，前臂的摆动主要决定发球前进力的强弱。例如，对方正手发球时前臂由后向前摆，同时手腕先垂拍再由左向右环转，使拍摩擦球，就发出了右侧上旋急球。这时手腕动作使球产生右侧上旋，前臂主要使球产生快速的前进力。

（4）当手腕动作方向与前臂摆动方向正相反时，手腕动作使球拍触球决定发球的旋转，而前臂摆动则是起迷惑作用的假动作。例如，对方正手发球时，将球抛起后前臂先向后挥再向内摆，做出似要接触球的样子。实际上前臂摆过以后，才用手腕由屈到伸（由内到外）的动作使球拍接触球，发出了右侧旋球。由于前臂的摆动为完成假动作费了力，球的前进力是靠球被高抛后自由落下的力量碰拍后球拍对球的反作用力。

从以上分析可以看出，手腕动作虽较复杂，但也有一定的规律，只要仔细观察，反复实践，总结经验，就会及时地判断清楚对方发球的各种复杂性能。判断对方发球的焦点，就是球拍触球的一刹那间手腕动作促成的球拍与球之间的关系。另外，还应注意，影响接发球判断力的因素还有思想上的过度紧张，这种紧张产生于比赛中接发球连续失误以后。平时练习中思想的过于放松，不重视，也会导致比赛中接发球过于紧张。

五、接发球手法

在各种击球手法中，最复杂、最难于掌握的就算接发球的手法，因为在比赛时的一般击球中，对方来球的旋转都是单纯的一种旋转，一般说不是上旋就是下旋。如果对方击球中偶带侧旋就会感觉比较难于还击。而接发球遇到的这种情况就很多了，一会儿是侧上旋，一会儿又可能是侧下旋，二者发球的动作又很相似，落点又忽长忽短，这就要求接发球时的手法也要变换得快、准、果断。另外，在接较复杂的旋转发球时，还要控制好落点，力争主动，这就比一般的击球更难了。但是，只要我们心定神怡，加强判断，迅速移步，反复练习各种手法，也一定会达到得心应手的程度。

在接发球中，可以用相同的手法或不同的手法来控制对方发球的速度、落点和旋转球：

（一）控制速度

用相同的方法（抽球或削球）可以在对方发来球的上升期、高点期或下降期接触球（图4-33）。在上升期接发球，可以加快回球的速度，从而缩短了对方发球后第二板（抢攻）的准备时间，造成对方抢攻无力或来不及抢攻。这时接发球，特别注意要控制住对方发球的强烈旋转，因这时正是对方发球带着的旋转发挥转速的时间。在高点期接发球，速度较前慢了些，但这时球弹起最高，球的旋转也缓慢了不少，就可以加力回击，提高接发球回球的力量。在下降期接发球，由于发球的旋转大大减弱了，这时回接就容易提高接发球的准确性，同时还可以达到以慢制快的效果。善于抓住有利时机，灵活地在对方发球的不同时期接发球，就有利于提高接发球的主动性。

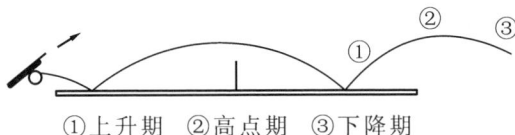

①上升期　②高点期　③下降期

图 4-33　不同时期的接发球速度控制

在同一种接发球手法中，快推是在上升期接触球，加力推是在高点期接触球；快搓是在上升期接触球，慢搓或加转搓球是在高点期或下降期接触球；前冲弧圈是在上升期或高点期接触球，加转弧圈则是在下降期接触球。防守手法中，近台削球是在高点期或下降前期接触球，远台削球或加转削球是在下降后期接触球。

另外，用不同手法可以自然地在相应的发球弹起时期接发球，控制对方的速度。如用推挡在上升期接发球，配合用拉前冲弧圈在高点期接发球或再配合用削球在下降期接发球，以不同的旋转和击球时间来控制对方发球的速度。

(二)控制落点

对方发球有斜线、直线和长短球的落点变化。接发球时，可以采用逢斜变直、逢直变斜或同线回接，以及逢长变短、逢短变长、同点回接的控制方法。

(1)逢斜变直：对方发大角度斜线球到我反手后，如准备侧身抢攻时，接发球就回直线到对方右角，逼使对方不能侧身抢攻。这时应注意，接发球前手臂和拍形都要顺着对方发球的斜线方向后撤，向前击球时手臂和拍形再突然改变直线方向，增加变直线的突然性。

(2)逢直变斜：对方发直线球后，接发球可送斜线，迫使对方加大移动距离去打第二板，造成被动。这时应注意，接球前手臂和球拍顺着对方发球的直线方向后撤，然后，向前击球时手臂向斜线方向挥动，同时控制拍形朝向斜线方向。

(3)同线回接：对方发斜线球(或直线球)后，根据不同情况，同样回接斜线(或直线)，使对方不能抢攻。这时注意，接球前手臂和球拍方向随来球方向后撤，击球时再迎着来球方向移动，拍形不变。

(4)逢长变短：对方发长球后准备加力抢攻，接发球时可用减力挡或搓球或竖直拍形的削球，回接成近网短球，使对方不能加力抢攻。这时，一方面，应注意消减对方发球的前冲力；另一方面，要控制好自己接发球的前进力。

（5）逢短变长：对方发短球后，可用推挡、搓球或台内挑拨、抽、扣等手法接成长球，迫使对方必须后退击球。这时，要力争在来球的高点期接触球，才能加强接发球的主动性。同时要注意手臂伸进台内过程中，肘关节不要抬高，而要沿着台面前移。否则会因球拍插不到球下，造成错误的弧线，使接球下网。

（6）同点回接：对方发长球后，接发球同样回长球。对方发短球后，可以用轻搓、挡或挑拨的手法同样回接短球，达到反客为主的目的。

（三）控制旋转球

对方发球不仅有速度和落点的变化，更重要的是带有复杂的旋转变化。对方发来上、下旋球或左、右侧旋球，以及两种旋转混合在一起的发球后，接发球时要根据对方发球的各种不同旋转来调整拍形、球拍和球的接触点以及用力方向和用力大小。

（1）接上旋球：用推挡或抽、扣接发球时，拍形要前倾，多向前下用力，并根据旋转的强弱来加大或减小拍形前倾和向前下用力的程度。用搓球、削球接发球时，要将球拍竖起一些，多向下用力削。如要加转削球，可离台远一些再接触球，并且增加向前用力。总之，不论用什么手法都要注意控制住来球的前冲力，以免接发球出界。

（2）接下旋球：用搓球、削球接发球时，要使球拍多后倾一些，多向前用力，并根据来球旋转的强弱增大或减小拍形后倾和向前用力的程度。用反手推挡接发球时，拍形要先后倾，以便接触球的中下部（像搓球时的接触点一样），击球时前臂旋外用力，同时伸肘，向前上用力。用抽或拉接发球时，要加力向上挥拍。用扣杀接发球时，要用拉扣结合（先拉后扣）的手法。总之，不论用什么手法，都要注意控制住来球下旋的下坠力，以免接发球下网。

（3）接左侧旋球：不论用什么手法接这种发球，都要注意控制住来球不向球台的右边（指接发球一方）飞出。如接对方发的直线球，则接发球要使球拍接触球的中后部。如接对方发来的斜线球，则要使球拍接触球的中部偏右。对方发球的侧旋力越强，球拍接触球的部位越要注意偏向右边。用同线回接的方法，准确性较高。若用逢斜变直或逢直变斜的方法，则要注意球拍接触球的部位稍微向球的左方变换一下，并且要向上拉抽或向下削搓用力加转。还要注意，对方站在球台左角用正手发左侧旋球时，最好用异线回接，即逢斜变直、逢直变斜的方法接发球。

（4）接右侧旋球：同接左侧旋球方向正相反。接直线球时，球拍接触球的中后部。接斜线球时，接触球的中部偏左，才能使球拍控制住球不向球台左边飞出。

（5）接左侧上旋球和左侧下旋球：接左侧上旋球时，要使球拍接触球的偏右中上部。这样，在控制了左侧旋转力的同时，又控制了来球的前冲力。接左侧下旋球时，要使球拍接触球的偏右中下部。这样，在控制了左侧旋转力的同时，又控制了发球的下坠力。

（6）接右侧上旋球和右侧下旋球：接右侧上旋球（或右侧下旋球）时，要使球拍接触球的偏左中上部（或偏左中下部）。这样，在控制了右侧旋转力的同时，也控制了上旋（或下旋）力。

水平较高的运动员往往每一个发球都可能具有强烈的旋转、刁钻的落点和出人意料的速度。这就要求接发球时具有熟练的手法同时控制对方发球的旋转、落点和速度。熟能生巧，只要多想多练，就能做到在 0.1～0.2 秒的时间内判清来球，准确地接发球。

六、接发球技术易犯错误及纠正方法（表 4-5）

表 4-5　接发球技术易犯错误及纠正方法

易犯错误	现　象	纠正方法
接发球站位不合理	不利于发挥自己的技术特长	弄清正确站位，练习回接各种发球
判断发球性能不准确	接球失误或回球质量不高	掌握判断发球的有关知识和方法，采用各种手段，提高观察、判断和反应能力，反复进行接发球练习，提高判断发球能力
接发球时脚步移动过早	易遭对方袭击空当	加强对发球的观察能力，弄清和把握好起动接球的时机
接球时控制不好回球的弧线和落点	回球质量不高，回球准确性差	提高判断发球能力，采用多球练习，不断增强手上的控制调节能力
接球还原不及时	影响连续击球	明确还原的意义和作用，进行各种接发球专门练习，强调接球后及时还原

第六节　推挡球技术

推挡球是直拍快攻打法的主要技术之一，它具有站位近、动作小、速度快、变化多等特点。在比赛中常用快速推挡结合力量、落点及旋转的变化来控制和调动对方，为正手攻球和侧身抢攻创造有利的条件。在被动防守时，推挡也可以起到积极的防御作用。

一、推挡球技术

推挡球可分为挡球、减力挡、快推、加力推和推下旋等技术动作。

(一)挡球(图 4-34)

特点：球速慢，力量轻，变化小，动作简单，容易掌握，是初学者的入门技术。

动作方法：两脚平行站位，身体靠近球台。击球前，上臂贴近身体，前臂约与台面平行，球拍置于腹前，略高于台面呈半横状，拍面近乎垂直。击球时，调整好拍形，在来球上升前期触球中部或中上部，借来球的反弹力将球挡回。击球后迅速还原，准备下一次击球。

图 4-34　挡球技术

(二)减力挡(图 4-35)

特点：回球弧线低，球速慢，落点近，能缓冲来球的反弹力，借以控制对方的进攻。

动作方法：站位与挡球时相同。击球时，在触球的瞬间手臂前移的动作稍微回缩，以减弱来球的反弹力。

图 4-35　减力挡技术

（三）快推（图4-36）

特点：站位近，动作小，速度快，变化灵活，可为争取主动和助攻创造条件，是快攻类打法中最常用的一种基本技术。

动作方法：站位近台偏左，两脚平行站立或右脚稍后，上臂和肘关节靠近身体右侧旁。击球前前臂稍向后引，击球时前臂向前推出，同时配合食指压拍，拇指放松，使拍面前倾，在来球的上升前期击球的中上部，击球后，手臂顺势前送。

图 4-36　快推技术

（四）加力推（图4-37）

特点：回球力量大，球速快，变化突然，能有效地牵制对方，夺得主动，是推挡中威力较大的一种技术。

动作方法：站位、准备姿势与快推相同。击球前，前臂上提，球拍后引，肘部贴近身体，球拍位置高于击球点，拍面稍前倾；击球时，中指顶住拍背，拍形较为固定，执拍手由后向前推压，同时配合伸髋转腰的动作，在来球上升后期或最高点时击球中上部；击球后，手臂随势前送。

图 4-37　加力推技术

（五）推下旋（图4-38）

特点：回球下旋，弧线较低，落点长，球落台后下沉快。在对推上旋时，突然推下旋，可造成对方失误。

动作方法：两脚平站或右脚稍前，身体离台约40厘米。手臂内旋，拍面角度稍后仰，同时上臂后引，前臂上提，球拍引至身前上方；击球时，持拍手向前下方挥动，拍面稍后仰，击球的中部向前下方摩擦推切；击球后，手臂随势前送，并迅速还原成准备姿势。

图 4-38　推下旋球技术

二、推挡球的教学方法

在推挡技术的教学中，要贯彻由易到难的教学原则，先练习挡球，较熟悉以后再逐步练习其他技术。

(一)练习步骤

(1)熟悉球性，先做托球和对墙击球的练习。

(2)徒手挥拍模仿推挡练习，体会击球的动作要领。

(3)台上挡球练习以稳健为主。

(4)左半台反手推挡练习。

(5)快推和挡球结合练习。

(6)两人在台上先推中线，再推直线和斜线，逐渐加快速度，体会快推动作。

(7)反手由一点推二点或由一点推不同落点。

(二)注意事项

(1)挡球或快推时，不要挺胸、挺腹，两脚不要并拢，两膝不要伸直站立。

(2)推挡时，肘关节应贴近身体，以免影响前臂发力和减小左方的照顾范围。

(3)推挡时，注意击球时食指用力，拇指适当放松，前臂前推或后引幅度不宜过大，以免影响回收速度。

(三)推挡球技术易犯错误及纠正方法(表 4-6)

表 4-6　推挡球技术易犯错误及纠正方法

易犯错误	现　象	纠 正 方 法
吊拍(手腕下垂)	动作僵硬不协调	上臂略贴身，手腕外展，拍形呈半横状

易犯错误	现　象	纠正方法
挡球时判断不准，拍面角度过于后仰	球高或出界	提高判断能力，击球前固定拍面角度
快推时拍面过于前倾，击球时间过早	球不过网	提高手腕、手指控制、调节拍面角度的能力，在上升期击球
快推时拍面前倾不够，击球时间过晚	球易出界	前臂外旋使拍面前倾，在来球上升期击球
加力推时手臂没有充分前伸	力量不大	击球时，注意大臂与肘关节前送，并配合腰部转动
前推动作过大	还原慢，影响速度	减小上臂用力，加快回收速度

第七节　攻球技术

乒乓球攻球技术是指在击球方式上以撞击为主的进攻性技术。它是乒乓球主要得分技术之一。

一、正手攻球技术

技术特点是近台攻球的站位离台约 50 厘米，击球点在来球的上升期或高点期，球的速度比较快，动作幅度比较小，借对方来球的力量发力；中远台攻球的站位离台约 70～100 厘米，击球点在来球的下降期，球的速度比较慢，动作幅度比较大，主要靠主动发力。

(一)直拍正手攻球技术(图 4-39)

1. 技术动作标准

站位：判断来球，选好站位。

引拍：引拍时，重心向右脚移，向后下方引拍，但球拍不要低于球台，右肩随转腰略下沉。拍形前倾，握拍手的拇指稍用力压拍，中指、无名指前端顶住球板。

挥拍击球：向前上方挥拍，在高点前期击球的中上部，身体重心由右脚移至左脚。

还原：注意还原。

2. 技术动作关键点

(1)引拍动作不要过大，注意运用腰的转动。

(2)击球点在身体的侧前方。

(3)要主动迎击来球。

图 4-39　直拍正手攻球技术

(二)直拍正手侧身攻技术(图 4-40)

1. 技术动作标准

步法移动与选位：判断来球线路、落点和旋转性质，运用侧身步法选好站位。

引拍：在身体移动的同时，根据来球性质决定引拍的位置。右肩随转腰略下沉，拍形前倾，握拍手的拇指稍用力压拍，中指、无名指前端顶住球板。

挥拍击球：向前上方挥拍，在高点期击球的中上部，身体重心由右脚移至左脚。

还原：注意还原。

2. 技术动作关键点

(1)步法移动迅速，选位基本正确，如有不足可以通过手法的调节进行弥补。

(2)引拍动作不要过大，注意运用腰的转动。

(3)击球点在身体的侧前方。

(4)要主动迎击来球。

图 4-40　直拍正手侧身攻技术

(三)直拍正手交叉步攻球技术(图 4-41)

1. 技术动作标准

步法移动与选位：判断来球线路、落点和旋转性质，运用交叉步抢好击球的位置。

引拍：在身体移动的同时，根据来球性质决定引拍的位置。右肩随转腰略后转，拍形前倾，握拍手的拇指稍用力压拍，中指、无名指前端顶住球板。

挥拍击球：向前上方挥拍，在高点期击球的中上部。通常应是在交叉脚落地的同时击球，身体重心位置通过右脚落地支撑进行调节。

还原：用小跳步的方式快速还原。

2. 技术动作关键点

(1)步法移动迅速，选位要基本正确，如有不足可以通过手法的调节进行弥补。

(2)引拍动作不要过大，注意运用腰的转动。

(3)击球点在身体的侧前方。

(4)要主动迎击来球。

图 4-41　直拍正手交叉步攻球技术

(四)直拍正手跨步攻球技术(图 4-42)

1. 技术动作标准

步法移动与选位：判断来球线路、落点和旋转性质，运用跨步抢好击球的位置。

引拍：在身体移动的同时，根据来球性质决定引拍的位置。右肩随转腰略后转，拍形前倾，握拍手的拇指稍用力压拍，中指、无名指前端顶住球板。

挥拍击球：向前上方挥拍。在高点期击球的中上部。通常是在右脚落地的同时击球，身体重心位置通过右脚落地支撑进行调节。

还原：用右脚回蹬的方式迅速还原。

2. 技术动作关键点

(1)步法移动迅速，选位要基本正确，如有不足可以通过手法的调节进行弥补。

(2)引拍动作不要过大，注意运用腰的转动。

(3)击球点在身体的侧前方。

(4)要主动迎击来球。

图 4-42 直拍正手跨步攻球技术

(五)横拍正手攻球技术(图 4-43)

1. 技术动作标准

站位：判断来球，选好站位。

引拍：引拍时，重心向右脚移，向后下方引拍，但球拍不要低于球台。右肩随转腰下沉，拍形前倾，握拍手的食指稍用力顶住球拍。

挥拍击球：向前上方挥拍，在高点前期击球的中上部，身体重心由右脚移至左脚。

还原：注意平衡，迅速还原。

2. 技术动作关键点

(1)引拍动作不要过大，注意运用腰的转动。

(2)击球点在身体的侧前方。

(3)要主动迎击来球。

图 4-43 横拍正手攻球技术

(六)横拍正手侧身攻技术(图4-44)

1.技术动作标准

步法移动与选位：判断来球线路、落点和旋转性质，运用侧身步法选好站位。

引拍：在身体移动的同时，根据来球性质决定引拍的位置。右肩随转腰略下沉，拍形前倾，握拍手的食指顶住球板。

挥拍击球：向前上方挥拍，在高点期击球的中上部。身体重心由右脚移至左脚。

还原：注意还原。

2.技术动作关键点

(1)步法移动迅速，选位基本正确，如有不足可以通过手法的调节进行弥补。

(2)引拍动作不要过大，注意运用腰的转动。

(3)击球点在身体的侧前方。

(4)要主动迎击来球。

图4-44 横拍正手侧身攻技术

二、反手攻球技术

技术特点是反手近台攻球的站位离台40～50厘米，击球时出手具有比较强的隐蔽性，突然性强，速度快；反手中远台攻球的站位离台70～100厘米，对在正手位进攻后回反手位或相持中保持连续进攻有着重要作用。

(一)直拍反手攻球技术(图4-45)

1.技术动作标准

站位：靠近球台，右脚略前。

引拍：拍向后方引，转体同时沉右肩，球拍与手臂基本保持在一条线上，肘关节和右肩略前顶。

挥拍击球：向前上方挥拍，球拍略前倾，击球点在体侧前方。转腰时重心转至右脚，击球时发力。

还原：结束动作要与还原动作结合起来。

2. 技术动作关键点

(1)站位要正确。

(2)引拍动作和腰的转动结合起来。

(3)注意前臂和手腕的用力。

图 4-45　直拍反手攻球技术

(二)直拍反面攻球技术(图 4-46)

1. 技术动作标准

选位：判断来球，调整好击球位置。

引拍：肘关节略抬起，手腕外撇，前臂后引至腹前。略含胸，拇指压住球拍，中指、无名指的指头顶住底板。

挥拍击球：球拍向前方挥动，在来球的高点期击球时，通过手腕内收使拍面前倾变小，以肘关节为轴，通过挥动前臂和手腕弹击的力量击球的中上部。

还原：击球后迅速还原。

图 4-46　直拍反面攻球技术

2. 技术动作关键点

(1)引拍时，手腕要适当放松。

(2)手腕内收使球拍前倾角度变小，并使拍面略微外撇。

(3)以有打有弹击的发力方式击球。

(三)横拍反手攻球技术(图 4-47)

1. 技术动作标准

站位：靠近球台，两脚平行。

引拍：拍向后方引，腹部侧转并内收，手腕内收，同时肘关节前顶。

挥拍击球：球拍略前倾，击球点在体前偏侧方，挥拍向前上方，击球时以前臂发力为主。

还原：注意还原。

2. 技术动作关键点

(1)站位要正确。

(2)引拍动作和腹部的内收要与转动结合起来。

(3)注意前臂和手腕的用力。

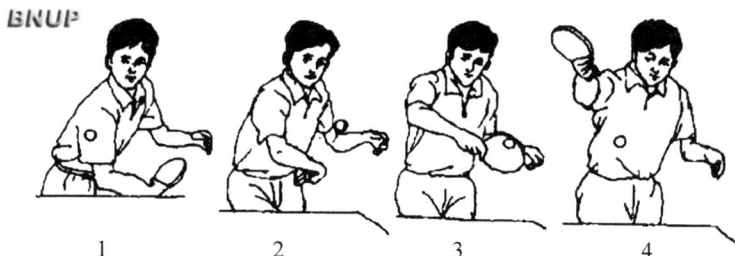

图 4-47　横拍反手攻球技术

三、杀高球技术

技术特点是击球点高，动作幅度大，力量大，回球弧线比较平直。

(一)直拍杀高球技术(图 4-48)

1. 技术动作标准

对于杀高球而言，直、横拍在技术上的要求是一致的，在此一并讲解。

选位：判断来球，选好位置。

引拍：球拍向后下引，转腰，重心右移。

挥拍击球：在头的前上方击球，拍向前下方挥，击球时手腕下压，身体重心同时向左移。

还原：注意保持身体平衡并迅速还原。

2. 技术动作关键点

(1)判断来球的高度，做好引拍。

(2)注意要用好身体的力量。

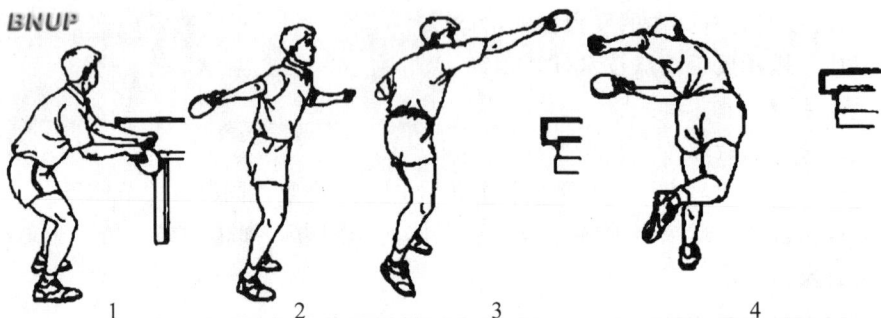

图 4-48　直拍杀高球技术

(二)横拍杀高球技术(图 4-49)

横拍杀高球技术与前述直拍技术一致。

图 4-49　横拍杀高球技术

四、攻球技术的教学方法

攻球技术的教学，应贯彻由浅入深，从易到难的原则，即先学习正手攻技术，然后学反手攻和侧身攻技术；先练习单个技术，后练习组合技术，先斜线、后直线。在熟悉和掌握某一技术以后，再演练其他的技术，切忌贪多求快，不求甚解。

(一)练习方法

(1)在讲授某一项技术前，可按照该技术动作结构做台下上肢徒手模仿练习，以体会动作要点。

(2)在原地做上肢徒手模仿动作的基础上，结合步法做台下徒手练习。

(3)台上单个动作练习，规定一人发球一人练习攻球。打一球后再重新发球。

（4）一推一攻练习。

①可先在中线范围一推一攻，要求先轻打，多打回合以提高命中率和体会攻球动作结构。然后再用中等力量快打。

②一人推挡一人练正（反）手攻，先练攻斜线，再练攻直线；先练定点小范围左右走动中攻，再练定点 1/2 台、2/3 台范围内左右走动中攻；先练不定点 1/2 台范围内左右走动中攻，再练 2/3 台范围内左右走动中攻。

（5）对攻练习。

①正手对攻斜线。

②正手对攻侧身斜线。

③正手对攻直线。

④正手对攻中路。

⑤双方先正手对攻直线，再攻中路过渡，变换成侧身对攻斜线，反复进行。双方再在左右移动中连续对攻。

⑥一方正手攻直线，一方侧身攻直线，再攻中路过渡，变换成另一条直线，双方再在左右移动中连续对攻。

⑦一方反手攻斜线，一方侧身攻斜线。

⑧一方反手攻直线，一方正手攻直线。

（6）推和攻结合练习。

①双方对推斜线，推中侧身攻。从固定一方推中侧身攻到双方侧身抢攻。

②一方反手一点推或攻对方左、右两点，另一方左推右攻或正、反手两面攻，两点打一点。

③一方正手一点攻对方左、右两点，另一方左推右攻或正、反手两面攻，两点打一点。

④一方左、右两点：左推右攻或正、反手两面攻，打两条直线。另一方左、右两点：左推右攻或正、反手两面攻，打两条斜线。

⑤双方对推中结合反手攻。

⑥推中反手攻结合侧身攻。

⑦推中或反手攻结合侧身攻，然后扑打正手来球。

（7）发力攻练习：根据技术掌握的程度和结合战术的需要，按以上练习方法有意识地练习主动发力进攻。

（8）主动改变攻球节奏练习：在以上练习方法中，可根据对方来球情况，主动调整击球时站位的远近，击球速度的快慢，击球力量的大小，借以主动改变攻球节奏，造成对方回接困难。

(9)搓攻练习。

①正手对搓，搓中一方或双方起板抢攻。

②反手对搓，一方或双方反手攻，或侧身起板抢攻。

③一方正手一点搓对方左、右两点，并用正手攻起板抢攻。

④一方反手一点搓对方左、右两点，并用反手攻或侧身攻起板抢攻。

⑤一方左、右两点搓对方正手或反手一点，并用正手攻、反手攻、侧身攻起板抢攻。

⑥全台搓起板抢攻。

(10)拉攻练习。

①稳拉练习，先练拉斜线，再练拉直线；先练定点小范围左右走动中拉，再练定点 1/2 台、2/3 台范围内左右走动中拉；先练不定点 1/2 台范围内左右走动中拉，再练不定点 2/3 台范围内左右走动中拉。

②正手或反手一点拉对方左、右两点。

③正、反手左、右两点拉对方正手或反手一点。

④全台走动中拉。

⑤拉中突击，拉两角突击中路，拉中路突击左、右两角；拉左突击右，拉右突击左；拉斜线突击直线，拉直线突击斜线。

⑥拉中突击结合放短球。

(二)注意事项

(1)由于攻球技术的内容很多，所以在教学中应循序渐进。

(2)由于攻球是在快速运动中进行的，所以动作方法难以定型，初学时一定要按动作结构反复进行台下徒手模仿练习。

(3)由于乒乓球比赛讲究手法与步法的配合，所以一定要加强步法移动。防止只注意上肢动作，忽视下肢移动的偏向。

(4)平时练习要结合实战，如练推挡时应结合侧身攻，要注意侧身前一板推挡球的质量，强调用落点或力量控制对方，然后再侧身，不能养成盲目侧身抢攻的习惯。

(5)在击球时，不但要注意上肢手法和下肢步法的运用，同时还要加强腰、髋、身体重心移动等辅助力量的运用。

(三)攻球技术易犯错误及纠正方法(表 4-7)

表 4-7　攻球技术易犯错误及纠正方法

易犯错误	现　　象	纠正方法
击球时吊腕	不能摩擦球，下网多	击球时手腕自然放松成正常的平直状态

易犯错误	现　象	纠正方法
击球时翘腕	不能摩擦球，出界多	击球时手臂自然放松成正常的平直状态
击球时上臂和肘关节抬得过高	发不出力，击斜线球困难	首先纠正引拍动作，使手臂放松时肘关节自然下垂，再迎击来球
击球点不准	击球点忽前忽后、忽左忽右	加强步法移动，要求击球到位
击球时，手臂成直线挥动撞击球	击出球没有弧线	体会击球过程中手臂制造弧线的动作
击球后球拍立即停止不前	动作不协调	体会击球后的随势挥拍动作
拍面角度过于前倾	球下网	纠正击球部位，调整拍面角度及用力方向
拍面角度过于后仰	球出界	纠正击球部位，调整拍面角度及用力方向
反手攻球时上臂和肘关节挥出过多	发不出力，击出的球成直线或侧旋	击球前要求上臂、肘关节自然靠近身体，击球时肘关节内收
只注意上肢发力击球，忽视腰、髋、腿转动力量	击出的球力量不大	击球时加强腰、髋、腿等辅助力量的运用
击球动作完成后，手臂从身体前绕圈还原	不能快速连续击球	击球后手臂直接还原

第八节　弧圈球技术

一、弧圈球的技术动作

弧圈球是一种上旋力非常强的进攻技术。它从 20 世纪 60 年代初到现在，不但已被各国运动员所掌握，而且有很大的发展，出现了以弧圈球为快攻创造机会，被动时作为过渡，主动时发力拉冲直接得分。

(一)正手高吊弧圈球

特点：球速较慢，弧线较高，上旋性特强，着台后向下滑落快，回击不当易出界或击出高球，可为扣杀创造机会。一般遇到低而转的来球时，打这种球的比较多。

动作方法：两脚开立，右脚稍后，身体略向右转，两膝微屈，重心放在右脚上。准备击球时，持拍手臂自然下垂，并向后下方引拍，右肩略低于左肩，拇指压拍使拍形略为前倾，呈半横立状，并使拍形固定。当来球从台面弹起时，手臂向前上方挥动，前臂在上臂带动下爆发性用力做快收动作。将要触球时，手腕向前上方加力，在球下降期用拍摩擦球的中部或中上部。球拍擦击球时，要注意配合腰部向左上方转动和右腿蹬地的力量。击球后，重心移至左脚(图 4-50，图 4-51)。

随着乒乓球运动的发展，又出现了不转弧圈球。它的动作要领近似高吊弧圈球。击球时，拍在球的底部将球提拉出去。

图 4-50　直拍正手高吊弧圈球技术

图 4-51　横拍正手高吊弧圈球技术

(二)正手前冲弧圈球

特点：弧线低，上旋力强，球速快，着台后前冲力大。运用这种打法可直接得分，或为扣杀创造机会。

动作方法：两脚开立，右脚稍后，身体略向右转，重心放在右脚上，将球拍自然地拉至身后（约与台面同高），拍形保持前倾，与地面成 35°～40° 夹角。当球从台面弹起还未达到高点时，腰部向左转动，手臂向前上方挥出，前臂在上臂的带动下，迅速内收，手腕略为转动，在高点期或下降期前用拍擦击球的中上部，使之成较低的弧线落在对方的台面上。击球后，重心移至左脚（图 4-52，图 4-53）。

图 4-52　正手前冲弧圈球技术（侧面）

图 4-53　正手前冲弧圈球技术（正面）

(三)正手侧旋弧圈球

特点：带有强烈上旋力及侧旋力，着台后下落快，还会出现拐弯现象，给对方造成回球困难。

动作方法：击球准备姿势与加转弧圈球相似。在击球时，拍面成半横立状，应略向右侧，上臂带动前臂和手腕，结合腰部向右旋转的力量，在下降期用拍擦击球的右中部或右中上部，使球带有强烈右侧上旋。击球后，重心移至左脚（图 4-54）。

图 4-54　正手侧旋弧圈球技术

(四)反手弧圈球

特点：反手弧圈球多为横拍运动员所采用。这种打法由于受到身体的阻挡，手臂力量的发挥受到限制。相对来说，没有正手弧圈球威力大，一般结合正手扣杀，寻找机会，有时也可以直接得分。

动作方法：两脚平行或左脚稍后站立，两膝微屈，重心较低。击球前，将球拍引至腹部下方，腹部略内收，肘部略向前，手腕下垂，拍形前倾。当球从球台弹起时，以肘关节为轴，前臂迅速向上挥动，结合手腕向上转动的力量，在下降期用拍擦击球的中部或中上部。在击球过程中，两腿向上蹬伸（图 4-55）。

图 4-55 反手弧圈球技术

二、弧圈球技术分析

弧圈球是通过球拍与球体摩擦后而产生的上旋力特强的一种旋转球，球拍作用于球体时，它的作用力线远离球心。但这不等于说，摩擦球体愈薄愈好，而是需要一定的正压力（垂直于接触面的压力），否则"挂不住球"，球不仅拉不转，而且还会滑落（因为 $F=kN$，即摩擦力等于摩擦系数与正压力的乘积）。拉弧圈球时，引拍后的拍面与发力方向是比较一致的。球拍与球体的作用点，一般都在中部或中上部。发力方向是以从下往上为主（加转弧圈球）或以从后向前为主（前冲弧圈球）。由于弧圈球并非一般上旋球，而是具有强烈的上旋，因此，它要求作用力大（击球动作幅度大，爆发力强），摩擦球薄（力臂长），球拍富有黏性（摩擦系数大），摩擦时间长（增大力的冲量），才能拉出高的弧圈球。

三、弧圈球技术的教学方法

(一)教学顺序

先学习高吊弧圈球，在基本掌握了这一技术动作之后，再学习前冲弧圈球，然后把拉、冲结合起来。

(二)练习步骤

(1)徒手做模仿拉弧圈球的动作。

(2)一人发中路出台的下旋球,另一人练习拉弧圈球。主要是体会击球手法、拍形和击球部位。要求动作准确,要多摩擦球,不要撞击球。

(3)同上练习。要求体会击球手法与挥拍、转体等动作的协调配合,以提高弧圈球的质量。

(4)一人推挡,另一人练习连续拉弧圈球。

(5)二人对搓。固定一人搓中抢拉弧圈球。

(6)一人削球,另一人练习连续拉弧圈球。

(7)同上练习。规定向固定落点拉弧圈球,以提高击球动作的准确性。

(8)练习中要求推挡、搓球或削球一方要不断变化落点,以提高在移动中连续拉弧圈球的能力。

(9)结合其他技术练习拉弧圈球。如发球抢拉、接发球抢拉、拉攻中结合弧圈球、拉弧圈球结合扣杀等。

(10)以拉弧圈球为主要打法的运动员,在初学时可交替练习拉高吊弧圈球和前冲弧圈球。在掌握拉弧圈球技术以后,要着重练习拉前冲弧圈球,反复体会拉前冲弧圈球的动作及发力方法。

(三)弧圈球教学应注意的问题

(1)练习弧圈球时,要充分做好肩部和腰部的准备活动,以免受伤。

(2)要注意把上臂、手腕、腰及腿的力量集中使用在击球一刹那,以加大摩擦球的力量。拉完后,手臂要迅速放松,及时还原,作好下一次击球的准备。

(3)准备击球时,拍面角度不宜太小,否则容易拉空或拉在球拍边上。

(4)拉球后要结合练习扣杀的技术,防止只会拉不会扣的偏向。

(四)弧圈球技术易犯错误及纠正方法(表 4-8)

表 4-8　弧圈球技术易犯错误及纠正方法

易犯错误	现　　象	纠正方法
引拍动作不够大,重心较高	球上旋力量不强	练习模仿动作,注意引拍时要降低重心
击球时向前挥臂的力量多,向上提拉的动作少	球出界	在接下旋发球中改进动作,手臂多向上提拉
击球时,拍形掌握不好,球拍与球接触的部位不对	球出界	在接发球中或利用多球练习改进动作

易犯错误	现　象	纠正方法
击球时，只有由下向上提拉的动作，没有稍微向前的力量	球不过网	在接发球时，使前臂稍微加些向前的力量
击球时，判断球下落的路线不准或击球时间不对	击球落空	加强对来球的判断能力，要在下降期击球。利用多球练习，来改进动作

第九节　直拍横打技术

直拍横打的出现和发展，较好地弥补了传统直拍反手位进攻能力不足的缺陷，是现代直板运动员必须掌握的一项技术。具体来说，直拍反面进攻技术包括平挡、快拨、快带、快撕、挑打、弹击、拉球、反拉和贴弧圈等。

一、握拍法

要掌握直拍横打技术，首先必须学习相应的握拍方法。相对于通常的直拍握法而言，运用横打时拇指要往里握得深一点，适度用力压拍，而食指则略为上移至球拍边缘处，稍微放松，使球拍背面前倾，握拍不能太紧，以免影响拍形的调节，背后的其余三指（中指、无名指和小指）略为伸开一些，这样有利于发力和稳定拍形。

二、直接横打的技术动作

(一)反面平挡

动作方法：

除握拍外，准备姿势与快推类似，但引拍时前臂稍内旋，手腕略屈，重心更多地放在右脚上。以转腰带动手臂自然前迎，在来球的上升期向前略向上击球中上部，以前臂为主，手腕保持相对固定，借力还击。

(二)反面拉下旋球(图 4-56)

动作方法：

拍形与平挡相同，击球原理可借鉴横拍的反手拉弧圈，但引拍时手腕可自然下垂，拍头向下，在高点期或下降前期击球，手腕同时作外展和伸，触球时手腕用力成分相对较多。

(三)反面快拨(图 4-57)

1. 特点与作用

直拍反面快拨技术是在相持中常用的技术。它和推挡结合能起到变化击

图 4-56　直拍反面拉下旋球技术

球节奏的目的，是反手位进攻得分的辅助手段。

2. 动作方法

(1)站位与反手推挡相同，屈膝收腹、左脚稍前、两脚距离略比肩宽。

(2)手腕朝左斜上方稍立起，向左后方引拍，拍形角度前倾约 45°～50°。

(3)来球弹起，身体重心从右脚移至左脚，前臂、手腕以肘关节为轴迅速挥拍迎球，在来球上升期摩擦球的中上部。击球时食指自然放松，以拇指和中指发力。

图 4-57　直拍反面快拨技术

(四)反面快撕(图 4-58)

动作方法：

站位和引拍与快拨基本相同，屈膝收腹、左脚稍前、两脚距离略比肩宽。手腕朝左斜上方稍立起，向左后方引拍，拍形角度前倾约 45°～50°。

来球弹起，身体重心从右脚移至左脚，前臂、手腕以肘关节为轴迅速挥拍迎球，在来球上升期或高点期摩擦球的中上部。击球时食指自然放松，以拇指和中指发力，挥臂的距离大于快拨。

图 4-58　直拍反面快撕技术

(五) 反面弹打 (图 4-59)

1. 特点与作用

直拍反面弹打技术具有动作小、速度快、突然性强等特点，是直拍运动员在相持中转为主动进攻的重要手段，一般在相持时与反手推挡结合使用，或在对付下旋球时运用。

2. 反面弹打动作方法

站位与快拨基本相同。手腕稍立，拍形角度约 50°。击球时，身体重心略高，手腕自然向后转动，在来球的上升期或高点期击球的中上部。食指自然放松，主要运用拇指和中指发力；以撞击球为主，击球要短促有力。

3. 反面敲打动作方法

站位与快拨基本相同。手腕稍立，拍形角度约 45°。击球时，手腕不向后转动，固定好拍形，在来球的上升期击球的中上部。食指自然放松，主要运用拇指和中指发力；以撞击球为主，不要带摩擦。

图 4-59 直拍反面弹击技术

(六) 直拍反面攻

1. 特点与作用

直拍反面攻技术主要用于左大角扣杀半高球，或扑正手位后还原时回左方大角度的击球，具有动作较大、力量较重等特点。

2. 动作方法

站位中近台，右脚稍前，身体重心在左脚上。肘关节略前顶。前臂外旋，手腕稍内屈向左后上方引拍。击球时，拇指和中指用力，食指自然放松，在来球的高点期或下降前期摩擦球的中上部向前方挥动，利用腰部和挺腹的力量协助发力。击球后，手臂随势前送，并迅速还原成准备姿势。

(七) 直拍反面挑

1. 特点与作用

直拍反面挑技术主要用于左方台内的近网下旋短球，是"前三板"争抢阶段常用的一项技术。

2. 动作方法

站位近台，左脚稍前，两脚开立略比肩宽。击球时，左脚向左前方插入台内，手腕自然下垂，拇指和中指用力，食指自然放松，在来球的高点期摩擦球的中部偏上位置，同时手腕外展，制造一定的弧线。击球后，随势挥拍的动作稍小一些，然后迅速还原成准备姿势。

(八)直拍反面拉加转弧圈球(图 4-60)

1. 特点与作用

击球动作比较小，上旋中略带侧旋，技术的稳定性比较好，速度相对比较慢。

2. 动作方法

站位：判断来球，选好拉球位置。

引拍：身体重心下降，右肩下沉。球拍向下后方引至大腿内侧，球拍适当前倾，肘关节略向前顶出，持拍手要适当放松，手腕下垂。

挥拍击球：球拍向上前方挥动，击球点在腹前方，触击球时，身体向前上方顶劲，前臂以肘关节为轴，快速挥动中带动手腕的扭动发力，食指带动球拍挥动。摩擦球的中部，身体稍后仰，帮助手腕调节弧线。拉球的下降期。

还原：要控制挥拍的距离，以便尽快还原。

图 4-60　直拍反面拉加转弧圈球技术

3. 技术动作关键点

引拍时手腕要下垂，拍面一点要打开，肘略前倾；发力时，甩臂，抖腕；身体略上顶。

三、教学方法

(一)徒手挥拍练习

要求：

(1)熟悉技术动作过程。

(2)注意或改进挥拍方向、发力方式和拍头的位置。

(二)一人平击发球一人拉加转弧圈球练习

要求：体会拉加转弧圈球的挥拍方向和用力方法。

(三)一人推拨一人拉加转弧圈球练习

要求：

(1)开始拉加转弧圈球时，力量轻一些，弧线高一些，体会拉加转弧圈球的发力方式。

(2)连续拉加转弧圈球练习时，体会动作的稳定性。

(四)多球练习

要求：强化或改进拉加转弧圈球的技术动作。

(五)拉加转弧圈球与进攻技术结合练习

要求：在拉加转弧圈球后结合冲、攻球技术。

(六)直拍反面击球技术易犯错误及纠正方法(表4-9)

表 4-9　直拍反面击球技术易犯错误及纠正方法

易犯错误	现　象	纠正方法
食指用力，拇指放松，以至拍形过分前倾	攻球无力，易下网，甚至漏球	首先明确直拍反面击球时应拇指和中指用力，食指放松；再用此握拍法做挥拍练习，然后再上台练习。
没有迎球动作，触球时单纯向上摩擦球	易漏球，攻球无力	明白道理后，先进行挥拍练习，再上台做击球练习。教练员应及时提醒或强调迎球的动作。
不能依据不同的击球技术调整手腕位置	整个击球动作不协调，难于发挥手腕的作用	先从理论上明确正确的手腕位置。快拨或弹打时，手腕立起；拉弧圈或挑打时，手腕自然下垂；攻球时，手腕介于上述二者之间。然后进行挥拍练习，再上台击球练习。最好开始能用多球有规律地变化供不同性能的球，练习者依不同技术调整适宜的手腕位置。

第十节　搓球技术

搓球是运用在近台和台内回击下旋球的一种过渡性、比较稳健的技术，是初学者起步入门先行掌握的技术之一，是各种类型打法都不可缺少的技术，也是初学削球者必须掌握的入门技术。

搓球技术按击球的位置不同可划分为正手搓球和反手搓球；按击球时间的早晚不同，可划分为快搓和慢搓；按球的旋转强弱不同，可划分为搓转球与不转球；按旋转方向不同可划分为下旋和侧下、上旋等。

一、搓球的技术要求

（1）要搓得快。必须掌握好搓球的时间，保持在来球上升期击球。搓球时，身体要跟上，步法要迅速向前，左、右移动到位，手臂要迎前。触球时，出手也要适当加快。

（2）要搓得短。必须注意，要借来球的反弹力进行回击，并要适当控制自己的发力，尽可能使搓回的球短而不跳出台外。

（3）要搓得低。应根据来球旋转的不同，适当调节拍面角度、触球部位和发力方向，使回球弧线低而又不下网。如：来球下旋强、前进力小时，可搓球的中下偏底部，并多向前发力；来球下旋弱、前进力大时，可搓球的中下偏中部，并多向下发力。

（4）要搓得变化多。除上述要求搓得快、短、低外，还必须搓得变化多。即搓球时，在速度上要有快慢结合变化，在旋转上要有搓转与不转和搓侧旋的变化，在落点上要有长、短、左右和大角度的变化。只有把旋转和落点的变化，同快、低等要求巧妙地结合起来，才能使搓球收到更好的效果。

二、搓球的技术动作

（一）反手慢搓（图 4-61）

1. 特点和作用

它是最稳健的一种搓球。其特点是：动作较大，速度较慢，利于加转与搓不转球结合，旋转差距大，对方不易进攻。同快搓和摆短相结合，能有效地变化击球节奏和落点，增加对方回击难度，以争取主动和创造进攻机会。

2. 动作要点

（1）站位近台，在球台中间偏左，身体离台约 50 厘米，右脚稍前。

（2）击球前，手臂自然弯曲，前臂略提起并内旋，引拍至身体左上方，拍面稍后仰，腰、髋略向左转，重心转向左脚。

（3）击球时，前臂和手腕向右前下方挥拍，击来球的下降期中段，触球的中下部。

（4）触球时，击球瞬间手腕辅助前臂发力摩擦球，同时，上体微向右摆，重心转移到右脚或两脚之间。

（5）击球后，手臂顺势向右前下挥动，并迅速还原，准备击下一板球。

（二）反手快搓（图 4-62）

1. 特点和作用

动作小，击球时间早，回球速度快，与慢搓结合可以变化节奏。主要用

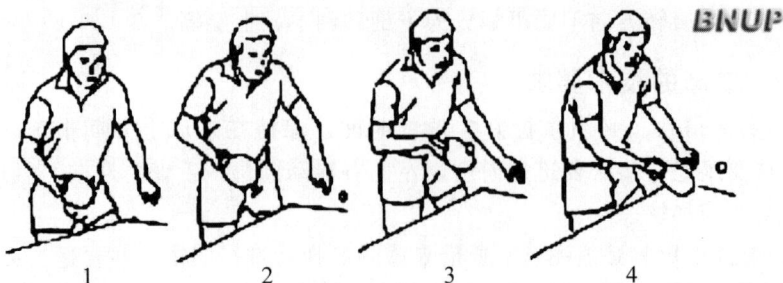

图 4-61　直拍反手慢搓技术

来对付对方发过来和搓、削过来的近网下旋球。可以回搓近网短球，也可以回搓底线长球，为争取主动、抢先上手创造条件。

2. 动作要点

(1)站位在球台中间稍偏左，离台约 40 厘米，右脚在前。

(2)击球前，左脚向左前方上步，重心落在左前脚掌，身体向前略向左转，手臂向左前方迅速前伸迎球，同时前臂略内旋，使拍面稍后仰。

(3)击球时，在上升前期击球。来球下旋强时，拍触球的底部，前臂和手腕向前用大一些的力摩擦球；来球下旋弱时，拍触球的中下部，前臂和手腕向下前用大一些的力摩擦球。注意，应根据来球旋转程度调节好拍形。

(4)触球时，击球瞬间手腕辅助前臂用短促小爆发力摩擦球。

(5)击球后，手臂迅速放松，左脚掌向后蹬地还原，准备击下板球。

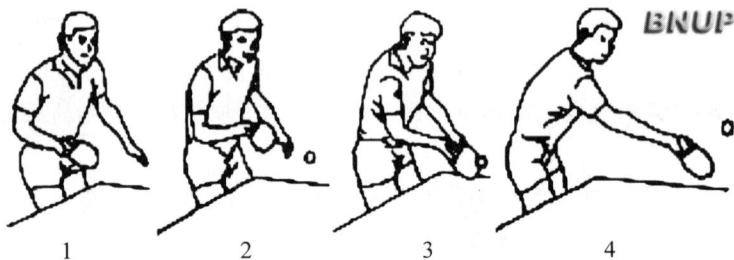

图 4-62　直拍反手快搓技术

(三)正手慢搓(图 4-63)

1. 特点和作用

与反手慢搓基本相同。它比反手慢搓难度大，使用率低。

2. 动作要点

(1)站位稍偏左，离台约 50 厘米，左脚稍前，手臂自然弯曲。

(2)击球前，前臂略提起并外旋，引拍至身体右上方，拍面后仰，上体略向右转，重心落在右脚。

(3)击球时，前臂和手腕向左前下方挥拍，击来球的下降期，球拍击球的

图 4-63　直拍正手慢搓技术

中下部。

（4）触球时，击球瞬间手腕辅助前臂发力摩擦球，上体微向左转，重心移至左脚。

（5）击球后，手臂迅速放松，用小跳步还原，准备击下板球。

（四）正手快搓（图 4-64）

1. 特点和作用

与反手快搓相同。

2. 动作要点

（1）站位稍偏左，离台约 40 厘米，左脚在前，重心在两脚之间偏左脚。

（2）击球前，引拍时，右脚往右前方上步，重心落在右前脚掌，前臂略提起并外旋，引拍至身体右前上方，使拍面稍后仰。

（3）击球时，前臂和手腕向左前下方挥拍迎球，身体向前略向左转，在来球的上升期击球的中下部，前臂和手腕向前下切摩用力。来球下旋强时，拍触球底部，前臂和手腕向前用大一些的力摩擦球。

（4）触球时，球拍击球瞬间前臂和手腕借来球反弹力适当用力，向左前下方摩擦球。

（5）击球后，手臂迅速放松，用右前脚掌向后蹬地小跳步还原，准备击下板球。

图 4-64　直拍正手快搓技术

（五）反手搓侧旋球（图 4-65）

1. 特点和作用

球速慢，弧线低，带右侧旋偏拐，不易"吃转"。通常在接发球和对搓中运用。对方回击时，易从右侧出界或回球较高，从而为自己创造抢攻的机会。

2. 动作要点

(1)站位稍偏左，离台约 50 厘米，右脚稍前，身体向前略向左转。

(2)击球前，手臂自然弯曲，前臂提起并内旋，引拍至身体左侧前方，使拍面稍后仰。

(3)击球时，前臂和手腕向左前方挥拍迎球，击来球的高点期或下降前期，触击球的中下部。

(4)触球时，击球瞬间前臂为主向右前发力摩擦球，同时手腕辅助用力。直拍选手，手腕向右有一拧挑动作，也可以向右上拧挑出侧上旋球。

(5)击球后，手臂迅速放松，用小跳步还原，准备击下板球。

图 4-65 横拍反手搓右侧旋技术

（六）正手搓侧旋球（图 4-66、图 4-67）

1. 特点和作用

与反手搓侧旋相同，不同之处是带左侧旋偏拐。

2. 动作要点

(1)站位稍偏左，离台约 50 厘米，左脚稍前，身体稍向右转。

(2)击球前，前臂提起并外旋使拍面稍后仰，引拍至身体右侧前方。

(3)击球时，手腕稍向后屈，前臂和手腕向左前下方挥拍迎球，击来球的高点期或下降前期，触击球的中下部。

(4)触球时，击球瞬间前臂为主向左前发力摩擦球，同时手腕辅助用力。直拍选手的手腕向左有一勾挑动作，也可以向左前上勾挑出左侧上旋球。

(5)击球后，手臂迅速放松，用小跳步还原，准备击下板球。

图 4-66 直拍正手搓左侧旋球技术

图 4-67 横拍正手搓左侧旋球技术

(七)搓转与不转球

1. 特点和作用

要尽可能做到用相似的手法，搓出加转与不转两种球，迷惑对方，使对方不易判断出球旋转的强度，对方回击时容易下网。或使对方回击出较高球，为自己创造扣杀机会。

2. 动作要点

(1)不管是快搓或慢搓，都可搓出加转与不转两种球。

(2)搓加转球时，要适当加大球拍的后仰角度，击球瞬间充分利用前臂和手腕的力量，以快速向前下方摩擦球的中下偏下部或底部。

(3)搓不转球时，球拍的后仰角度可适当减小一些，击球瞬间球拍挥动速度要适当慢些，向前轻轻用力推送，不摩擦球。当球离拍后，前臂和手腕突然用力加快速度，以与搓加转球动作相似。

(八)搓球摆短

1. 特点和作用

搓球摆短具有动作小、回球快、弧线低、线路短、落点近网、借力搓击的特点。它在快搓的基础上，于 20 世纪 70 年代发展成一种"摆短"技术。主要用来对付近网下旋球，能遏制对方抢拉、抢攻，和快点、快搓结合起来运用，会取得较好的效果。

2. 动作要点

(1)站位近台，引拍时向前上一步，身体前伏，重心前移。

(2)击球前，前臂向前伸的动作比快搓更快一些，使拍接近来球着台点，拍面后仰，击来球上升前期，触球的下中部或底部。

(3)击球时，动作幅度很小，前臂和手腕结合发力要小，应借助来球的反弹力，有时还要有一定的减力动作，把来球轻摆至对方网前。

(4)接长球摆短时，主要用手腕和手指发力，运用借力搓短球，注意重心要稳。因为要想把长球摆短，就要借助身体用力，可用身体带动前臂和手腕快速从右向左转一点，以减少长球过来的冲力，在来球上升期摩擦球。

(九)搓球劈长

1. 特点和作用

为配合摆短技术，又发展出一种快搓"劈长"技术。它具有速度快、线路长、弧线低、旋转强的特点。一般运用在接发球和对搓中，回球落点非常接近球台端线，使对方上手进攻时失去必要的发力距离，攻球质量下降，也不能用摆短反控制。

2. 动作要点

(1)动作要领和快搓基本相似。

(2)击球前，右脚、上身、手臂于球台右前方，前臂伸入台内，拍头上提，击来球的上升后期或高点期。

(3)击球时，拍形稍竖起，手腕结合前臂快速用力向前下方砍球。力量集中在球上，动作幅度大，身体重心要随摩擦球的动作向前跟球出去。

(十)晃搓

也可称为"晃撇"，是搓球在接发球中运用较有效的技术。由于身体常伴由右向左的转晃动作，可迷惑对方对线路的判断。人们为了区别正常的搓球技术，而形象地称之为"晃搓"。

一般是在侧身位，用正手搓侧旋球，常与搓短球、侧身挑球配合运用。用晃撇接发球，最佳击球时间是高点期，拍形基本是横状稍竖起，手腕保持外展。击球的右后中部，向左侧下部摩擦，由右上向左前下方发力，使球带有左侧下旋。

三、搓球教学方法

(一)徒手模仿搓球动作练习

徒手模仿或徒手搓带轴球，建立各种搓球动作的正确概念和摩擦球方法。

(二)自抛自搓一板球练习

自己抛球至本方台面，根据不同的击球时间、击球部位和拍形角度变化将球搓击过去。掌握搓球的用力方向和用力方法。

(三)搓对方下旋发球的一板球练习

陪练者可正手或反手发下旋球，练习者用搓球接发球。发球的落点可由定点至不定点，旋转强度和变化可逐渐增大。提高搓球的协调性与稳定性。

(四)对搓练习

先固定练习路线，如双方用反(正)手对搓中路直线、左方斜线、左方直线、右方斜线、右方直线。提高搓球的准确性，先练慢搓后练快搓与转与不转球，提高搓球的节奏和旋转变化。

(五)两点搓回对方一点练习

陪练者将球先搓至练习者球台的左、右两点，练习者采用正、反手搓球将球回至对方一点。由定点的有规律练习至不定点的无规律练习。加强正、反手搓球的落点与旋转变化和摆动速度。

(六)一点搓不同落点练习

陪练者将球搓至练习者台面某固定一点，练习者根据练习要求，采用不同搓球动作将球搓至对方任何一点。对方可用多球供球，提高搓球的落点变化能力。

(七)搓攻练习

左搓右拉、搓中侧身正手拉、反手搓反手拉、搓中侧身正手拉、扑正手攻等搓与拉攻的结合练习，提高在实战中搓球运用能力。

(八)教学比赛

规定发球的方法：下旋球或左（右）侧下旋球，以搓球回接，形成以搓攻为主的比赛。提高在实战中的搓球运用能力。

(九)搓球技术易犯错误及纠正方法(表4-10)

表 4-10　搓球技术易犯错误及纠正方法

易犯错误	现象	纠正方法
引拍时，拍面过于后仰	出高球或球不过网	做徒手模仿练习。要求前臂旋外、手腕伸、放松拇指，食指和中指稍用力保持拍形稍后仰
引拍高度不够	回球下旋力不强	做自抛自搓一板球练习，注意上臂前屈角度加大，前臂持球拍上引
手臂和手指手腕肌肉未协调放松，不易加速挥拍主动发力摩擦球	回球不转或下网	做持拍或不持拍的徒手模仿练习。体会执拍手各关节的肌肉收缩与放松协调配合，提高本体感觉能力。也可结合做自抛自搓的一板球练习，体会肌肉快速收缩的发力方法
拍触球一瞬间，前臂和手腕未做旋内与前屈外展，未向前摩擦前送	回球下网或不转	做徒手或摩擦"带轴"球练习。体会拍触球时向前下方的边摩擦边前送动作，掌握前臂、手指手腕调节拍形角度、击球部位、交替用力方法
击球时，球拍后仰角度小	回球下网或不转，出高球	搓接对方发来的下旋球练习。体会拍形角度的变化，掌握前臂、手指手腕使拍形后仰在下降期击球中下部和前送的动作

易犯错误	现　象	纠正方法
拍触球时，手臂前送动作过大，肘关节僵直，还原动作慢	回球出界或下网	做徒手模仿练习。体会击球时快速运用爆发力和顺势的送、迅速还原动作。也可做单线对搓练习，提高击球的协调性和节奏感
击球时，球接触球拍的部位不准	回球不转出界或下网	建立正确的各种搓球动作概念，明确搓加转与不转球的球触拍部位。加强对来球落点和飞行弧线的判断以及执拍手各关节引拍时的调节作用，使球拍挥动时拍面方向对准来球。做搓接对方发球的一板球练习（采用单球或多球练习方法）。提高判断反应能力与协调性
摩擦球无力	回球下网	做徒手模仿或搓接一板球练习。要求从两脚前脚掌内侧蹬地用力，将力迅速从下肢、躯干、执拍手臂传送到手腕和手指上。掌握运用全身协调用力方法，防止仅上肢发力而下肢不动的缺点

第十一节　削球技术

削球技术是欧洲选手在 20 世纪 50 年代前称霸世界乒坛的重要技术。它是一种积极的防御性技术，又是削攻打法的主要技术。具有稳健性好、冒险性小的特点。

削球属于以柔克刚的技术。它的击球动作舒展大方，有一种独特的美感。它击球时间较晚，运行弧线较长，具有球速慢、命中率高、旋转和落点变化多的特点。对方不易发力进攻。通过旋转和落点的变化可调动对方，迫使对方失误，同时配合伺机反攻而得分。

一、削球的技术动作

(一)正手近台削球(图 4-68)

1. 特点和作用

动作较小，击球点较高，节奏和球速较快，线路和落点变化多。有利于近削逼角，能使对方左右移动，回击困难，可伺机反攻。主要在对方拉球力量不大、旋转不强时使用。

2. 动作要点

(1)站位一般在离台 1 米以内，左脚在前，重心放在右脚，身体稍向右转。

(2)击球前，手臂自然弯曲，前臂略向右上方提起并外旋，引拍至身体右上方，拍面稍后仰，同时右脚向右上一步。

(3)击球时，前臂和手腕向左前下方迅速挥拍迎球，击来球高点期或下降前期。

(4)触球时，触球的中部偏下，击球瞬间上臂带动前臂和手腕协调用力，向左前下方摩擦切削击球。

(5)击球后，手臂顺势挥动并放松，用跳步迅速还原，准备击下板球。

图 4-68　横拍正手近台削球技术

(二)正手远台削球(图 4-69)

1. 特点和作用

动作较大，击球点较低，球速较慢，飞行弧线较低而长，比较稳健。可运用旋转变化控制对方，通常在接弧圈球时使用。

2. 动作要点

(1)站位一般在离台 1 米以外，左脚稍前，重心放在偏右脚，身体向右稍转。

(2)击球前，上臂外展，前臂略提起并外旋，引拍至身体右上方，拍形稍后仰，同时右脚向右上一步。

(3)击球时，前臂带动手腕向左前下方迅速挥拍迎球并外旋，击来球的下降后期。

(4)触球时，触球的中下部，击球瞬间身体和手臂同时协调用力，向左前下方摩擦球。

(5)击球后，手臂顺势挥动并放松，用跳步还原，准备击下板球。

图 4-69　横拍正手远台削球技术

(三)反手近台削球(图 4-70)

1. 特点和作用

同正手近台削球。

2. 动作要点

(1)站位一般在离台 1 米以内,右脚稍前,身体略向左转。

(2)击球前,前臂略提起并内旋,引拍至左上方约与肩平,拍面稍后仰。

(3)触球时,击球中部或中下部,击球瞬间以前臂和手腕发力为主,向右前下方摩擦切削击球。

(4)击球后,手臂顺势挥动并放松,用跳步迅速还原,准备击下板球。

图 4-70　横拍反手近台削球技术

(四)反手远台削球(图 4-71)

1. 特点和作用

同正手远台削球。

2. 动作要点

(1)站位一般在离台 1 米以外,右脚在前,左脚稍后,身体略向左转。

(2)击球前,前臂略提起并内旋,引拍至身体左后上方与肩高处,拍形后仰。

(3)击球时,上臂带动前臂向右前下方挥拍迎球,击来球的下降期。

(4)触球时,触球的中下部,击球瞬间身体、手臂、手腕协调用力,向右前下方摩擦切削击球。

（5）击球后，手臂顺势挥动并放松，用跳步还原，准备击下板球。

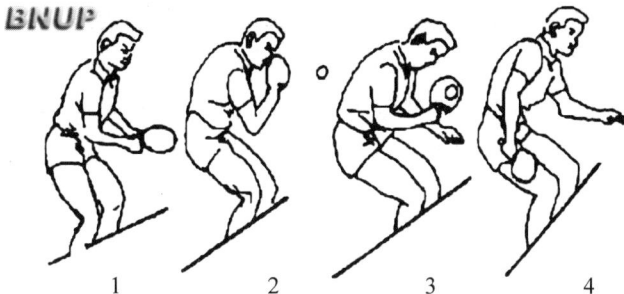

图 4-71 横拍反手远台削球技术

（五）削加转弧圈球（图 4-72）

1. 特点和作用

削加转弧圈球上旋力强，第二弧线较低、下滑快，削球难度大，易吃旋转、反弹出界或削出高球。因此，削加转弧圈球时，击球时间要晚，应在下降后期，手臂向上提，拍形竖起，动作幅度较大，利用来球上旋反弹力，手臂向下压球用力，压低弧线。

2. 动作要点

（1）应根据来球落点的远近和前冲力大小，迅速移动选择合适的击球位置，一般离台约 1 米。如落点接近端线，前冲力大，应向后移步；如落点在台面中间，前冲力小，应向前移步。击球点一般选在右腹前（指正手）或左侧前（指反手）为宜。

（2）击球前，手臂上提，向后上方引拍幅度要稍大些，拍形垂直，保持球拍与击球点之间有足够的加速距离，以利于发力击球。

（3）击球时，协同身体重心的移动力量，上臂带动前臂向下用力大于向前用力。触球瞬间先压后摩擦再送，触球的中、下部，手腕相对固定。

图 4-72 横拍正手削加转弧圈球技术

(六)削前冲弧圈球(图 4-73)

1. 特点和作用

因来球速度快、力量大、旋转强、弧线下沉快，削接这种球难度比较大。削前冲弧圈球是削球中的一项重要技术。要削好前冲弧圈球，除了要有快速的反应和判断外，还必须有灵活的步法和较好的控制球的能力。因为来球快，回球速度相应也快。如能控制好回球弧线，并配合落点变化，不仅可以有效地压制对方的进攻，而且还会迅速地变被动为主动。

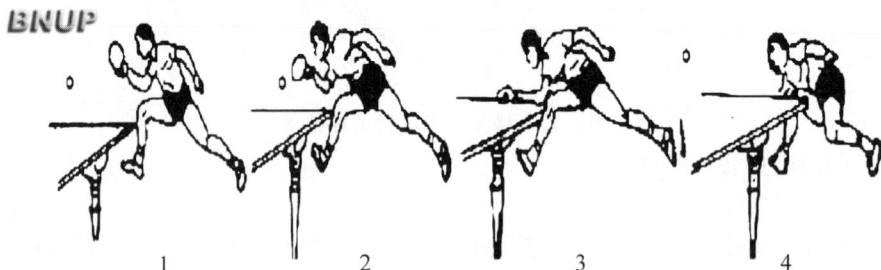

1　　　2　　　3　　　4

图 4-73　横拍正手削前冲弧圈球技术

2. 动作要点

(1)站位离台 1 米以外。根据来球速度快、前冲力大的具体情况，首先要迅速向后移动步法，一般运用单步或跳步进行移位。

(2)击球前，身体保持稳定，前臂迅速向上提起引拍(不要向后上引拍)，拍形竖起略后仰。

(3)击球时，前臂发力要快、短促，并增加向前力量，手腕固定，由上往下前用力压球，抵消来球向上反弹力和控制回球弧线高度。重心转移要快。

(4)触球时，触球的中下部，击球瞬间身体转动，腰髋、腿膝辅助向下用力。以前臂为主向前下用力，并借冲力和反弹力切削。

(5)击球后，手臂顺势挥动并放松，用跳步迅速还原，准备击下板球。

(七)削突击球(图 4-74)

1. 特点和作用

在对方进攻时，突然加力或突然袭击过来的球叫突击球，或叫低球突击，削球者称为"顶重板"。其特点是：力量重，速度快，突发性强，对削者有较大的威胁性。它是削球难度很大的技术，但也是战胜对方的一项主要技术。其种类大致有发球后突击、搓中突击、拉中突击、放短球后突击等。要接好突击球，必须判断准确，迅速移动步法，掌握好拍形和用力方向。整个削球动作要小而迅捷，才能顶得住来球的攻势，变被动为主动。

2. 动作要点

(1)站位：根据来球速度快、冲力大的特点，可运用跳步迅速向后退选位，一般都选在中台。

（2）击球前，上体转动和前臂向上提起引拍要快（不要向后上方引拍），拍面接近垂直。

（3）击球时，手臂向下前快速挥拍迎球。击来球的下降期，触球的中部偏下，向前发力要快、短促。

（4）触球时，击球瞬间整个动作小、快，包括身体转动、腰膝辅助用力。以前臂为主向前下用力，并借冲力反弹力切削摩擦球。

（5）击球后，手臂顺势挥动并放松，用跳步迅速还原，准备击下板球。

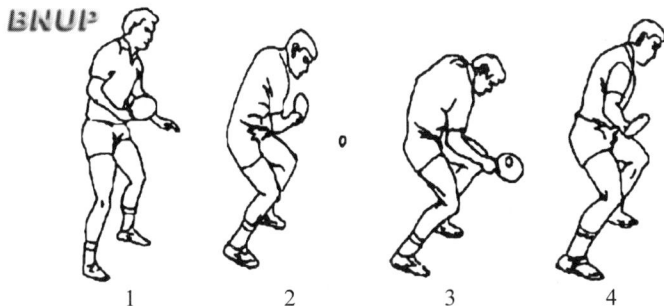

图 4-74　横拍反手削突击球技术

（八）削加转与不转球

1. 特点和作用

在提高削球技术质量的要求下，能用相似的动作手法，削加转与不转两种球，使对方不易判断出球的旋转强弱，造成对方击球下网和出界失误，或者出现较高球，为自己创造出进攻扣杀机会。但要在掌握上述各种削球技术的基础上，正手削球和反手削球都能削加转与不转球。

2. 动作要点

（1）削加转球时，球拍触球瞬间前臂和手腕要集中突然用力，加快摩擦摆速。从来球的中下部快速往下部摩擦。摩擦球要"薄"（即作用力要远离球心）。

（2）削不转球时，球拍触球瞬间前臂和手腕向前下方推送，轻托来球的中下部，适当增加撞击力，减少摩擦力。摩擦球要"厚"（即作用力要接近球心）。待球出手后，前臂和手腕要突然用力加快摆速，以便与削转球时的动作基本相同，使对方难以判断旋转强弱。

二、削球应注意的问题

（1）削球技术，一般是在初学者学习掌握了推挡技术、搓球技术、攻球技术之后，作为辅助技术学习。个别人确定了削攻打法后，再进行削球技术训练。

（2）必须掌握正、反手削球技术的结合。

（3）注意加强步法移动练习。应根据来球弧线的高低、落点的长短和左右，及时向前、向后、向左、向右移动，确保合适的击球位置和稳定的击球时间。绝不能养成用手够球、以手法迁就步法的坏习惯。

（4）引拍时要注意球拍的上提动作。如果对球拍动作上提不够，则容易出现回球过高和不过网或回球下旋不强的现象，导致失分或被攻。

（5）削球时，应注意步法、手臂、腰、腹、腿等全身紧密配合，协调用力，不能脱节。

三、削球的教学方法

（1）原地做徒手模仿正反手、远近台削球技术动作挥拍练习。

（2）运用单步移动击球，跳步还原做徒手模仿正反手、远近台削球技术动作挥拍击球练习。

（3）上台练习。用多球练接发平球，先练正手削球，后练反手削球，再练正反手结合削球。先练原地削球，后练移动削球。

（4）练习正手和反手连续削回对方轻拉过来的球，并结合单步、跳步移动，先练固定落点，后练不固定落点削球。

（5）练习正反手结合连续削球。方法同上。

（6）练习近削和远削逼角。一人轻拉陪练，运用正反手削球到对方左角，然后到对方右角。

（7）逼角后结合变线练习。可连续削逼左角，突然变线削回右角。或连续削逼右角，突然变线削回左角。

（8）一人轻拉、扣杀再结合放短球，可练到3种不同来球。先练正手接3种不同来球，后练反手接3种不同来球，再练正反手结合接3种不同来球。

（9）削、挡、攻结合练习。先练正手单线削、挡、攻结合，后练反手单线削、挡、攻结合，最后练正反手削、挡、攻综合。

（10）练习比赛。削攻型打法对快攻型打法比赛或削攻型打法对削攻型打法比赛。

（11）削球技术易犯错误及纠正方法（表4-11）。

表4-11 削球技术易犯错误及纠正方法

易犯错误	现　象	纠正方法
引拍时，球拍上提不够高	回球下降力不强	做引拍动作练习，将球拍引至肩高位置，再向下削球

易犯错误	现　象	纠正方法
击球时，拍面过于后仰	击球过高或球不过网	做回接上旋发球的练习，使拍面稍竖一些
向下挥拍击球时，球拍前送用力过大	击球出界	用多球练习，体会接重板球时，前臂下压的工作
击球后，上臂前送动作不够	球不过网	用多球练习远削，体会上臂前送动作

>>>>>>>>>>>>>>>>>>>>>>> 练习与思考 <<<<<<<<<<<<<<<<<<<<<<<<<<<<

1. 论述乒乓球技术的新理念。
2. 直拍、横拍两种握拍法各有什么优缺点？
3. 简述击球的基本环节和动作结构。
4. 试述发球教学应注意的问题。
5. 如何通过发球手腕动作的判断来决定球的旋转？
6. 论述接发球的手法。

第四章 \ 乒乓球技术

第五章　乒乓球竞技制胜因素及类型打法

 **本章要点**

　　本章共五节，主要介绍了乒乓球竞技制胜因素，乒乓球各种类型打法的演变，乒乓球运动的发展规律，乒乓球各种类型打法的分类和特点，乒乓球各种类型打法的主要技术以及乒乓球各种类型打法的训练等方面的知识。

第一节　乒乓球竞技制胜因素

　　乒乓球运动的最基本形式是：比赛的每一方运动员都必须把对方打过来击中本方台面的球，合法还击到对方台面，并力图使对手不可能再将球还击到本方台面。

　　乒乓球项目的特点是球小、速度快、变化多。中国乒乓球队和科研人员通过多年实践和探索，总结出乒乓球竞技的制胜因素为：快、转、难、狠、变。

　　这五个物理要素是相互关联、相互制约和相互促进的。因为在技巧性较高的乒乓球运动中，每击一个球都不同程度的包含着上述五个制胜因素。在保证准确性的前提下，速度快了可以促进力量的发挥，力量大了又可以加快球的速度。加强旋转可以制约速度和力量的发挥，速度和力量提高了既可以增加球的旋转又可以限制旋转的威力。在击球过程中，打出好的落点可以调动对方，使对方难以从容地发挥速度、力量、制造弧线，从而可以减小自己的击球难度，提高击球的准确性。

　　运动员在以上五个制胜因素中，具备的能力越强，掌握得越全面，技术实力则越雄厚。在比赛中就可以打出高质量的球，足以给对手造成威胁。由此可见，一名乒乓球运动员只有具备和不断提高上述五个制胜因素，才能适应乒乓球运动不断发展的需要。

一、快

乒乓球速度最基本也是最主要的含义是球速。"球速"具有使对手任何合理的技术动作遭到一时破坏的"杀伤力"。竞赛的一方若能深刻明了这一点并在比赛实践中充分发挥出速度的威力，就可能成为速度的获益者而取胜。

乒乓球的击球速度通常用合法还击所耗费的时间来表示。合法还击所耗费的时间越短，则表明击球速度越快，反之则慢。

(一)合法还击所耗费的时间

1. 还击来球所需的时间(图 5-1)

这段时间是从对方将球击到己方台上的一瞬间(B)算起，至运动员在回球时球拍触球的一瞬间(A)为止。击球时间越早，击球所需的时间越短，反之则长。

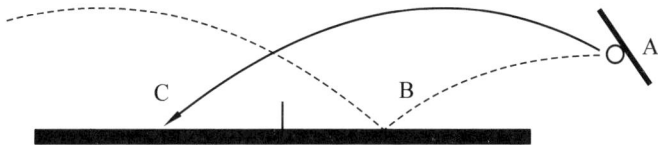

图 5-1　合法还击

2. 球体飞行时间

这段时间是从球体离拍的一瞬间(A)算起，至球落到对方台面的一瞬间(C)为止(见图 5-1)。球在空中飞行的时间长短，与球的飞行速度和飞行弧线有着密切关系。加快球体的飞行速度和缩短球体的飞行弧线，都有助于提高击球速度。

从理论上来分析，要加快击球的速度，一方面是尽可能缩短合法还击所耗费的时间；另一方面是尽可能缩短球在空中飞行的时间，这将是最理想的。但在实践过程中，由于运动员的打法各有不同，加上在击球时所站位置离台的远近也不一样，所以在击球时常会呈现出各种不同的节奏速度。目前，在乒乓球竞赛中利用各种不同的节奏速度去破坏对方已经习惯了的击球动作，已成为战术运用的重要手段之一。

(二)提高击球速度的方法

(1)站位靠近球台，在来球上升期击球。这不仅能够缩短击球所需时间，而且可以缩短回球的飞行弧线，同时还有助于借用来球反弹力加快回球的飞行速度。

(2)还击时，充分发挥击球力量，并尽可能使力的作用线接近球心，以加快回球的飞行速度。

(3)在许可范围内，尽量压低弧线高度，减小打出距离，使回球的飞行弧线得以缩短。

（4）不断提高反应速度和位移速度，使之与击球速度紧密配合。

另外，乒乓球运动的"快"还有更丰富、更辩证的含义，如反应快、移动快、适应快、快中有慢、快慢结合等。

二、转

如果将乒乓球与同一项群的羽毛球、网球、排球相比较，就会发现乒乓球的旋转种类更为繁多，变化更为复杂。旋转极其强烈的球（尤其是弧圈球），同样具有极大的"杀伤力"。性质迥异的旋转球往往造成对方判断失误，从而直接失分或陷入被动。

在现代乒乓球技术和战术中，旋转是竞技制胜的核心因素，在乒坛起着举足轻重的作用。20世纪初胶皮拍的出现，称为乒乓球运动的第一次技术革命；50年代海绵胶拍出现，增强了球的速度与旋转，称为第二次技术革命；70年代初，弧圈球技术及其新打法，称为第三次技术革命。通过发、攻、推、搓、拉、削等手段加强旋转变化或在制造旋转的同时注重速度的变化，如拉加转和前冲弧圈球、拉真假弧圈球、削转与不转球、搓转与不转球等。因此，并不是越转越好，而是旋转变化越大越好。同时，动作外形越相似越容易发挥旋转变化的作用。但是，必须明确加转是基础、是前提，没有加转，不转就会失去意义。

乒乓球运动中，旋转的变化十分复杂，运用极为广泛。从事乒乓球教学和训练工作，必须掌握旋转方面的基本知识。

（一）产生旋转的原因

如图5-2所示，击球时，如果力的作用线（F）通过球心（O），球只做平动而不产生旋转；如果力的作用线偏离球心，与球心保持一定的垂直距离（即力臂 L），作用力便分解为法向（$F_{法}$）和切向（$F_{切}$）两个分力，前者为撞击力，使球产生平动，后者为摩擦力，使球产生转动。因此，力的作用线不通过球心是乒乓球产生旋转的基本原因。

（二）基本的旋转轴及其旋转

乒乓球本身是一个无固定转轴的物体，但当球旋转时便会自然呈现出一条通过球心的旋转轴来。击球时，由于击球部位和用力方向的不同，可以使球产生多种多样的旋转，形成各式各样的旋转轴。但是，无论球的旋转怎样繁多，转轴如何复杂，它始终是围绕着三条基本转轴及六种基本旋转而变化。

（1）左、右轴（横轴）：通过球心与击球线路相垂直的轴。从击球者方位看，球绕此轴顺时针旋转为上旋球，逆时针旋转为下旋球（图5-3）。

（1）不转球　　　　　　　（2）旋转球

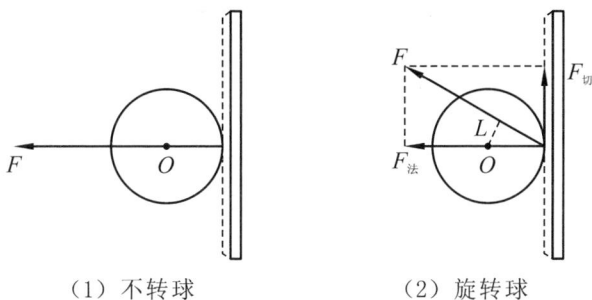

图 5-2　球体旋转的力学分析

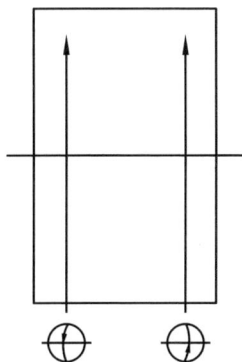

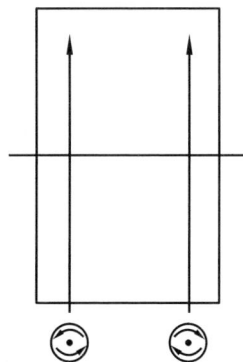

（1）下旋球　（2）上旋球　　　　　（1）右侧旋球　（2）左侧旋球

图 5-3　球的左、右轴　　　　　图 5-4　球的上、下轴

（2）上、下轴（竖轴）：通过球心与台面相垂直的轴。从击球者方位看球绕此轴顺时针旋转为左侧旋球，逆时针旋转为右侧旋球（图 5-4）。

（3）前、后轴（纵轴）：通过球心和击球线路相平行的轴。从击球者方位看，球绕此轴按顺时针方向旋转为顺旋球，按逆时针方向旋转为逆旋球（图 5-5）。

（三）各种旋转球的特性

球的旋转性质不同，其飞行弧线、着台和触拍后的反弹情况也各不相同。

1. 上、下旋球

球旋转时，带着球体周围的空气一起转动，形成一个环流。当球呈上旋状向前飞行时，球体上沿的气流因与迎面气流的方向相反，其流速减慢；球体下沿的气流因与迎面气流的方向相同，其流速加快。遵循流体力学中流速越慢、压强越大，流速越快、压强越小的原理，球体上沿的空气压强大，下沿的空气压强小，空气给球体一个下压力（图 5-6）。因此，上旋球与不转球相比较，其弧高要低，打出距离要短（图 5-7），且上旋越强越明显。当球呈下旋状向前飞行时，其情况正好与上旋球相反。球体下沿的空气压强大，上沿的

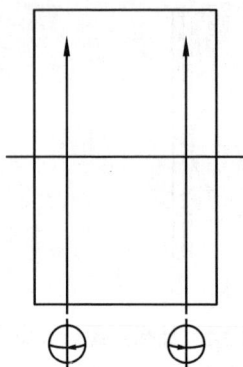

（1）逆旋球 （2）顺旋球

图 5-5　球的前、后轴

空气压强小，空气给球体一个升举力。与不转球相比较，下旋球的弧高要高，打出距离（指击球弧线起止点）要长，且下旋越强越明显。

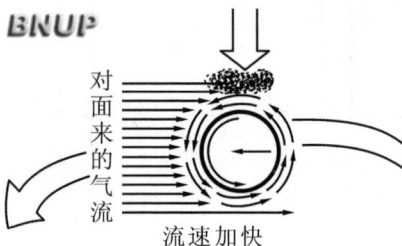

图 5-6　球体空气动力学分析

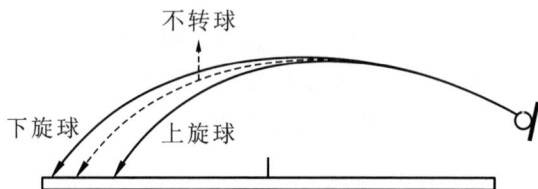

图 5-7　上、下旋球飞行轨迹

上旋球的旋转方向和前进中的车轮转向相同，球着台时给台面一个向后的摩擦力，台面给球体一个大小相等、方向相反（向前）的摩擦反作用力，从面使球的反弹角度减小，前进速度加快（图 5-8），具有较强的前冲力，且上旋越强越明显。下旋球刚好与上旋球相反，像个倒转的车轮。球着台时给台面一个向前的摩擦力，台面给球体一个大小相等、力向相反（向后）的摩擦反作用力、从而使球的反弹角度增大，前进速度减慢，具有较弱的前冲力。下旋越强越明显，以至出现回跳现象。

上旋球触及平挡拍面时，给拍面一个向下的摩擦力，拍面给球体一个向

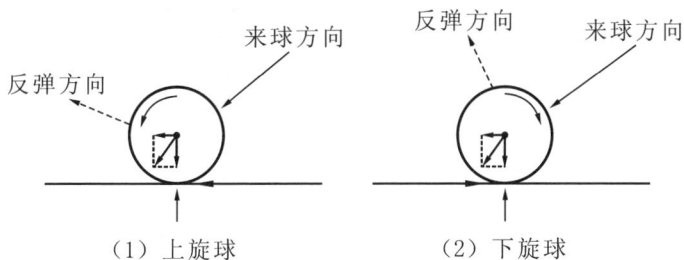

（1）上旋球　　　　　　　（2）下旋球

图 5-8　上、下旋球着台后反弹的方向

上的摩擦反作用力，从而使球向上方反弹(图 5-9)。下旋球恰好与此相反，球触拍后向下方反弹。

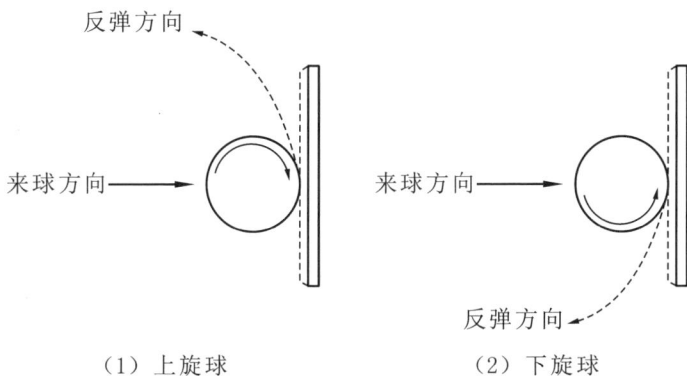

（1）上旋球　　　　　　　（2）下旋球

图 5-9　上、下旋球触拍后反弹的方向

2. 左、右侧旋球

球呈左侧旋状向前飞行时，左侧的空气压力比右侧大，球的飞行弧线略为向右偏拐；球触拍时给拍面一个向右的摩擦力，拍面给球体一个向左的摩擦反作用力，因而球向左方反弹十分明显(图 5-10)。右侧旋球的情况与左侧旋球类似但方向相反，其飞行弧线略微向左偏拐；球触拍后向右方反弹十分明显。

左、右侧旋球着台后的反弹方向变化不大。

3. 顺、逆旋球

球呈顺、逆旋状向前飞行时，由于球体周围气流受迎面气流的影响大致相同，其飞行弧线基本上不发生变化。

顺、逆旋球着台后拐弯现象十分明显。顺旋球着台时，给台面一个向右的摩擦力，台面给球体一个向左的摩擦反作用力，从而使球向左侧拐弯(图 5-11)。逆旋球与此相反，着台后向右侧拐弯。由于落台后向两侧拐弯，判断不好容易"打空"。因此，在球跳起到最高点拐弯即将结束时击球，或者球一弹起还未完全发挥性能时击球，千万不要在拐弯中击球。

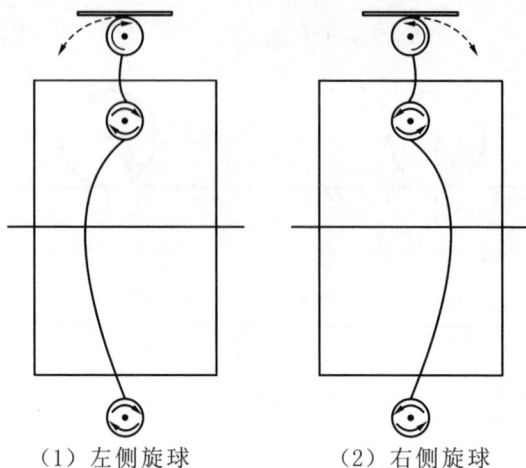

（1）左侧旋球　　　　　（2）右侧旋球

图 5-10　左、右侧旋球飞行轨迹

顺、逆旋球触拍后的反弹方向变化也不明显。

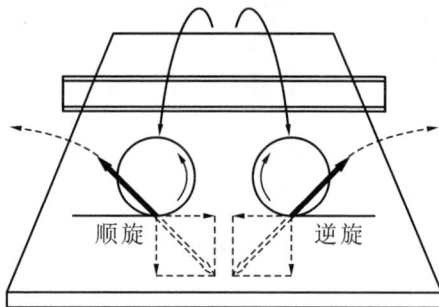

图 5-11　顺、逆旋球着台后飞行轨迹

在乒乓球比赛和练习中，纯粹的不转球和典型的基本旋转球是极其少见的，绝大多数的球都是绕三条基本旋转轴的偏斜轴而转动的混合旋转球（混旋球）。混旋球的性能取决于该球所含有的旋转成分。

(四)增强球的旋转方法

(1)击球时球拍给球的作用力远离球心，保持较长的力臂，即球拍给球的侧方用力应大于正面用力。

(2)加大挥拍击球时切、搓、削、拉、蹭球时的作用力。上述技术动作符合使作用力远离球心和摩擦球的原理。

(3)摩擦球时，必须加快摆速，并把力量集中到球上。

(4)适当利用对方来球的速度，合理借用来球的旋转。

(5)利用向内的摆动弧线摩擦击球，可以使球拍与球之间的摩擦时间增长，有利于加大球的旋转。

（6）增加球拍覆盖物的摩擦系数，如使用反胶则比正胶"咬"得住球。

（7）充分发挥前臂和手腕的快速收缩作用。

三、准

任何技战术离开了准确，都毫无价值，今天我们所说的准确，实际上已经包括了"稳健"。"稳"是"准"的低级阶段，但"准"必须建立在"稳"的基础上。相对于"稳"而言，"准"更富于主动性和战术意味。

准，要求击球弧线适中、落点到位。

击球弧线是指乒乓球被击出后的飞行轨迹，它由弧高和打出距离构成。

当两个运动员在乒乓球台上进行练习或比赛时，如果我们仔细地观察一下乒乓球来回飞行的情况，那就不难发现：球以近乎直线的轨迹越网落到对方台上的情况比较少，而以弧形的轨迹越网落到对方台上的情况比较多。原因是只有在来球落点离网比较近而且弹跳得又比较高的情况下，击出近乎直线飞行的球，其准确性有保证；如果在来球落点离网比较远而且弹跳得又比较低的情况下，要使球回得准确，那就必须制造适宜的飞行弧线，才能避免碰网或出界。而练习或比赛中出现第一种情况的机会很少。

弧线也就是球离开球拍落到对方台面的飞行轨迹 AB（图 5-12），击球的弧线包括弧高和打出距离两个部分。其中发球的弧线比较特殊（图 5-13），我们主要讨论还击球的弧线。

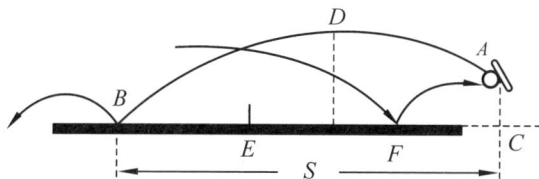

图 5-12　还击球的弧线

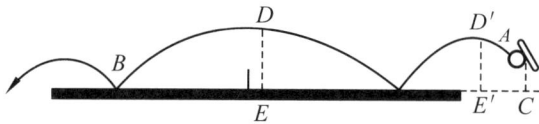

图 5-13　发球的弧线

A 是拍触球时的击球点。　　　　B 是将球打到对方台面的落点。

弧高：指弧线最高点至台面的垂直距离。

打出距离：指弧线起止点（即击球点 A 与落点 B）之间的水平距离，B、C 两点间的距离 S 是打出距离。

（一）如何提高和压低弧线的曲度及增长与缩短打出距离

制造不同的弧线曲度，主要根据三个条件：一是拍形角度；二是击球部位；三是发力方向。

拍形角度后仰越大（指击球拍面与台面的夹角成钝角），击球部位应降低；反之，拍形越前倾（击球拍面与台面夹角成锐角），击球部位应升高。球打出距离相同条件下，发力方向越向上，所产生的球的弧线曲度则越大；若发力方向向前或前下方，球的弧线曲度则减小。

击球时以摩擦球为主，减小向前打击力量，可以缩短打出距离。

击球时力量通过球心，向前打击力量越大，摩擦越小，打出距离就越长。

总之，打出距离的长短主要与击球力量成正比。击球力量大，打出距离越远；击球力量小，打出距离越近。

(二)打不同距离、不同高度的球对弧线的要求

(1)打离网近而低的球，要适当提高弧线的曲度，缩短打出距离。

(2)打离网远而低的球，也要适当提高弧线的曲度，同时增加打出球的距离。

(3)打离网近而高的球，对弧线要求不大，只是打出的距离不宜过长。

(4)打离网远而高的球，要适当提高弧线曲度，打出距离要长。

(三)打不同旋转的球对弧线的要求

(1)打上旋球要压低（即减小）弧线的曲度，缩短打出距离，才能产生合适的弧线。压低曲度的程度应视来球的旋转程度，上旋越强，越要压低弧线的曲度，以免球触拍后向上反弹出界或出高球。

(2)打下旋球与打上旋球相反，应适当提高弧线的曲度才能产生合适的弧线。下旋越强，提高弧线曲度就应越大，以免球触拍后向下反弹而下网。

(3)还击左(右)侧旋球时，来球旋转越强，越要注意相应地向左(右)调整拍面方向，避免回球从右(左)侧边线出界。

(四)不同击球时间对弧线的要求

(1)在上升期击球，因球有较强的反弹力，故制造弧线曲度不宜过大，打出距离要短。

(2)高点期击球，因击球点接近网高或稍高于网，所以有一定的弧线曲度即可，但应注意缩短打出距离。

(3)下降期击球，因击球点低于网高，必须注意加大弧线曲度，适当增长打出球的距离。

四、狠

"狠"主要体现在击球力量上。20世纪90年代以后乒乓球技术发展趋势越来越向凶狠、积极主动进攻的方向发展。

(一)力量的力学原理

力＝质量×加速度（$F=ma$）。

力量的大小，取决于击球质量的大小和加速度的快慢。增加物体质量或提高物体运动的加速度，都可使击球的力量得到加强。

结合乒乓球运动的特点，运动员的体重、球和球拍的质量相对是比较固定的。因此，击球力量的大小，主要是由手臂挥拍的击球幅度、身体其他部位的配合和它们的加速度大小来决定的。力量是产生加速度的基础。挥拍时加速度越大，击球的力量也越大，球速也越快。若击球时给球的作用力通过球心，则力量越大。

(二)增强击球力量的方法

(1)击球前身体略向前移，使击球点与身体的距离稍远一些，增加做功距离，有利于加大击球加速度，增大击球的力量。

(2)击球前手臂肌肉要充分放松，适当向后引拍，使手臂一部分肌肉得到拉长。这样才利于在击球一瞬间使肌肉迅速收缩，加快挥拍手臂的摆速。

(3)击球时结合脚、腿部蹬地力量，同时转体、重心前移、挥臂击球等，全身各部分有关肌肉协调配合，并将它们的力量集中在击球一瞬间，这样既增加了物体给予球的质量，又配合提高了挥臂动作的加速度。

(4)在不影响左右摆速的情况下，适当增加球拍的重量和弹性，有利于增加击球力量。

(5)经常进行各种力量素质的辅助练习(以专项爆发力练习为主)，使击球力量不断加强。

(6)在训练中，少打借力球，多打发力球；并可通过中远台对攻、打多球(半高球发力攻)等方法，训练发力意识。

五、变

"变"，包含两个方面的内容：主动变化与随机应变。

"变"是战术运用成功的基础。"随机应变"基于运动员临场高度的预见性。运动员丰富的比赛经验是预见成功的关键，同样，准确的观察判断是随机应变的基础。交锋中运动员战术意图变化就是围绕着预见性和随机性展开的。在这种前提下要求运动员的技术更加全面，战术更加丰富。若仅凭单一意图的战术运用极易被对手察觉，很难奏效；只有准备行动时战术意图的虚实真假之"变"，才能创造有利时机，达到攻其不备、出奇制胜的目的。因此，在整个行动过程中，"变"始终是战术运用能否成功的关键。

为了取得优异的运动成绩，参赛者必须在规则允许下，尽可能在各方面制约对手，充分发挥本人的长处，让对手不适应，同时又不能让对手制约自己，使自己感到不适应。这种适应与反适应就是战术运用的基础、"变"的本质。

近年来，由于新的技术和新的工具不断发展和创造，使得乒乓球的内容、类型和打法越来越多，战术的变化也越来越复杂，这就使适应能力的强弱成为比赛时重要制胜因素之一。

乒乓球的"快、转、准、狠、变"构成了乒乓球的制胜因素"群"，这个"群"中的各因素并非单独存在，在这个因素群里的各因素之间，必然存在着一定的关系和组合方式，如"快"与"狠"、"快"与"转"、"快"与"准"、"快"与"变"、"狠"与"准"、"狠"与"变"、"准"与"变"等。必须处理好这些关系，才可能在对抗中取得优异成绩。

第二节　乒乓球各种类型打法演变过程

一、乒乓球各种类型打法的演变

世界乒乓球技术和打法的演进过程，大体上可分为五个阶段，每个阶段都有其代表性打法和代表性国家。

第一阶段(1926—1951)代表性打法是"削球"，主要代表国是匈牙利。

第二阶段(1952—1959)代表性打法是"中远台单面长抽"，主要代表国是日本。

第三阶段(1960—1981)代表性打法是"近台快攻、削攻、快弧、弧圈"，主要代表国有中国、瑞典、匈牙利。

第四阶段(1982—1989)代表性打法是"近台快攻、快弧"，主要代表国有中国、瑞典。

第五阶段(1990至今)各种打法竞相争辉：

有以中国为代表的正、反胶近台快攻、直拍横打；

有以法国、瑞典、德国为代表的横拍近中台快攻结合；

有以比利时、中国为代表的拉冲弧圈；

有以白俄罗斯、克罗地亚、瑞典、中国为代表的横拍弧圈结合快攻；

有以中国为代表的横拍攻削结合与削攻结合。

乒乓球打法技术的发展、演进过程中，各种类型打法相互制约、激烈竞争。一些打法由于不能充分将弧线、速度、旋转、力量、落点等乒乓球制胜因素发挥到高水平而被淘汰。另一些打法因拥有将乒乓球制胜因素发挥到高水平的条件，则在对抗中不断发展、丰富和完善起来，演进变化为更高层次的先进打法(表 5-1)。

表 5-1　乒乓球技术打法演进表

打法 \ 阶段	削球	攻球	弧圈球	削攻结合	快攻结合弧圈
第一阶段 1926—1951	削球为主				
第二阶段 1952—1959	以削为主逼角结合反攻	中远台单面长抽			
第三阶段 1960—1981	逼角结合反攻、转与不转反攻	左推右攻 近台两面快攻 中台两面快攻 中、远台单面攻	单面拉弧圈	削攻结合	
	转与不转结合抢、拉反攻	左推右攻 近台两面快攻	单面拉弧圈 两面拉弧圈	削、攻、推结合倒拍	快攻结合弧圈
第四阶段 1982—1989	转与不转结合抢、拉反攻	左推右攻 两面攻结合推挡 横拍两面攻	两面拉弧圈、冲、扣杀	削攻结合弧圈、倒拍	快攻结合弧圈
第五阶段 1990至今	转与不转结合抢、拉反攻	直拍正、反胶快攻 直拍横打	横拍弧圈结合快攻	削攻结合 攻削结合	快攻结合拉冲

现阶段的打法，是在以往各阶段主要打法的基础上，将速度与旋转紧密结合的变革和升华，基本结束了前几个演进阶段中的以转制快、以快制慢、以快制转、以攻制守，以及以转制转的比较单一的制约与反制约，跨入了速度、旋转、落点整体制约和快、准、狠紧密结合的高级发展阶段。

二、乒乓球运动的发展规律

通过对乒乓球运动发展历程的回顾，我们可以发现乒乓球运动不断发展的规律：

(一)创新才有生命力

(1)乒乓球运动项目本身就是创新的产物。乒乓球是由网球创新出来的，由于这项运动占地小，锻炼价值大，技术复杂多变，富于观赏性，由游戏逐渐演变为体育项目，最终被奥运会接纳。

(2)欧洲人发明胶皮拍，创新了以削为主的打法，使他们在1926—1951年间称霸乒坛。

(3)日本人运用海绵拍，创新了正手长抽的进攻打法，使他们一举打破了欧洲的霸主地位，在20世纪60年代占据了优势，后来他们又发明了弧圈球技术，更使欧洲的削球打法一败涂地，最终使欧洲选手不得不弃守为攻并创新出弧圈结合快攻、两面弧圈球技术，重获优势地位。

(4)中国选手在参加世乒赛初期，模仿日本和欧洲打法，缺乏创新，成绩不突出。后来，容国团创新了转不转的发球和搓球结合进攻技术，为中国夺取了第一个世界冠军。其后，中国运动员创新了近台两面攻和左推右攻，从而在20世纪60年代取得了优势。另外，中国队还发明了长胶粒球拍和两面不同性能的球拍，赋予削球打法以新的生命力。中国选手第一次运用创新的高抛发球技术，在与苏联队的比赛时，其中一局就得11分。而一旦我们的创新变成了传统，没有新的东西出现，就要被打败。直拍两面攻在既快又转的弧圈球压迫下打不出来，左推右攻又显露出明显的缺陷，高抛发球早已被适应，为了扭被动为主动，我们又创新了直拍横打技术，有效地克服了反手弱点，使直拍近台快攻有了新的辉煌战绩。

(二)竞赛规则的不断改革赋予乒乓球运动不断发展的生命力

(1)在欧洲的全盛时期，削球打法盛行，"蘑菇战"屡屡发生，一场球能打上几个小时，变化不多的击球动作和漫长的比赛进程，大大降低了人们对乒乓球的兴趣，为此，国际乒联作出决定，将球网降低，球台加宽，限定比赛时间。后来，又将一局比赛时间限定为15分钟(21分制)和10分钟(11分制)，在超过限定时间后，采用轮换发球法，有效地缩短了比赛进程，鼓励了进攻技术的发展，同时也提高了乒乓球的观赏性。

(2)20世纪50年代，日本选手使用纯海绵球拍取得胜利，考虑到球拍的规范性，国际乒联作出规定，海绵球拍应在表面覆盖正胶或反胶的胶皮，并规定了海绵与胶皮的总厚度不得超过4毫米，使比赛更趋于公平。

(3)20世纪80年代当中国选手使用两面不同性能球拍，使外国选手在击球时无法判断来球旋转造成失误时，国际乒联又规定球拍两面必须是一红一黑两种不同颜色，而且在发球前，必须将球拍置于台面以上，使比赛又回到公平竞争、富于观赏的气氛中。

(4)近年来，国际乒联又作出较大的改革：一次男子团体赛由9场5胜制改为5场3胜制；以40毫米大球取代传统的38毫米小球，减弱了击球的速度和旋转，增加了一个回合中球的来回次数，使比赛更富于观赏；取消了"拦击"失分的规定，使比赛更合理；将一局21分制改为11分制，又进一步缩短了比赛进程，增进了比赛的激烈程度；禁止发球有遮挡的动作，使比赛更具公平性。

综上所述，不论是器材的规范化或规则的改变，都不是针对哪个国家，而是为了乒乓球运动更好地得到发展，更好地为大众接受，使比赛更公平合理，更有吸引力。

(三)正确理解"技术全面、特长突出、战术变化多样"的技术发展方向

"技术全面、特长突出、战术变化多样"是当今乒坛共识的技术发展方向。所谓技术全面，是指一名运动员本身既能攻又善守，不论进攻或防守的技术都没有明显的漏洞，而且善于对付各种不同打法的对手。所谓特长突出，则是指一名运动员要有自己与众不同的绝活，即制胜的技术和战术。"技术全面"与"特长突出"之间是高度的辩证统一关系。"技术全面"不是什么技术都会的面面俱到，也不是各项技术的平均发展，而是在全面的技术系统中，必须以特长技术为指导。"特长突出"必须以技术全面为基础，若技术上有明显的漏洞，那么特长也就显现不出来了。纵观所有的世界冠军，他们总是在乒乓球技术发展的相应阶段，体现了他们的"技术全面、特长突出"。在我国直拍选手成绩一度落后的情况下，有人提出一名优秀运动员应具有"庄则栋的反手攻、江嘉良的正手攻、郗恩庭的发球、周兰荪的推挡等技术"，实际上这是一种难以实现的设想。其理由：一是乒乓球技术发展到今天，过去的特长技术如今已经不可能是特长技术了；二是这种提法脱离了一名运动员的本身的特点，如果脱离本身的特点去学别人的技术，那注定是要失败的，许多专业选手之所以打不出好成绩，其缘由正在于此。世界冠军是暂时的，技术的发展则是永恒的。事实证明，只有适应了那个时代的技术发展要求，才有可能成为那个时代世界乒坛的佼佼者。

(四)"变"是制胜的秘诀和根本

所谓"变"不仅仅是指一场比赛或一局比赛或一个回合的战术变化，而且还包含着战略的变化。20世纪50年代日本的长抽和弧圈球，打败了墨守成规的欧洲削球；60年代中国的近台快攻和多变的发球击败欧洲和日本；70年代欧洲"穷则思变"，弃守为攻，创新出弧圈结合快攻的打法，又有了与亚洲抗衡的实力；以及后来的直拍横打等等取得的成效，都是一个"变"字在起主导作用。从战略上讲，中国在打法上的"百花齐放"和层出不穷的新人、直拍近台快攻用反胶球拍等，都是体现了一个"变"字。相反，"不变"失利的教训也比比皆是。中国男队在第40届世乒赛上因打法陈旧，而且出场队员的打法单一，造成与瑞典队比赛的0：5惨败。故世界强队要想保持优势，必须注意时刻"思变"，这也是乒乓球运动发展的根本动力之一。

第三节　乒乓球各种类型打法的分类及特点

一、乒乓球各钟类型打法的分类

乒乓球技术发展至今，共有发球、接发球、攻球、推挡、弧圈球、削球、拨球等多项技术，形成了自身的层次结构。乒乓球运动的层次结构包括技术、打法及类型，它们的关系如图 5-14 所示。

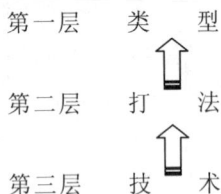

第一层　　类　型
⇧
第二层　　打　法
⇧
第三层　　技　术

图 5-14　技术、打法、类型的层次关系

区分乒乓球各种打法和类型，是为了在研究不同选手各具特色的打法基础上，归纳出它们之间具有的共同规律；在认识了各种类型打法的共同规律之后，再以这种认识为指导，继续深入研究各种具体打法的特殊规律，从而使球艺不断提高。

区分类型的主要根据是战术特点、战术方法及从属二者的工具性能，如以速度为主以快打慢、以近制远的快攻类；以旋转为主以转制快、以转破转的弧圈类等。而区分打法的主要根据则是技术特点或技术方法，那些在比赛中使用率和得分率最高的技术，决定着打法特点，如近台两面攻、左推右攻等。

根据弧线、速度、旋转、力量及落点等制胜因素的制约和各项技术的组合，目前乒乓球的类型打法大致可划分为五大类 11 种打法（表 5-2）。对于众多的乒乓球技术，运动员没有必要也不可能全部掌握，可用几种具有制胜威力的主要技术为主体与其他技术配套、组合，形成适合自身特点的打法；不同的打法因其具有相同或相似的战术及风格融合而形成一定的类型。

表 5-2　五种类型 11 种打法

类　型	打　法
快　攻	1. 近台左推右攻　2. 两面近台快攻　3. 两面攻结合推挡
快攻结合弧圈	快攻结合弧圈
弧　圈	1. 单面拉弧圈　2. 两面拉或冲弧圈　3. 弧圈结合快攻
削　球	1. 逼角反攻　2. 转与不转削球
削　攻	1. 削攻结合　2. 削攻结合推、倒拍

二、乒乓球各种类型打法的特点

(一)快攻类打法的特点

(1)站位离台近(40～50厘米)。目的在于缩短球在空中运行的距离,以争取时间。

(2)击球上升期。借以缩短对方回球的准备时间,迫使对方措手不及。

(3)动作幅度较小。在较小的幅度内发挥强有力的进攻,以使动作快速,重心稳定,回复原位及时。为此要强调发挥前臂与手腕的作用。

(4)步法移动灵活。为适应上述特点,要求反应判断敏捷,步法灵活,及时到位,不能手快脚慢。

(5)突击进攻多。为了争取主动而采取突然袭击和连续进攻的次数多,密度大,以迫使对方连续防御而难于反击。

(6)出其不意、攻其不备。要求进攻时突然性要强,出乎对手的意料,使其猝不及防。为此,还必须发现对方弱点快,改变战术快,如声东击西、快中有慢、慢中有快、突然进攻等。

(二)快攻结合弧圈类打法的特点

快攻结合弧圈的打法是以速度为主,旋转为辅,把速度和旋转很好地结合起来,能快则快,不能快时以旋转控制为争取主动创造条件。这类打法的技术特点主要是:近台打快攻时有速度;正手拉弧圈球尤其是拉前冲弧圈球时,既有强烈的旋转又有较快的速度;反手以快拨为主。正手快攻和拉弧圈球相结合,快攻是主要的得分手段,主动时运用弧圈球为进攻开路,拉出机会球后进行扣杀,转为进攻;被动时退至中台,以弧圈球来相持过渡,伺机反攻。实战中,这类打法能时而快攻、时而拉弧圈球,能近台快抽、快拨和抢冲,也能离台拉弧圈做相持或过渡,形成了能攻能防的比较先进和全面的打法。

(三)弧圈球结合快攻类打法的特点

弧圈球结合快攻类打法的主要特点是站位中近台,正、反手两面拉,以正手拉为主,有一定快攻能力,以弧圈球为主要得分手段,用前冲弧圈球代替扣杀。与攻球相比较,弧圈球有较多的击球时机。由于发力攻球时一般在来球反弹的最高点击球命中率才较高,因此有一个准确把握住最高点时机的问题,如果把握不住这一瞬间而在上升期或下降期击球,一是难度大;二是失误多。而弧圈球则可以在高点期抢拉前冲弧圈球,在下降期拉加转弧圈球,拉出的弧圈球既有较快的速度,又有强烈的旋转。采用以转制快和以转破转,利用上旋冲力迫使对手离台后退防守;或以下旋结合上旋(如发球抢拉、搓拉结合)、转与不转(真假弧圈)的办法扰乱对方;或运用快慢的结合(如快推、快拨中突然拉弧圈球）来破坏对方击球的节奏等方法，为冲杀或扣杀创造机会。弧圈球能稳健地回击出台的强烈下旋球及比网低的任何来球。在低球不好突击或强烈下旋球突击难度较大且容易失误的情况下，由于弧圈球上旋强，能获得较高的命中率。

弧圈结合快攻类打法正、反手两面都能拉加转与前冲弧圈球，侧身正手抢拉、抢冲使用率高。孔令辉式的中国弧圈打法稳中见凶，以快为主，快中见狠，快狠结合；瓦尔德内尔式的瑞典弧圈球打法全面均衡、狠快兼备、稳中带凶；而罗斯科普夫的欧洲式则以狠为主，狠中见快、狠快结合，各具特色，形成不同流派。中国式保持了前三板特长，相持球、攻防转换强于欧洲，反手能为正手创造更多机会；欧洲式凶狠有余，韧性不足，虽两面能够多种落点使用"爆冲"弧圈球，但起伏较大；瑞典式则是全能型，技术全面，拉、打、拨、弹打等配合运用较好。

（四）削球和削攻类打法的特点

削球技术的特点概括起来有两点：第一是稳健性；第二是积极性。

削球的稳健性主要表现在站位离台比较远，较多地在来球的下降期击球。这样就使得自己有比较充裕的准备时间；同时由于来球的速度、旋转在下降期已减弱，因而也就比较容易回击。削球的积极性主要表现在旋转变化和落点变化上，运用加转与不转的削球结合左、右、长、短的落点变化，常会使对方难以攻击，造成被动或失误。

在弧圈球没有出现之前，人们注意发挥削球的稳健性方面多于积极性方面。那时采用稳守打法的比较多，攻势较弱，旋转变化也较少。自从弧圈球打法出现以后，单纯的稳削已显得越来越被动，只有在加强削球下旋的基础上追求旋转变化和落点变化，才能在比赛中获得更多的主动，这实际上把削球的积极性方面提到了一个新的高度。为了达到这个目的，提高削球技术质量就具有十分重要的意义。

而削攻类打法技术特点是以削球与攻球为主体技术。正、反手削球是运用转与不转的旋转变化，正手是拉弧圈、攻球、抢拉反攻，而发球、搓球则运用"倒拍"。削攻打法向凶狠、快慢节奏变化的方向发展。削球的旋转、线路变化与适时反攻，继而连续进攻，开阔了削球技术创新的思路，使削中反攻更加凶狠。削攻类打法在中台削球中反拉弧圈，在一定程度上解决了攻、削脱节难题，并改变在削、搓中只能抢攻下旋而不能抢攻上旋的状况，这是削、攻结合打法新的突破。

第四节　乒乓球各种类型打法的主要技术

乒乓球技术是指运动员根据竞赛规则的要求，充分发挥机体的能力，合理、有效地完成各种击球动作的方法。每一种类型的打法都包括了各种具体的技术。

一、直拍左推右攻打法的技术

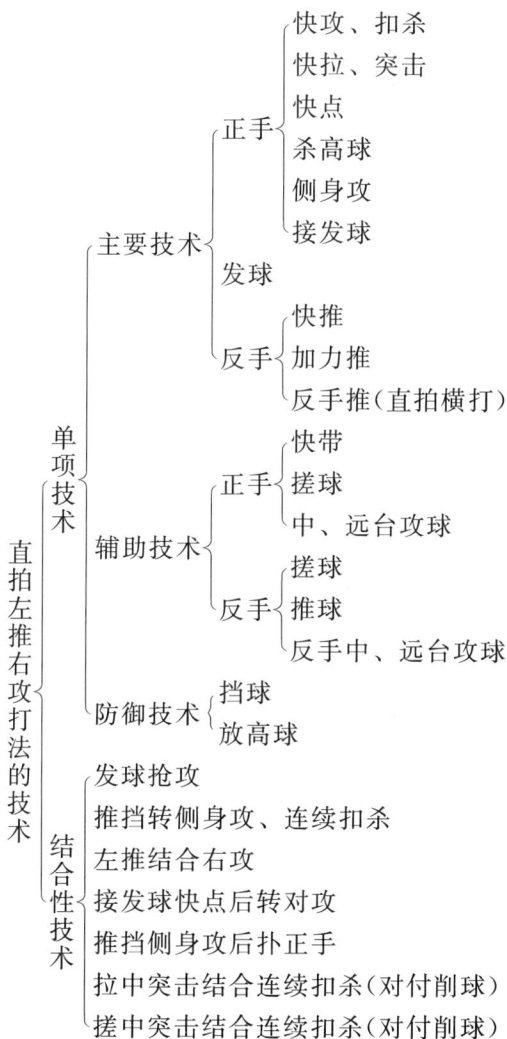

直拍左推右攻打法的技术
- 单项技术
  - 主要技术
    - 正手
      - 快攻、扣杀
      - 快拉、突击
      - 快点
      - 杀高球
      - 侧身攻
      - 接发球
    - 发球
    - 反手
      - 快推
      - 加力推
      - 反手推（直拍横打）
  - 辅助技术
    - 正手
      - 快带
      - 搓球
      - 中、远台攻球
    - 反手
      - 搓球
      - 推球
      - 反手中、远台攻球
  - 防御技术
    - 挡球
    - 放高球
- 结合性技术
  - 发球抢攻
  - 推挡转侧身攻、连续扣杀
  - 左推结合右攻
  - 接发球快点后转对攻
  - 推挡侧身攻后扑正手
  - 拉中突击结合连续扣杀（对付削球）
  - 搓中突击结合连续扣杀（对付削球）

二、直拍两面攻打法的技术

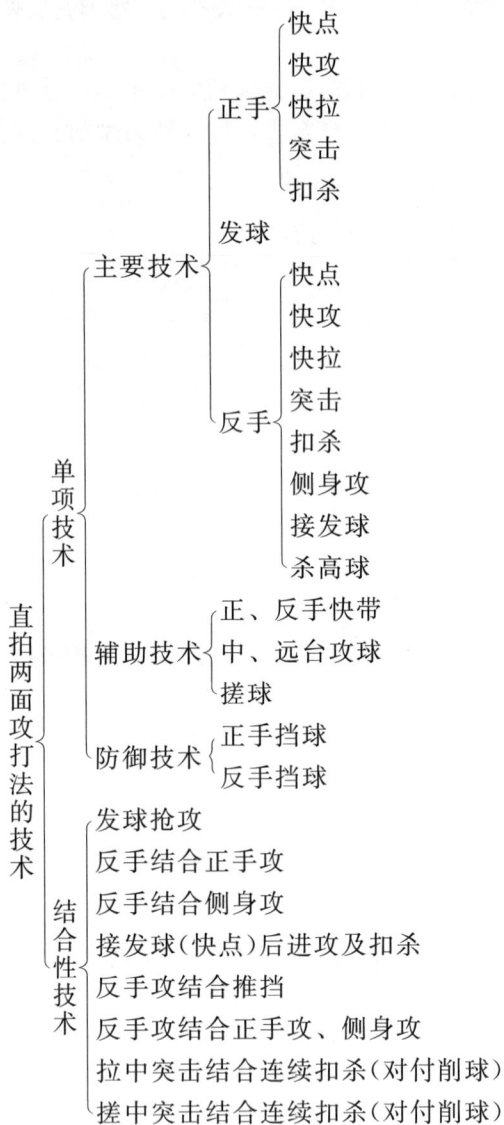

直拍两面攻打法的技术
- 单项技术
  - 主要技术
    - 正手：快点、快攻、快拉、突击、扣杀
    - 发球
    - 反手：快点、快攻、快拉、突击、扣杀、侧身攻、接发球、杀高球
  - 辅助技术：正、反手快带、中、远台攻球、搓球
  - 防御技术：正手挡球、反手挡球
- 结合性技术
  - 发球抢攻
  - 反手结合正手攻
  - 反手结合侧身攻
  - 接发球(快点)后进攻及扣杀
  - 反手攻结合推挡
  - 反手攻结合正手攻、侧身攻
  - 拉中突击结合连续扣杀(对付削球)
  - 搓中突击结合连续扣杀(对付削球)

三、直拍快攻结合弧圈打法的技术

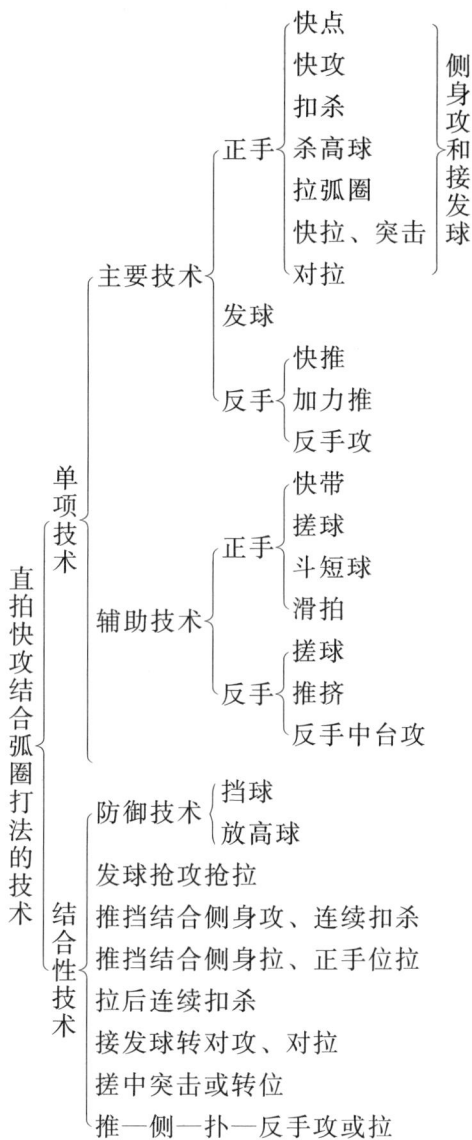

直拍快攻结合弧圈打法的技术
- 单项技术
  - 主要技术
    - 正手
      - 快点
      - 快攻
      - 扣杀
      - 杀高球
      - 拉弧圈
      - 快拉、突击
      - 对拉
      - 侧身攻和接发球
    - 发球
    - 反手
      - 快推
      - 加力推
      - 反手攻
  - 辅助技术
    - 正手
      - 快带
      - 搓球
      - 斗短球
      - 滑拍
    - 反手
      - 搓球
      - 推挤
      - 反手中台攻
- 结合性技术
  - 防御技术
    - 挡球
    - 放高球
  - 发球抢攻抢拉
  - 推挡结合侧身攻、连续扣杀
  - 推挡结合侧身拉、正手位拉
  - 拉后连续扣杀
  - 接发球转对攻、对拉
  - 搓中突击或转位
  - 推—侧—扑—反手攻或拉

四、直拍弧圈结合快攻打法的技术

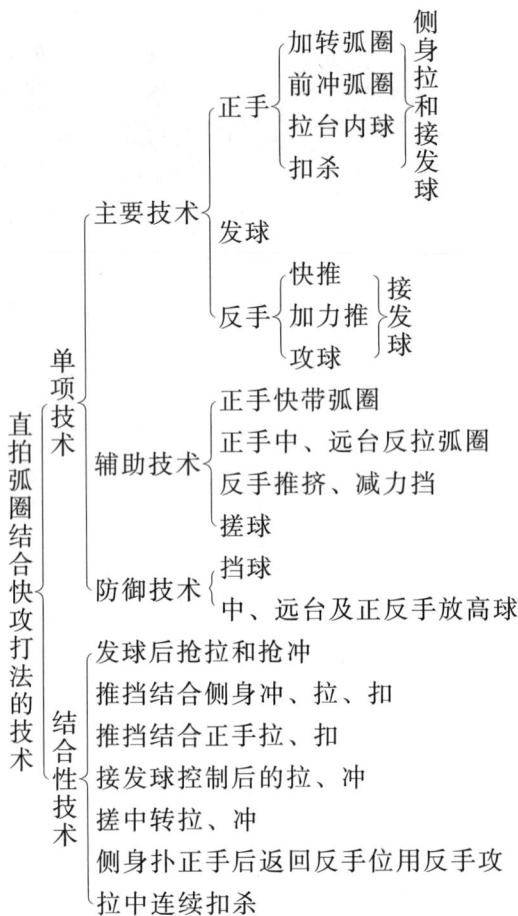

直拍弧圈结合快攻打法的技术
- 单项技术
  - 主要技术
    - 正手
      - 加转弧圈 ┐
      - 前冲弧圈 ├ 侧身拉和接发球
      - 拉台内球 ┤
      - 扣杀 ┘
    - 发球
    - 反手
      - 快推 ┐
      - 加力推 ├ 接发球
      - 攻球 ┘
  - 辅助技术
    - 正手快带弧圈
    - 正手中、远台反拉弧圈
    - 反手推挤、减力挡
    - 搓球
  - 防御技术
    - 挡球
    - 中、远台及正反手放高球
- 结合性技术
  - 发球后抢拉和抢冲
  - 推挡结合侧身冲、拉、扣
  - 推挡结合正手拉、扣
  - 接发球控制后的拉、冲
  - 搓中转拉、冲
  - 侧身扑正手后返回反手位用反手攻
  - 拉中连续扣杀

五、横拍快攻结合弧圈打法的技术

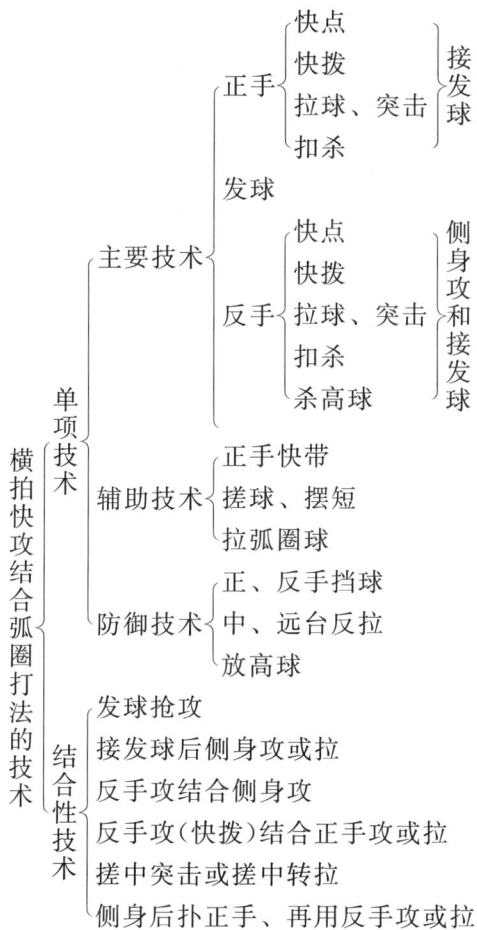

横拍快攻结合弧圈打法的技术

- 单项技术
  - 主要技术
    - 正手
      - 快点
      - 快拨
      - 拉球、突击
      - 扣杀
      （接发球）
    - 发球
    - 反手
      - 快点
      - 快拨
      - 拉球、突击
      - 扣杀
      - 杀高球
      （侧身攻和接发球）
  - 辅助技术
    - 正手快带
    - 搓球、摆短
    - 拉弧圈球
  - 防御技术
    - 正、反手挡球
    - 中、远台反拉
    - 放高球
- 结合性技术
  - 发球抢攻
  - 接发球后侧身攻或拉
  - 反手攻结合侧身攻
  - 反手攻(快拨)结合正手攻或拉
  - 搓中突击或搓中转拉
  - 侧身后扑正手、再用反手攻或拉

六、横拍弧圈结合快攻打法的技术

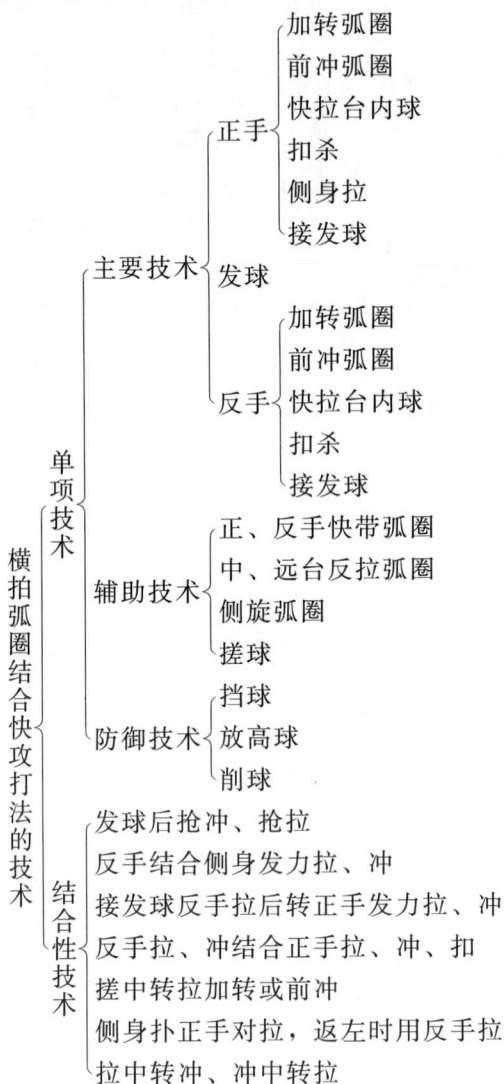

横拍弧圈结合快攻打法的技术
- 单项技术
  - 主要技术
    - 正手
      - 加转弧圈
      - 前冲弧圈
      - 快拉台内球
      - 扣杀
      - 侧身拉
      - 接发球
    - 发球
    - 反手
      - 加转弧圈
      - 前冲弧圈
      - 快拉台内球
      - 扣杀
      - 接发球
  - 辅助技术
    - 正、反手快带弧圈
    - 中、远台反拉弧圈
    - 侧旋弧圈
    - 搓球
  - 防御技术
    - 挡球
    - 放高球
    - 削球
- 结合性技术
  - 发球后抢冲、抢拉
  - 反手结合侧身发力拉、冲
  - 接发球反手拉后转正手发力拉、冲
  - 反手拉、冲结合正手拉、冲、扣
  - 搓中转拉加转或前冲
  - 侧身扑正手对拉，返左时用反手拉
  - 拉中转冲、冲中转拉

七、直(横)拍削中反攻打法的技术

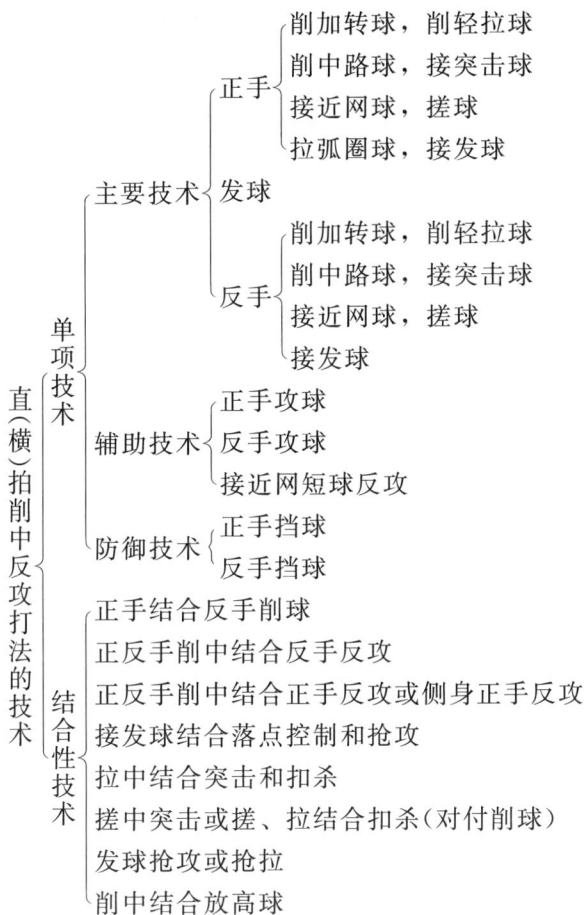

直(横)拍削中反攻打法的技术
- 单项技术
  - 主要技术
    - 正手
      - 削加转球，削轻拉球
      - 削中路球，接突击球
      - 接近网球，搓球
      - 拉弧圈球，接发球
    - 发球
    - 反手
      - 削加转球，削轻拉球
      - 削中路球，接突击球
      - 接近网球，搓球
      - 接发球
  - 辅助技术
    - 正手攻球
    - 反手攻球
    - 接近网短球反攻
  - 防御技术
    - 正手挡球
    - 反手挡球
- 结合性技术
  - 正手结合反手削球
  - 正反手削中结合反手反攻
  - 正反手削中结合正手反攻或侧身正手反攻
  - 接发球结合落点控制和抢攻
  - 拉中结合突击和扣杀
  - 搓中突击或搓、拉结合扣杀(对付削球)
  - 发球抢攻或抢拉
  - 削中结合放高球

八、横拍攻削结合打法的技术

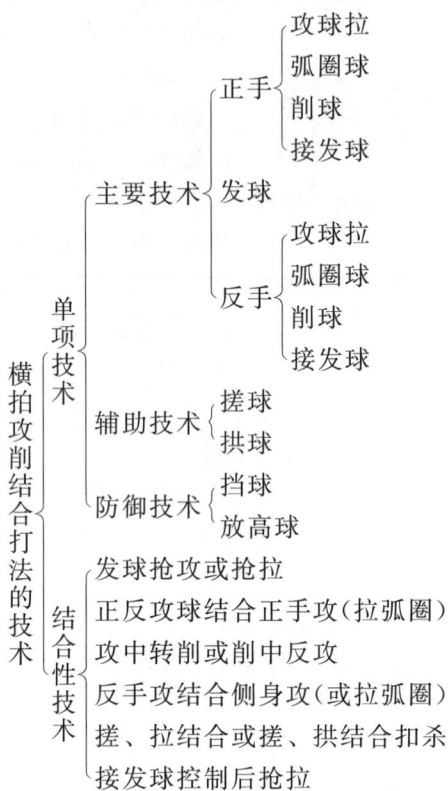

横拍攻削结合打法的技术
- 单项技术
  - 主要技术
    - 正手
      - 攻球拉
      - 弧圈球
      - 削球
      - 接发球
    - 发球
    - 反手
      - 攻球拉
      - 弧圈球
      - 削球
      - 接发球
  - 辅助技术
    - 搓球
    - 拱球
  - 防御技术
    - 挡球
    - 放高球
- 结合性技术
  - 发球抢攻或抢拉
  - 正反攻球结合正手攻(拉弧圈)
  - 攻中转削或削中反攻
  - 反手攻结合侧身攻(或拉弧圈)
  - 搓、拉结合或搓、拱结合扣杀
  - 接发球控制后抢拉

第五节　乒乓球各种类型打法的训练

一、直拍快攻型打法的训练

(一)训练指导思想

直拍快攻型打法是中国的传统打法,从 20 世纪 60 年代起,此打法已进入了世界先进行列。积极主动,以快为主、抢先上手、先发制人是直拍快攻型打法的指导思想。快速进攻、抢先上手是直拍快攻型打法的灵魂。20 世纪 70 年代,随着世界乒坛技术的不断发展,直拍快攻型打法的技术风格又增加了旋转这个因素。"快、准、狠、变、转"是直拍快攻型打法的技术风格。快是主导,准是基础。这个风格反映了乒乓球运动距离近、球速快、变化多的特点和规律。

(二)打法特点和类型

直拍快攻型打法的特点是:快速、准确、凶狠和多变。现代直拍快攻型打法应包括以下几种类型：直拍正胶快攻、直拍反胶快攻。它可以是以快打技术（即站位近，动作小，以撞击球为主、摩擦球为辅的攻球）为主的打法，亦可以是以速度和旋转结合的弧圈球打法；还可以是两者的结合。

（三）训练中要解决的环节

1. 加强主动意识训练

现代乒乓球技术的第一个特点就是"更加积极主动"。直拍快攻打法要做到快速、凶狠，首先要有积极主动的意识，力争在比赛中的每一板都具有主动性和威胁性，应利用一切可以利用的机会，抢先上手，快速进攻，充分发挥直拍快攻打法的威力。因此，加强主动意识的培养，是直拍快攻打法训练中至关重要的环节。

2. 保持和提高发球抢攻的优势

20世纪六七十年代中国直拍正胶快攻打法之所以在世界乒坛上处于领先地位，其重要原因是在发球和发球抢攻方面表现了较大的优势。但进入20世纪80年代后，我国发球抢攻的优势有所减弱，其原因除了欧洲选手的接发球技术有所提高外，主要在于：发球单调，清一色的正手侧身高抛，旋转性能大同小异，落点以短为主；不善于抢攻对方回接的上旋球，从而影响本方发球抢攻的威力。因此，要保持本方发球抢攻的优势，首先要提高发球的质量。直拍选手发球时应将速度、旋转和落点有机地结合起来，还可以用球拍的正反面发球，给予对方一种新异刺激，以增加对方接球时的难度。在发球抢攻上要既能抢攻下旋，又能抢攻上旋（包括弧圈球）。在抢攻的线路上要讲究落点变化，同时在发球抢攻后还应具有连续进攻的意识与能力。

3. 恢复和提高低球突击的能力

低球突击是直板快攻打法的又一特色，具有速度快、突然性强的特点，对付欧洲选手威胁大。但近几年此项进攻技术已近失传，"以拉代打"，大大削弱了直拍快攻打法的攻击力。因此，恢复和提高低球突击能力，树立只搓一板就进攻的思想，是现代直拍快攻打法训练中的一项不容忽视的重要任务。应坚持"低拉高打、转拉不转、位置不合适拉，位置合适打"的原则。

尽管目前掌握此项技术难度大，但肯下苦工夫，还是可以成功的。如果来球下旋特别强烈，应及时调整拍形（拍形稍后仰些），这样可以提高进攻的命中率。

4. 突出提高正手连续进攻的杀伤力

正手攻球技术是进攻类打法运动员在比赛中争取主动、克敌制胜的主要手段。突出正手进攻，是当今世界乒坛的发展趋势。欧洲选手在掌握反手进攻技术的情况下，为了更加积极主动，从发球、接发球开始，就尽量侧身站位，目的就是为发挥正手进攻的威力。我国直拍快攻打法要发挥正手攻球技术的威力，应注意做好以下几点：

（1）在击球动作上。

①注意用身体重心击球。即指在向前挥拍击球时有意识地利用身体重心的移动来提高击球的力量和动作的稳定性。这里就要求运动员在整个击球动作过程中，要善于运用腰、髋、膝关节和前脚掌等部位的协调配合，其中髋关节（向前转髋或展腹伸髋的动作）作用尤其重要。

②根据来球的旋转性能，调节拍形击球。在我国乒乓球界的一段时间里，曾流行用固定拍形、调节用力方向和用力大小的方法，来打不同旋转性能来球的说法。但随着欧洲弧圈质量的提高以及对我国选手采用强下旋逼底线大角战术的运用，如果直拍快攻选手继续采用固定拍形打不同旋转性能来球的方法，必然会使正手主动进攻的威力受到影响，直拍快攻选手应学会用调节拍形的方法打不同旋转性能的来球。对付强下旋底线球可将拍形稍后仰些击球；对付弧圈球可将拍形前倾些击球，这样就可以提高正手攻球的命中率。

③根据不同来球，采用不同的回击方法，这样才有利于提高击球的命中率。如：回击对方拉过来的强上旋弧圈球，应高手引拍，向前迎球同时向前并向前下方用力。对方来球低而转，应低手引拍，同时多向上用力；对方来球慢而高，应向前下方加力扣杀。

（2）重视步法训练。

步法是实现积极主动、发挥正手进攻威力的基础。步法快捷，能及时到位，能抢好击球点，有助于击球准确，有利于发力击球；步法不到位，动作就要变形。在现代乒乓球训练中，应改变正胶进攻运动员还原差的通病。要在每一个练习内容中把步法要求考虑进去，树立追球打的意识，打完一板球，应迅速还原或调整重心，紧紧地盯住球，从对方的击球动作和球的运行路线，判断出来球的方向和落点，及早起动，做好打下板球的准备。

（3）强化连续进攻的意识与能力。

优秀乒乓球选手大多有较好的相持和防御能力，一板球就置对方于死地是不易做到的，直拍快攻选手一定要有连续进攻的意识和能力。打完一板后，迅速准备打第二板、第三板；进攻时，要讲究落点，打大角度、打中路追身或直线，做到灵活善变。同时还应注意快慢结合，在节奏、力量、速度上富于变化。

5. 提高对付弧圈球的能力

当今弧圈球已是一项风靡世界的先进技术，运用范围广泛，正反手都能拉出旋转强的弧圈球。它不仅是弧圈球打法的主要得分手段，也是其他打法一项不可缺少的助攻手段。直拍快攻欲在比赛中先发制人，力争主动，在世界乒坛保持领先地位，必须提高对付弧圈球的能力。现代的弧圈较之过去有很大发展，高弧线式的弧圈球已很少见到，速度与旋转的结合增加了弧圈的威力，增加了对手回接的困难。因此我们在回接弧圈球时，要在黏住对方的基础上，提高攻打弧圈球的意识和能力。从弧圈球的旋转角度分析，可分为加转弧圈球和不转弧圈球。我们的重点应放在打不转弧圈球上，从不转弧圈球和一般性弧圈球上寻找我们进攻的突破口。近台快速反拉弧圈是直拍反胶打法对付弧圈球必须具备的能力。直拍反胶选手要加强反拉反冲的意识和能力。掌握好反拉反冲的时机。

6. 加强反手位的进攻与防御能力

当前世界乒乓球技术发展迅速，上下旋转强度增大以及欧洲横拍优秀选手反手进攻能力大幅度的提高，使我国直拍快攻打法反手位技术的漏洞明显地暴露出来，形成欧洲两面打我一面的局面。欧洲选手对我常用的战术就是紧紧抓住我反手不擅进攻的弱点，把反手逼成死角。因此，直拍快攻打法必须解决好反手位进攻的技术问题。

(1)加强反手推挡的实力和变化：反手推挡技术是具有中国特色的技术，快速、有力、多变是此技术的特点。目前反手推挡最大的问题是，黏不住对手，往往打不上几个回合就失误，并且缺乏变化。现今毫无变化的单一节奏推挡是很难抵御欧洲弧圈球的进攻的。所以，反手推挡的首要问题是提高实力和变化，起码应具有对打七八个回合的能力，回球弧线要低，能轻能重，会运用加减力推挡或推挤对付弧圈球。须知，只有在加力推的基础上，减力挡的效果才能体现出来。

(2)必须掌握反手攻球：当前我国直拍快攻选手在与欧洲弧圈对阵时，吃亏总是在反手，对方有拉、冲、打，而我方只有单一的推挡，难以侧身抢攻，要想改变这种"独角龙"的局面，必须掌握反手攻球技术。

①当对手用强烈下旋逼我反手底线大角时，可用反手攻球。

②当对手侧身半推半搓地接发球至你反手位时，可用反手攻球。

③当对手运用调右压左战术，我正手攻又跑回反手位时，可用反手攻球。

④我发球后可用反手抢攻；我接左方下旋短球，可用反手攻或半攻半推技术。

总之，在训练中要加强反手攻球的针对性训练，做到学以致用。在击球的动作结构上，应注意做到高手引拍，击球点稍靠前，上升后期击球，善于运用身体重心打球。

(3)反手反面击球技术：直拍反面进攻技术的创新，无疑为弥补直拍快攻打法反手位漏洞，丰富和发展直拍进攻型打法创造了有利条件。它是在以快为主的前提下，在快转结合上迈出了一条新路。在运用反面击球技术的方法上，可分为两种类型：一种是反手一律用反面击球；但更多的是对某些来球时才用，其他来球仍用常规技术，如当对方采用强下旋逼反手底线大角时，侧身难度太大，可用反手反面快拉；当对方拉弧圈球盯住我反手位时，可在推挤的基础上，加一板反手反面的快带和反冲，之后迅速侧身抢攻；在扑正手回反手时，用一板反手反面的快拉、快冲或弹打；在对方采用侧身接发球、半推半搓一板至我反手时，可用反手反面抢攻；在反手大角突然出现半高球时，可用反手反面扣杀，还可配合运用球拍反面发球技术。总之，直拍反手反面击球技术的合理运用，对加强直拍快攻打法反手位进攻能力起着重要作用。但必须指出的是，直拍快攻打法在左半台仍以侧身攻球为主，在此基础上，注意其他技术与反手反面击球技术的有机配合。

二、横拍进攻型打法的训练

(一)训练指导思想

横拍进攻型打法是欧洲运动员经过 20 多年的摸索，把日本的弧圈球同中国的近台快攻技术有机地融为一体，形成适合自己独特风格的打法。当前欧洲乒坛的横拍进攻型打法分为两个流派：一个是以瑞典为首的全面型打法，它的训练指导思想是：全面均衡、狠快兼备、稳中带凶；另一个是欧洲凶狠打法，它的训练指导思想是：以狠为主、狠中见快、狠快结合。中国横拍进攻型打法有自己的特点，其训练指导思想是：以快为主、快中见狠，快狠结合。"转、快、准、狠、变"是横拍进攻型打法的技术风格，目前该打法在世界乒坛占有优势，领导着世界乒坛技术发展的潮流。

(二)技术特点和打法类型

1. 欧洲横拍进攻型打法

欧洲横拍进攻型打法的特点：弧圈球技术旋转强、速度快、力量大、正反手都能进攻，特别是反手拉球速度快、威胁大、相持能力强、攻防转换速度快，反拉弧圈的意识强。主要分为两种类型：快攻结合弧圈打法和弧圈球为主的打法。

2. 中国横拍进攻型打法

中国横拍进攻型打法的特点：速度快，在快速的前提下，突出旋转、节奏和落点的变化。做到 3 快：战术变化快、进攻上手快、攻防转换快。大体可分为 3 种类型：

(1)用反胶球拍，以拉弧圈为主的打法。

(2)正手使用反胶，反手使用生胶或长胶，拉打结合打法。

（3）使用正胶或生胶球拍，以快攻为主的打法。

（三）训练要解决的环节

1. 保持和提高前三板技术的优势

前三板技术是横拍进攻型打法在训练中首抓的一项主要技术。前三板技术分为：发球、发球抢攻和接发球。

（1）发球、发球抢攻：发球应注意长短配合、正反手配合，不但能抢冲下旋球，而且能抢攻对方拉起来的弧圈球，要敢于发长球抢冲或反拉和直接进入相持。改变只发短球、不敢发长球、只能抢攻（拉）下旋，不能抢攻（拉）上旋球和弧圈球的现状。这样，就能灵活运用发球抢攻，丰富充实前三板技术。

（2）接发球：在接发球方面应加强积极主动、抢先上手的意识和能力。以挑打为主，配合晃接、劈长与摆短。应改变反手位只会摆、搓，不会挑打或半推半搓，以及对出台球只拉高吊不敢前冲的保守意识。当前以瓦尔德内尔为代表的欧洲选手开创了以侧身正手接发球的新技术。这项技术的创新代表了接发球技术的新趋势，使接发球技术更具有进攻性。他们以侧身正手晃接、挑、拉为主要手段。配合侧身正手摆短。只要对方回球质量不高，就全台用正手抢攻或反手拉，有效地抑制了对方的发球抢攻。侧身正手接发球的优点还在于，当接发球方侧身用正手接时，发球方很自然就会有防备进攻的心理，而失去了发球抢攻的最佳时机。因此，侧身正手接发球技术是现代横板打法运动员必须掌握的技术。但这里必须说明一点，强调用正手侧身接发球，是在正反手都具备接发球能力的情况下，更多的使用正手侧身接发球，使接发球更具有威胁性。

侧身正手接发球的方法有以下几种：

①晃接。晃接先用身体的动作做掩护，在接触球的一刹那，身体有一个虚晃的动作，迷惑对方，用半推半搓的方法，把球送到对方反手位大角，使对方来不及侧身抢拉，或只能过渡性抢拉，这样就为接发球方的反拉创造了有利时机。

②快摆短球。正手快摆短球要注意拍形稍立，大臂控制前臂，身体重心前迎，在来球跳起的上升期给球一个向下的力，形成合力，以达到抑制对方进攻的目的。

③撇、劈长。以加转长球干扰对方，迫使对方拉高吊弧圈球，伺机反拉。

④快点抢拉长球。传统快点的接法是在球的上升后期和高点期触球，现在是在球的上升前期触球，使球速更快，正手空当小，有利于连续进攻。

⑤抢冲半出台球。看准机会，就要发力抢冲，避免高吊为主的保守接法，以达到连续进攻的目的。

2. 加强正手弧圈球技术的杀伤力

当代乒乓球运动的凶狠和快速达到前所未有的程度。欧洲横拍进攻型打法，在拥有力量、旋转优势的前提下，通过改进发力方法，以中国近台快攻的高点快速击球为速度样本，充分发挥欧洲选手大力前冲的技术特长，将强爆发力和高击球速度(出手快)有机结合，从而产生了速度和力量、旋转和速度、力量和旋转的多种组合方式，带动了技术和打法的进步。他们将前冲弧圈球的发力方法，由过去拉臂(大臂)引拍大幅度转腰前挥，改进为收大臂(小夹角)小后引，腿、髋加速制动传递，肩、肘关节带动腕关节充分加速鞭打式击球，使击球动作幅度减小，稳定性加强，爆发力提高，爆冲点增多，拉和冲扣结合能力增强，适应了"强上手、强相持、强转换"的技术发展趋势。我国弧圈球运动员注意下肢和上肢的协调发力，发力比较集中，动作幅度小，高点击球的出手速度和借发力的能力强，但普遍存在杀伤力不够。适宜近台作战、擅长第一、二板的抢冲，一旦形成相持到了中远台，正手对拉就发挥不出应有的威力，与欧、韩运动员相比有较大差距。这主要是由于我国快攻打法的训练指导思想和训练体系的影响，在动作结构上讲究动作小、出手快，不太注意腰、腿间的力量协调。要加强正手弧圈球的杀伤力，在训练中必须注意：

(1)重视动作的舒展性，手臂、腰、腿间的发力一定要协调。

(2)重视前臂的快速收缩，但应避免两种倾向：

①动作太小，主要依赖前臂和大臂发力，与腰腿的协调不够；

②动作过大，注意了手臂、腰、腿间的力量协调，而忽略了前臂的快速收缩，造成发力不集中。

3. 反手技术的发展

反手进攻技术是横拍进攻型打法的主要基本技术和得分手段。随着世界乒乓球技术的发展，在原有拨、弹、拉、前冲、高吊的基础上又创造了反手快撕、快拱和弹压技术，并且在击球时间上比以前更早。如反手拉下旋、反手快撕对方轻挑过来的球，击球时间均在上升期；相持球中反手近台快拱，击球时间在上升后期；弹压击球时间在高点期。由于现代反手技术比原来均提早了击球时间，加快了回球速度，并改变了以往近台反手只能拨、不能拉攻的老观念，故使反手技术更具威力。

4. 反拉弧圈球的意识与能力是弧圈球技术的关键环节

反拉弧圈球技术是弧圈球技术中难度最大、最关键的环节，反拉弧圈球技术的好坏，直接影响到比赛的胜负，影响到前三板的争抢，影响到相持中的攻防转换，因此说反拉弧圈球技术是现代横拍进攻型打法运动员必备的重要技术。目前我国弧圈球打法的运动员对付弧圈球大多数只限在中台对拉和正手近台快带。反拉弧圈球技术的掌握，必须从少年抓起，从小培养反拉的意识和能力。反拉的关键环节是要抓好反拉对方第一板从下旋球拉起来的弧圈球，掌握了这项技术，其他的反拉技术就迎刃而解了。在发球抢冲中要提高发半出台球，让对方拉起来后进行反拉和发长球后主动侧身反拉的意识和能力。在接发球中要提高接发球控制对方后的第四板反拉意识和能力。相持中要提高正反手对拉和反拉能力，尤其注意加强反手反拉的能力。

5. 加强快速攻防转换的意识与能力

(1)现代乒乓球运动技术的发展发生了质的变化——重视相持技术：在20世纪六七十年代，中国运动员靠前三板先发制人的优势已经失去，欧洲前三板技术的进步，使相持技术在比赛中发挥愈来愈重要的作用。相持实力强，前三板技术使用的压力就小，各项技术的运用也相对自如，因此相持球技术是克敌制胜、稳定发挥的主要技术之一。相持球技术应用范围广泛，包含内容较多，在通常情况下，我们把相持分为3种情况：

①进攻性相持。指的是在相持当中处于主动地位(如连续性进攻等)。

②对攻性相持。指的是在相持当中难以分出谁主动谁被动，处于一种僵持不下的状态，如对攻、对推、对搓、对拉等。

③被动相持。指的是在相持中处于被动挨打、只有招架难以进攻的状态，如兜、挡、放高球等。

在这3种相持状态中，我们力求的是进攻型相持。过去，在我们同欧洲对抗中相持技术难以取得主动的主要原因是忽视相持中的攻防转换作用，在相持中只会进攻，不会防守；只会近台，不会中远台；只快，不能慢，缺少多种节奏变化。

在对待弧圈球时经常出现两种极端的局面：第一种，采取搏杀的方法，拼命发力，缺乏准确性；第二种，采取被动防守，左挡右带，谈不上真正意义上的相持。要想在相持中的攻防转换取得主动权，发挥我国积极快速的特点，首先要更新相持中攻防转换的意识，要看到现在乒乓球比赛是全方位的较量，主体作战，不论近台、中台、远台，没有不能转攻的球，关键是意识要跟上，没有意识，就不可能有目的地去运用所掌握的技术。

(2)抓好第三板及其后第四板、第五板技术的运用，它是能否形成积极主动进攻相持的关键环节：随着现代乒乓球技术击球力量与击球速度的提高，中远台防守反击转换等后程转换有所减少，较多地出现在对抗开始后的前程(第四板)和中程(前六板)。因此，前三板技术与后面技战术有机地、合理地组合、配套，不仅可以稳定前三板技术的发挥，同时对后面形成主动相持局面也将起到保证和促进的作用。

（3）掌握好进攻与防守之间的转换条件，是争取主动相持的保证。取得主动相持的转换条件有以下 3 条：

①击球速度快。球在空间运行时间短，使对方没有时间引拍进攻时，就意味着进攻的机会来到了。

②击球角度大、落点刁钻。落点超出了对方可进攻的范围，就意味着自己可以主动进攻了。

③回球弧线低。可使对方的击球点低于球网时，就意味着可以主动进攻了。

（4）具有较强的近台快带、反拉、中远台对拉弧圈的能力。对于增强相持转换的凶狠性和威胁性，提高中远台的相持能力，扩大近台主动进攻的空间，可起到重要的作用。因此在平时训练中应引起重视。

三、削球型打法的训练

（一）削球型打法的由来

削球打法早期是欧洲的传统打法，有着悠久的历史和光辉的战绩。20 世纪 60 年代弧圈球出现以后，欧洲选手大都弃削为攻，目前在世界范围内，这种打法仍属稀有品种。中国选手在百花齐放方针的指引下，使此类打法成为中国队夺得世界冠军的一支"奇兵"。"转、稳、低、变、攻"是削球型打法的技术风格。这一技术风格既反映了中国削球运动员的特点，又符合世界乒乓球技术的发展规律。削球稳又低是该打法的最基本要求。旋转、落点、节奏的有机变化是该打法争取主动或直接得分的重要手段。发球抢攻、削中反攻技术是该打法的主要得分手段。

（二）打法类型和特点

现代削球打法大致分为两种类型：第一种，削攻结合打法，其特点是以转为主、以狠为辅、转狠结合、攻守兼备；第二种，攻削结合打法，其打法特点是：以狠为主、以转为辅、狠转结合、攻削结合，它符合当代世界乒乓球技术快速凶狠的新潮流，是削球的新型打法。

（三）观念和技术的更新

1. 加强积极主动意识

当前，在各种打法激烈竞争的形势下，削球打法要达到世界先进水平，必须改变"削球是被动的"观念，树立主动积极的意识：积极的旋转变化（转与不转的变化，上旋与下旋的变化），积极的主动进攻，同时加强攻守节奏的变化和速度的变化。

2. 技术的更新

现代削球型打法在技术上除要掌握正反手近远台削转与不转技术、近远台顶重板及中路削球外，还必须学会运用以下技术：正手攻球（正手对拉弧圈球、兜一板、正手上台攻、正手连续攻）、正手放高球、反手攻（突击起板、削中反攻、反手上台攻、反手拉弧圈、反手拉回头）、反手放高球。当前乒乓球技术的发展要求削球型打法是个"全能型"打法，同时在技术动作的要求上比过去有所更新。以前削球点低，动作幅度大，在下降后期腰部发力击球，发力方向是往前削送，由于击球点太低，在与攻球尤其是与弧圈球对抗中，显得太被动。现在要求削球的击球时间应适当前移，切削点偏上可逼角。在和攻球对抗中，一拉一砍，不显得被动，因为削过去的球又转又逼角，容易掌握主动权。

(四)训练中要注意的细节

1. 提高对付弧圈球的能力

(1)提高削接弧圈球的稳健性。

①判断要准确。一般说来，弧圈球旋转有 3 种：强旋转、一般旋转和不太转的弧圈球。每次击球前首先要判断准确，才能采取相应的削球动作。判断时要从对方挥拍用力的大小、球在拍上摩擦时间的长短、飞行的弧线速度以及落台后的反弹速度等方面进行分析。

②击球时间要因球而异。削强旋转弧圈时，在下降期接球比较好，这时来球的旋转较弱，不易出高球。在削一般旋转和不太转的弧圈球时，可在下降前期或高点期击球，下降前期击球着重旋转变化，高点期击球可以逼角。

③击球的挥拍速度要因球而异。弧圈球旋转越强，挥拍速度越要快，越要加点力，反之来球旋转弱，挥拍速度要稍慢些（长胶削球不受此限制）。

④击球的动作幅度要因球而异。削强旋转弧圈时，击球的动作幅度要大些，反之，来球旋转弱，挥拍幅度可稍小些。

(2)提高削接弧圈球的凶狠度：削接弧圈球时不仅要稳，而且还应使削过去的球带有攻击性。但从目前来看，多数削球手还未真正摆脱弧圈球的控制，削球弧线偏高，易被对方冲杀。因此提高削接弧圈球的凶狠度，是削球手过弧圈关的重要环节。提高削接弧圈球的凶狠度要注意以下几点：

①加快挥拍击球的瞬时速度，有利于克服弧圈球的旋转，降低回球的弧线。

②适当提早击球时间，有助于削出弧线低而凶的球。

③以加转为主，用极其相似的动作削出强烈下旋和不转球，或是侧旋球，来牵制干扰对方；或在削球中突然兜一板小上旋，变化球的节奏，争取主动，

是当代削球手掌握场上主动权，制伏弧圈球的有效手段。

2. 加强削攻结合能力

削攻技术的密切配合及连续进攻能力，是削攻打法两项很重要的基本功，也是当前世界乒坛发展潮流对削球打法提出的新要求。现代削球打法训练要重视解决削与攻的紧密结合，要改变那种"削球只能在出现机会后才能攻一板以定乾坤"的落后观念。削中伺机反攻战术固然可行，但在没有机会的情况下，进行"抢攻"，也是现代乒乓球技术对削球手提出的更高要求。削球为攻球创造机会，攻球为削球提供方便，相辅相成。在训练中应从以下几个方面提高主动进攻的能力和攻削结合能力：

(1)加强前三板积极主动的意识和能力：削球型选手应认真向进攻型选手学习，重视前三板球的主动进攻意识与能力，改变以往忽视前三板技术的做法。削攻型选手要充分利用每一轮的发球来发动进攻，即使第一板、第二板未能攻死对方，还可退到中远台削出各种多变的旋转球与对方相持。在接发球方面也应加强主动上手的意识与能力。不能总是以搓球回接，还要采取点、拉、拨、挑、冲、打等技术，即使不能直接得分，也要达到打乱对方发球抢攻节奏的目的。现代中国优秀攻削型打法选手丁松在第43届世乒赛中，发抢得分率达84%，使用率达到了34%，接发球抢攻得分率达50%，使用率达到29%，超过了一般攻球手的水平。争取前三板的主动，全方位的上手进攻，赋予削球打法更高层次的攻球定义，是当代削攻打法的新潮流。

(2)加强削中反攻及连续进攻的意识与能力：削攻打法除了通过削球加强旋转变化，抑制对方进攻，并能直接得分外，还要通过削球的旋转变化，积极为进攻创造机会，加强削中反攻的意识，不但近台能反攻，还要会中台削中反拉，甚至可以连续对拉。削攻技术的密切配合及连续进攻的能力，是当前乒坛发展潮流对削攻选手提出的新要求。削攻型选手要加大攻削结合的训练比例，提高削和攻球技术的转换能力。

(3)加强左半台的进攻能力：我国削攻选手的进攻主要靠正手，左半台的进攻是薄弱环节。一是侧身少；二是反手不会攻或者不敢攻，尤其是女子选手，退到中台更没有反手攻球，常被对方将过渡球送到反手位，再伺机杀两角，显得很被动。培养削攻选手，应正反手都会攻，会拉弧圈球，还能大胆侧身攻，这样才能适合当前世界乒坛技术发展的要求。

四、正确处理训练中的几个关系

(一)数量与质量

乒乓球技术的掌握与巩固，需要千万次的重复练习，没有一定数量做基础，技术就很难全面提高，但一味追求数量而不讲训练质量，练出的技术也不会符合比赛要求。因此，在训练中要正确处理数量与质量的关系。根据运动员的实际情况，分别提出不同要求，使数量和质量统一在促进技术的提高上。

(二)步法与手法

击球的准确性、爆发力、相持能力、连续进攻以及贯彻积极主动、抢先上手、抢先发力的战术意图等都有赖于步法。步法不好，必然影响手法。中国乒乓球界历来重视手法，讲究手感，但在步法方面却不如韩国和欧洲运动员，今后应强调手法与步法的结合。

(三)有规律与无规律

有规律训练指定点定线按教练要求进行的基本功训练；无规律训练指训练过程中刺激出现没有规律，它符合实践的要求。根据科学实验表明：有序—无序—有序—无序的安排，基本功上升快，比赛能力逐步提高；无序—有序—无序—有序的安排，早期比赛成绩好，但基本功不扎实，日后的提高受影响。因此，我们在训练中，应遵循从简到繁，从易到难的科学训练原则。在基础训练阶段，以有序训练为主，配合无序训练，练好基本功。提高阶段就应加大无序训练的比重，训练目的要带有很强的针对性，在无序中体现有序。这样训练才能有利于运动员技术水平的提高，才能符合实战的要求。

(四)多球与单球

多球训练在强度、密度和数量等方面超过单球训练，对运动员建立动力定型、纠正错误动作、提高步法和手感等方面，具有显著的成效。但多球训练只有刺激—反应，没有己方进攻后的反馈，这点与比赛有些脱节，因此多球训练应与单球训练有机结合。在运动员的早期和中期训练阶段多采用多球训练，内容方法以重复性训练为主；在运动员的成熟期则要减少多球训练的重复性，以想象、创造和随机性为主，在不同的训练阶段，多球与单球训练比例可有所侧重，但多球训练不能超过训练总量的 $1/3\sim1/2$。

>>>>>>>>>>>>>>>>>>>>>>> **练习与思考** <<<<<<<<<<<<<<<<<<<<<<<<

1. 论述乒乓球竞技制胜因素。

2. 球体产生旋转的原因是什么？

3. 简述球体基本的旋转轴及其旋转。

4. 简述增强球体旋转的方法。

5. 如何提高击球速度？

6. 如何增强击球的力量？

7. 请分析上、下旋球飞行弧线、着台和触拍后的反弹情况。

第六章　乒乓球战术

本 章 要 点

　　本章共四节，主要介绍了乒乓球运动员战术能力的构成，制订乒乓球战术的基本原则，乒乓球战术分类，一般情况下的基本战术方法，特殊情况下的特殊战术，新规则下乒乓球战术的运用，战术行为的培养及战术训练的方法等方面知识。

第一节　乒乓球战术概述

一、乒乓球战术的概念

　　乒乓球战术，是运动员在比赛中根据乒乓球运动的比赛规律，彼此双方的具体情况和临场变化，有效地运用技术、心理和身体素质所采取的有目的、有意识的方法。战术的目的是为了更好地发挥运动员的技术特长，制约对方，力争掌握比赛的主动权，争取比赛的胜利。

　　战术：从狭义上来说，主要是指在比赛中根据双方的打法类型及技术特点，而采用的各种技战术原则与方法；从广义上来讲，则是指技战术、心理、智能和体能等，在比赛中有针对性的综合运用。

　　乒乓球的战术是由各种基本技术组成的，技术是战术的基础，技术质量的好坏，决定了战术运用的效果及战术变化的大小，只有全面、扎实地掌握技术，才能灵活运用各种战术。反过来，技术只有通过战术才能得到充分的发挥和良好的运用，而战术提出的要求又可以促进技术的提高与新技术诞生。所以，技术和战术相辅相成，相互促进，缺一不可。

　　对不同的打法、不同的对手要根据自己的特点有针对性地采取相应的技战术。只有合理运用技战术，有的放矢，才会收到良好的效果。

二、乒乓球运动员战术能力的构成

　　乒乓球运动员的战术能力，可以通过运动员比赛中战术运用的效果反映出来。战术能力的高低和战术运用效果的好坏成正比。战术能力是在日常的训练和比赛中形成的，包括战术理论、战术意识、战术质量、战术数量和战术运用5个方面的内容。教练员在把握一个运动员的战术能力时，可以从这5个方面进行分析(见图6-1)。

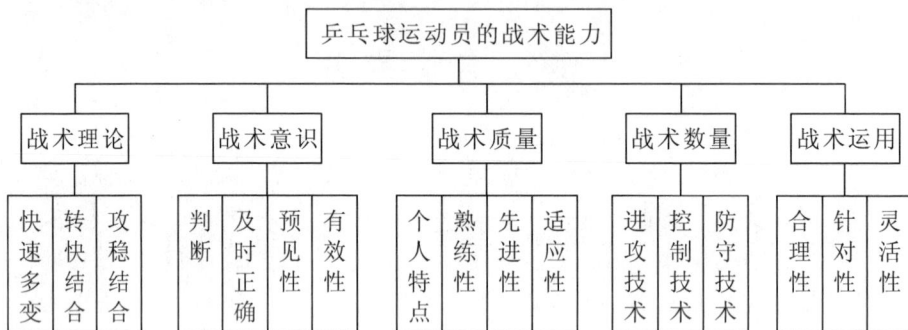

图 6-1　乒乓球运动员战术能力系统构成

(一)战术理论

战术能力的理论基础是战术理论。从广义上讲，乒乓球战术理论包括乒乓球战术的指导思想；运用战术的基本原则；针对不同打法类型的战术方法；运用战术的前提条件；战术发展、演变和今后发展的趋势；主要对手的技战术、身体、心理、比赛作风特点等有关理论知识。

就运动员本身的战术能力而言，战术理论是狭义的。运动员的战术理论和战术意识相关联，丰富的战术理论有助于个人战术意识的形成，有利于在比赛中比较严谨地运用战术。战术理论也是合理地选择战术、运用战术、形成绝招和创新战术的一个基本前提。

(二)战术意识

战术意识是指运动员在比赛中，能够根据对方的技战术方案以及变化情况，及时应变并寻找能够控制和制胜对手的战术方法的思维活动。战术意识强调的是战术活动的思维特征。在乒乓球比赛中，战术使用的成功与否与战术意识密切相关。对于优秀的乒乓球运动员，力争积极主动、抢先进攻的战术意识非常重要。

战术意识是战术能力中最具有创造性的内容，在比赛中任何一个赛前战术方案的贯彻以及战术方案根据比赛进程所进行的变化，都必须以战术意识为先导。可以说战术意识是战术能力的灵魂。战术意识使得战术能力诸因素在比赛瞬息变化中有条不紊地运用出来。

(三)战术质量

战术质量是指运动员在战术使用过程中战术的有效性程度。有效性程度的高低和战术质量成正比。每个乒乓球运动员在战术运用上，都会形成一套或几套符合自己技术打法特点的战术。战术运用的好与不好，取决于战术质量的高低。

(四)战术数量

战术数量包括掌握进攻战术的数量、控制战术的数量和防守战术的数量。战术数量是战术能力在数量上的体现，它是战术质量存在的基础。在比赛中单一战术，会使对手很快适应。在高水平的比赛中，单一战术是没有质量可言的。在乒乓球基本战术中，进攻打法类型的战术包括：发球抢攻战术；对攻战术；拉攻战术；搓攻战术；接发球战术。削攻或攻削结合打法类型的战术包括：发球抢攻战术；削攻(攻削)结合战术；搓、攻、削结合战术；搓攻战术；接发球战术。

运动员必须掌握多种战术，才有可能提高战术的应变能力，争取战术运用的主动权。在掌握多种战术的同时，还必须把符合自己特点，能形成绝招的或有发展潜力的新战术作为重点，在保证重点战术质量的基础上，努力增加战术的数量。这样才能做到既发挥自己的特长，又有其他应变的手段。

(五)战术运用

战术运用有两方面的含义：一是在比赛中，战术运用应当具有合理性、针对性和灵活性；二是战术理论、战术意识、战术质量、战术数量，只有在战术运用中才能表现出实际的价值。

在战术运用过程中，战术理论、战术意识、战术质量、战术数量通过战术运用体现出来，并被比赛所检验。战术运用，就是战术能力的表现。所以通过战术运用情况，来对战术能力进行评价，可见战术运用的结果是及时调整和改进战术能力水平的基本根据。

三、制订乒乓球战术的基本原则

(一)知己知彼，有的放矢

比赛前，不但要对自己各方面的情况做到心中有数，而且通过观察了解和分析对手的整体作战情况，摸清对手主要特点：球拍性能、基本打法、技战术运用的特点、心理素质、体能状况等，然后制订出适合自己的、有针对性的、切实可行的战术方案。

(二)勤于观察，善于分析

在乒乓球比赛时，运动员要注意观察、了解场上战局的变化，特别要注意分析对方的心理，及时调整和改变自己的对策，给对手以出其不意的攻击，破坏其作战意图，从心理上给对手威胁，助长自己的士气。

(三)机动灵活，随机应变

考虑和制订战术要根据场上具体情况，灵活多变。如某种打法或某种战术，在开局时对方可能不适应，一旦适应就会出现被动局面。所以，不能只是单一刻板式的战术。

(四)以己之长，克彼之短

每个运动员都有自己的打法和风格，不管哪一层次的运动员都有自己的长处和不足。在比赛时，要善于分析自己和对方的特点与不足，发挥自己的长处，抓住对方的弱点，以己之长，克彼之短，掌握比赛主动权，争取比赛的胜利。

(五)勇猛顽强，敢打敢拼

制订战术时，必须体现出积极主动的指导思想。具体实施时要果断大胆、勇猛顽强、敢打敢拼。比分领先时乘胜追击，相持时手不软，落后时不气馁，大胆贯彻自己的作战意图，力争达到预期目的。

以上各个原则是有机联系、互为条件、辩证统一的。制订和运用战术的前提是必须了解对手的技术特点和打法情况。因此，运动员在培养自己战术意识的同时，应着重培养观察能力。这样才能在比赛中用较短时间，迅速掌握对手的技战术情况，及时制订出作战方案，在比赛中灵活运用战术，赢得比赛的胜利。

第二节　乒乓球战术分类

一、按项目分类

(一)单打战术

发球抢攻、搓攻、拉攻、对攻等，它是运动员在一对一比赛时，为了夺取胜利，在规则允许的条件下所采用的各种方法和手段。

(二)双打战术

单打战术是双打战术的基础，在单打战术的基础上，双打战术注重两人技术的组合及心理的默契配合。

二、按战术攻、防性质分类

(一)进攻性战术

进攻性战术是指以得分为目的行为方法，它具有抢先争主动的含义，在乒乓球比赛中，运用进攻性战术尤为多见。进攻性战术都是围绕如何得分这一具体的行为目标而实施的。快攻结合弧圈打法、弧圈结合快攻打法、近台快攻打法的运动员在比赛中实施的大多是进攻性战术。我们在确定进攻性战术时，必须强调力争主动的意义。

(二)防守性战术

防守性战术是指在被对手进攻的情况下，通过个人行为或两人(双打)协作，阻止对手得分的战术行为方法，从本质上讲并不是完全处于被动状态的战术行为。这是因为比赛中有些阻止对方进攻的手段，同时也可能得分。因此，不能把防守性战术看做是一种被动战术。一般情况下，防守性战术不仅有限制对手发挥特长的功能，而且也是争取有利条件的行为过程和寻找机会打击对手弱点的过程。在乒乓球实际运用中，削攻打法的运动员运用防守性战术要多一些。

三、按技术使用的顺序分类

(一)发球抢攻战术

发球抢攻战术是指运动员发球后立即采取进攻的手段和方法，是我国乒乓球运动员的重要战术之一。近年来，世界各地乒乓球运动技术水平较为先进的国家和各种类型打法的运动员越来越重视这一战术，并使之有很大的发展。发球抢攻的战术意识首先是发球直接得分；其次是迫使对方接发球时不能抢攻，回球质量差，不具备杀伤力，给自己赢得抢先上手主动进攻的机会。发球抢攻是重要的进攻得分手段，但在运用发球抢攻战术时应注意以下几个方面：

(1)发球与抢攻的配合。发球时，应根据发球质量预先判断对手有可能采取的应接办法及手段，接到什么位置，自己采用何种抢攻手段。

(2)提高发球质量，将旋转和落点变化结合起来，同时强调发球技术的创新，为抢攻创造更多的机会。

(3)加强抢攻意识，抢攻要大胆果断，不论对方用何种技术接发球，都尽可能上手抢攻。

(4)发球要与运动员本身的技术特点和特长配套，要充分发挥技术特长，才能起到发球抢攻的有效作用。

(二)接发球战术

接发球战术是与发球抢攻战术相抗衡的一项战术，其目的是破坏对方发球抢攻战术的运用。接发球战术对整个战局能否获得主动权起着主要作用。在比赛中，如果接发球处理不好，第一环节就会陷入被动。因此，接发球的战术意识必须建立在积极主动的基础上争取抢先进攻得分；其次在不能抢先进攻的条件下，控制对方使之达到破坏对方发抢效果的目的，形成相持局面寻找机会自己主动进攻得分。运用接发球战术应注意：

（1）树立积极主动、抢先上手的思想，能抢时要果断坚决。

（2）必须具备各种接发球的技术能力。如拉、快拨、快点、摆短、抽晃等。

（3）要灵活多变，采用多种间接方法，给对方制造各种复合变换刺激，使其难以适应，从而破坏其发球抢攻、抢拉的战术意图，使自己争取主动进攻。

（三）相持阶段的战术

相持阶段的战术是指前三板之后，可采取的各种进攻控制手段和方法。乒乓球各种打法类型的运动员，主要依靠自身的技术特长，以快速多变的特点调动对方、压制对方、以旋转的威力牵制对方、以落点变化来控制对方，最终达到攻击的目的，使自己争得主动、发挥优势从而取得比赛的胜利。相持阶段的战术意识是树立顽强的战斗意志，快速捕捉战机，在攻、防的转换中争得主动，运用特长技术进攻得分。

运用相持阶段战术应注意：

（1）必须具备良好的技术质量，有扎实的基本功作基础，才能在相持阶段中争得主动，更好地运用相持阶段的各种战术。

（2）要同自己的打法类型、特长战术相结合，才能充分发挥相持阶段战术运用的效果。

（3）适应能力和应变能力要强。比赛中攻与防、主动与被动千变万化，瞬间就可能从主动变被动，也可从被动变为主动。运动员必须要有敏锐的观察能力和判断能力，才能更好地运用相持阶段的战术。

四、按球的物理性质分类

在乒乓球运动中，球的运动形式是以球的飞行速度与旋转强度表现出来的。利用球的物理性质，可产生较多战术变化。

（一）以速度为主的战术

这类战术在具体运用方法上体现的是"快"，其战术意图是充分利用快速多变的特点来调动并控制对手，以达到攻击对方的目的。在运用以速度为主打法的战术时应注意：

（1）充分运用近台正、反手攻球和推挡变化来攻击对方，并利用发球、拉球、搓球等手段为攻球创造条件。

（2）必须体现本身快速的特点，辅以多种变化使自己处于主动地位，以便克敌制胜。

（3）运用以速度为主打法的战术在对付不同打法类型时应有针对性。如，对付攻球和削球，可采用的手段是不同的，所体现的速度特点也不同。

(二)以旋转为主的战术

这类战术在具体运用方法上主要是弧圈球进攻为主，辅以一定的快攻，以及削球打法中的转与不转。其战术意图是以旋转变化来控制对方和攻击对方，以达到制胜的目的。运用这类战术时应注意：

(1)以弧圈球为主要得分手段，用前冲弧圈代替一般的扣杀，既有强烈的旋转，又有较快的速度，充分发挥旋转的作用，并能得分。

(2)充分利用发球、搓球、快拨、快点等多种控制手段为拉弧圈球和扣杀创造条件。

(3)要清楚地认识到以旋转为主打法的战术在运用时，直握拍和横握拍两种打法的区别。如运用对攻或相持战术时，使用的技术手段有所不同。在相持阶段处理反手台区球时，直握拍打法可能使用推挡球、直拍横打或反手攻球为正手创造机会；横握拍打法使用的是两面拉弧圈，为正手冲或扣杀创造机会。

第三节　乒乓球战术的运用

一、一般情况下的基本战术方法

(一)发球抢攻战术

发球抢攻是我国乒乓球运动员各种类型打法技战术中重要的战术之一，也是前三板技术中最具威胁性的技术。发球后抢攻的有效率越高，造成对方接发球时心理压力越大，从而迫使对方在接发球时不得不提高回球难度，或者采取接发球盲目抢攻。这样一来就会有效限制对方接发球的方法与变化，还会增加对方接球失误。再好的发球也会被对方逐渐适应，如果抢攻技术跟不上，对方会发现即使接球不够严谨也无大碍，这样发球的作用就会很快降低。因此，练好发球抢攻技术是练好前三板技术的关键。

1. 发球的目的是为了抢攻

发球不只是为了让对方接球失误或出高球，而是为了更方便抢攻。应注意发球与抢攻技术的配合。发球必须与自己的特长进攻技术互相协调一致，才能形成有效的发球抢攻技术。举例如下：

(1)快攻选手擅长进攻上旋或不太转的下旋球，就应该采用发急下旋长球或不转短球，为自己的特长进攻技术创造机会。如果过多地发下旋球，让对方轻易抢拉在先，或加转劈长，快搓强下旋长球回接，将不利于自己的快速进攻。

(2)弧圈球进攻选手擅长进攻下旋球，就应该采用发旋转强烈的下旋转球为主，配合其他发球来为自己的特长进攻技术创造机会。否则，对方轻易拉、挑、快速进攻台内球，形成对攻局面，将不利于自己弧圈球进攻威力的发挥。

(3)左推右攻打法，擅长侧身进攻，希望对方将球回接到自己能侧身进攻的左半台，所以，他们经常发左侧上、下旋球到对方左半台中路或左大角。因为对方要将这样的发球接回到自己的右半台比较困难。

(4)擅长两面进攻的选手，希望对方回球到自己左右适合于正、反手进攻的位置，所以，他们经常发反手右侧上、下旋短球，发到对方的中间偏右或偏左的位置。因为这样对方将球回接到两边，才容易有更好的进攻机会。

(5)擅长台内和近台进攻的选手，应该以发短球为主，这样才有可能出现较多的台内和近台球的机会。反之，擅长台外进攻长球或攻防相持能力强的选手，就应该以发长球为主，这样才能获得较多的进攻机会。

2. 发球限制对手接球方法和接球范围

(1)高质量的发球。

发球质量的高低，是直接影响对方接球的主要因素。对手由于受技术水平和身体能力的限制，在回接高质量的发球时，往往心里慌乱，感到力不从心，经常会出现接球方法单一、范围无变化、回球质量不高、容易出高球等现象。

(2)发球变化配套恰到好处。

发球能有效地变化配套对接发球也有限制作用。如果自己的主要发球不仅质量高，而且变化配套又恰到好处，即使面对高水平的对手也能大大限制其接球方法与接球质量，能争取到更多的有效抢攻机会。

掌握好发球配套运用的变化，是提高发球抢攻有效率的重要手段。要做到这一点就必须坚持适合自己特长进攻技术为主的主要发球，从而保证发球与抢攻的协调组合；同时在主要发球技术取得明显效果时，及时变化运用配套发球牵制对手的注意力，然后再回到自己主要的发球抢攻组合上来。应避免发球的无序变化，如一球一变，这样不利于发挥自己的特长进攻技术，也不利于吸引对手的注意力，无法为后面的配套变化创造条件。还应该注意避免发球配套变化太晚，当发球已经被对手适应才想起配套的变化，将不利于掌握抢攻的主动权，并会加大自己抢攻的难度。

变化的技巧应该是：敌变我变，我变在先。即对手将变(即将适应)，自己先变(变化发球)，要变在对手适应之前(即掌握变化时机)。因此，必须在发球抢攻运用中学会观察对方的变化，才能把握住恰当的时机，牵着对手打，不断限制对手的接球方法，打好自己的发球抢攻。

（3）制造假象，误导对手接球。

如自己擅长发不转球抢攻，但是一上来比赛却连续发两个转球，给对方留下深刻印象后，立即转变发不转球抢攻。若自己擅长抢攻右半台正手位的台内短球，但在发球时故意选择站在球台左侧外边，做出要侧身抢攻的姿势，来引导对手有意识地回接到自己的右半台。也可以故意向对手有接球习惯的位置发球，以便有准备地抢攻。

3. 发球抢攻与发球抢控制

发球抢攻的目的，一是抢攻得分；二是努力控制比赛的主动权。由于不是每次发球都能获得抢攻的绝好机会，因此，发球抢攻不能与发球抢控制脱节。如果对手有较强的防御和相持能力，想通过发球后的一两板抢攻解决问题是不容易的。因此，在训练中不仅应该努力提高抢攻的威力，而且还应该将前三板技术与三板后的连续进攻技战术，包括控制对方，能继续制造机会的其他技术紧密结合起来加强练习。也就是说，在发球抢攻的训练中必须加入"发球抢控制"的意识。

在发球抢攻训练中，不仅应该要求努力提高抢攻的速度、力量和旋转等有效的技术质量，而且还应该努力提高发球的不同旋转、速度、落点与抢攻的不同落点、弧线及节奏变化的有效战术配合运用水平，使发球抢攻的主动权能够始终牢牢把握在自己手中。

在发球抢攻的运用中，不仅应该加强凶狠的强攻意识——强上手，而且更应该加强积极的控制意识——上手强。既要力争抢先上手进攻，抢先进攻发力，又要避免勉强上手被对方看死，勉强发力造成不必要的失误。

4. 发球抢攻战术配套运用

（1）正手发转与不转球后抢攻。

一般以发至对方中路或右方短球为主，配合左方长球。开始先发短的下旋球为好，以控制对方不能抢攻或抢拉，然后再发不转球抢攻。不转球，一般也先发短的或发至对方攻势较弱的一面。如果对方"吃"，还可适当发些长的到其正手。若能发到似出台又未出台的落点，则效果更好。

欧洲拉弧圈球的选手，往往是发不转球到直拍选手的左方或中路近网，配合左长的下旋球。因为直拍选手反手遇强烈下旋多数不敢起板，只能以搓回接，欧洲选手正好抢拉弧圈球。

也可以有计划地发短球后，先快搓两大角长球，再伺机抢攻或抢拉（冲）。这样，既可避免盲目抢攻，还可打乱对方接发球后就准备防守的战术。

（2）侧身用正手发高、低抛左侧上、下旋球后抢攻。

侧身用正手发高、低抛左侧上、下旋球的落点为：发至对方中左短、左大角、中左长、中右(向侧拐弯飞行正好至对方怀中)和右短,配合一个直线奔球。

左手执拍的选手采用此套发球抢攻的战术威胁更大。一般多用侧身发高抛至对方右近网,对方轻拉至反手,可用推挡狠压(也可用侧身攻)一板直线。可直接得分,或为下板球的连续进攻制造机会。若对方撇一板正手位球,可用正手攻一斜线至对方反手。

由于近年来高抛发球的运用越来越普遍,却又没有什么新的发展,所以,它的作用已大不如前。为了增强高抛发球的效果,除应使其本身有所发展外,还应强调与低抛发球及其他发球配合运用。

(3)反手发右侧上、下旋后抢攻。

此战术尤其适合擅长反手进攻的选手运用。一般多发至对方中右近网或半出台落点,然后用正、反手抢攻对方反手。

亦可发长球到对方两大角。一般发至对方正手时,对方常会轻拉直线,可用反手抢攻斜线。若发至对方反手位,还可伺机侧身抢攻。

对横拍削球手,以发至中右半出台球为好。因为横握拍用正手接右侧旋球不便发力,控制能力低。

注意:对反手发右侧上、下旋球时,应强调出手动作要快。对方接发球的一般规律是:你发短球,对方接回的球也短。发球抢攻者应有这方面的准备意识。

(4)反手发急上、下旋球后抢攻抢推。

此战术在运用时,可分为下面两种情况:

①反手发急上旋球至对方反手后,侧身抢攻。要求急球必须发得快、力量大、线路长,最好能有一个直线急球配合。

②擅长反手推挡的选手,或遇到对方反手推攻较差的选手,可发急下旋后,用推挡紧压对方反手,再伺机侧身攻的战术。

为了增加上述战术的效果,可与发右方小球配合运用,以长短牵制对方,相得益彰。

(5)反手发高抛右侧上、下旋球后抢攻。

一般在运用时,发到对方正手位或中右近网为主,配合发两大角长球,伺机抢攻。

(6)下蹲式发球后抢攻。

它可以将左侧上、下旋球与右侧上、下旋球结合运用,在落点上要有长短变化。对付只会搓接发球的选手,应以发上旋球为主。

抢攻落点以中路为最佳,往往能直接得分。当然,还要注意灵活变化,攻击对方的弱点或声东击西。

(二)对攻战术

对攻是进攻型选手相遇时，从发球、接发球转入相互对抗，形成攻对攻的局面，双方利用速度、旋转、落点变化和轻重力量进行控制与反控制，力争主动的一种重要手段。快攻打法的对攻战术主要是发挥其快速多变的特点来调动对方，以达到攻击对方的目的。快攻对付弧圈为主的打法，其作战方针主要是用速度、落点和轻重力量的变化迫使对方难以发挥旋转的作用，拉不出高质量的弧圈球。快攻对付快攻为主的打法，其作战方针主要是用速度、力量和落点的变化迫使对方难以发挥速度和力量的作用，从而陷于防守的地位。快攻打法的各种具体对攻战术主要是依靠左推右攻或正、反手攻球结合变化落点和轻重力量组成的。

弧圈类打法的对攻战术，主要是利用旋转的弧圈球，配合速度和落点变化，力争主动。弧圈打法对付快攻打法，其作战方针主要是运用强烈旋转球的特点，配合速度变化来牵制对方，使对方难以发挥快速的特长，从而达到攻击对方的目的。弧圈打法对付弧圈打法，其作战方针主要是抢先用强烈旋转球来压住对方，迫使对方难以发挥旋转与速度的作用，从而达到攻击对方的目的。弧圈打法的各种具体对攻战术，主要是依靠正、反手拉弧圈球和反手快攻，正手扣杀以及变化旋转、落点、速度组成的。

1. 压对方反手，伺机正手攻或侧身攻

(1)一般用于对付反手较弱或进攻能力不强的对手。如在第35届世乒赛时，匈牙利的选手就用正、反手弧圈球压住中国选手的反手，乘中国选手打出较高的球后即发力猛冲。

(2)压对方反手时，可用推挡、反手攻或弧圈球。

(3)压对方反手准备侧身攻之前，应主动制造机会，或突然加力一板，或攻压一板中路，或攻压一板大角度，尽量避免盲目侧身攻。

2. 压左调右(亦称压反手变正手)

(1)适用范围。

①自己反手不如对方反手时，主动变线避实就虚。

②对方侧身攻的意识很强，用变其正手的方法，既可偷袭空当，又可牵制对方的侧身攻。

③对付正手位击球力不够强的选手。

④自己正手攻较强，主动变对方正手后伺机正手攻。

⑤自己反手攻击力很强，可在变对方正手位时直接得分或取得主动。

⑥左手执拍的选手用此战术较多。因变线的角度大，右手执拍的选手往

往被动。

（2）运用此战术时应注意的问题。

①变线的回击球应有质量。如：推挡变线应凶一点，这样对方跑过去难以发力，自己侧身抢攻就比较容易。

②避免习惯性变线，以免对方适应，自己反遭被动。

③应是主动变线，切忌被动变线。否则易给对方提供抢攻的机会。

3. 压左等右

所谓压左等右，是指紧压对方反手，等着对方变线，自己用正手抢攻。多在对方采用压左调右的战术时使用。运用此战术时，压对方反手要凶些，否则对方变线较狠，自己往往被动。

4. 调右压左

（1）运用方法。

先打对方正手，将其调到正手位并被迫离台后，再打其反手位。注意，调整正手位的这板球要凶，否则易遭对方攻击。

（2）适用范围。

①适用于对方左半台进攻能力比较强，压对方反手位不占优势时。如我国快攻手在对付擅长侧身抢攻（冲）的单面攻选手时常采用此战术。

②适用于对付正手位进攻能力不很强，或反手位只能近台、不擅离台的直拍快攻选手。这是目前欧洲选手对付不会反手攻球的直拍快攻手的主要战术。

5. 用加减力量压对方反手，中路后迅速抢攻

用于对付站位中台的两面拉（攻）的选手。

运用此战术时，一般应先用加力推（攻）将对方压下去，再用减力挡将其诱上来，然后伺机加力扣杀。如果仅有减力挡而没有加力推就容易招来被动。

6. 连压对方中路或正手，伺机抢攻

一般在下列情况下运用此战术：

（1）对方的反手攻击力量较强。

（2）对方属两面拉（攻）打法，但反手强，正手弱。

（3）对方虽为两面攻选手，但于中路球习惯于侧身攻者。

（三）拉攻战术

拉攻战术是进攻打法对付削球打法的主要战术。快攻的拉攻战术主要是运用拉球的落点变化创造机会，进行突击和扣杀，迫使对方后退防守，从而达到控制对方、赢得主动的目的。拉攻战术首先要求拉得稳，并有落点和轻重力量的变化，以便为突击创造机会，有时还能直接得分。拉攻的主要得分

手段是突击和扣杀，尤其是中等力量的突击技术，体现了快攻打法的快速特点，经常会使对方措手不及而失分，或回出高球。

1. 拉一角为主，伺机以自己的特长线路突击或中路追身

具体拉哪一角，可从两方面考虑：

(1)选择对方削球较弱(不稳或旋转变化不强)的一面。

(2)拉对方攻势较弱的一面。

选择这样的拉球线路，既容易寻找突击的机会，又可避免(或减少)对方的反攻。

突击的难度比拉球大，应以自己最擅长的线路突击，可以提高命中率。中路追身是削球手的共同弱点，易出高球或直接失误。所以，突击中路是更好的线路。但是，突击中路的技术难度较大，应注意在平时训练中狠抓这一技术的训练。

2. 拉中路杀两角或拉两角杀中路

拉中路杀两角，是从中路找机会，然后杀两角得分。对付站位较近或控制落点较凶的削球手效果尤好。中路球不好削，更难以削出落点很凶的球，所以，突击的机会就比较多。拉两角杀中路，是从两角找机会，然后突击中路得分(或是突击中路后使对方削出更高的机会球，再大力扣杀两大角)。

3. 拉左杀右或拉右杀左

这两个基本战术实际是拉一角杀另一角。一般是拉对方削球或反攻较弱的一角，扣杀另一角。拉与杀线路的变化，常使对方不适应而导致被动或失误。

4. 拉直杀斜或拉斜杀直

这两个基本战术各具有特点。拉斜线比较保险、稳健；杀直线，突发性强，速度快，但技术难度较大。拉直线仅从线路讲技术难度较大，但拉球本身技术难度小，较稳健。杀斜线比杀直线容易，命中率也高。比赛中具体采用哪个战术，还需依对方和本人的情况而定。一般说来，拉斜杀直比拉直杀斜运用得多。

5. 拉长球配合拉将出台的球，伺机突击

(1)先拉长球至对方端线处(包括小上旋和弧圈球)，迫使对方后退削球，再突然拉一板中路偏右的短球(将出台)，使对方难以控制而削出高球，突击得分。

(2)先拉将出台的轻球，再发力拉接近端线的长球，使对方因来不及后退而削出高球或失误。

若能拉出将出台的强烈上旋的弧圈球，再配合前冲的长球，则效果更好。

6. 变化拉球的旋转，伺机突击

拉弧圈球的选手，可拉真（强烈上旋）假（不转）及侧旋弧圈球。一般拉球的选手可拉上旋和侧旋球，用旋转的变化来增加削球的困难。如能将侧旋球拉至对方中路，则效果更好。

7. 拉搓、拉吊结合，伺机突击

运用此战术时，一定不要搓、吊过多，否则自己越搓（吊）越软，对方还会利用此机会反攻。

为防对方的反攻，搓和吊球的弧线一定要低并讲究落点。一旦对方反攻，应坚决回击好第一板，使其难以连续进攻。

8. 拉、搓、拱结合，伺机突击

此战术多为一面使用长胶、一面使用反胶球拍的运动员在对付削球打法时运用。一般先用弧圈球（包括小上旋及一般拉球）将对方拉下台去削，然后用搓球又将其引上台来，对搓中再突然用拱球找机会，伺机发力突击。

9. 稳拉为主，伺机突击

这是使用胶皮拍的直拍削球手或攻削结合打法运动员，在对付削球时的一种战术。他们一拉就是十几板，然后再伺机发力攻。遇反攻能力较强的削球选手时，应慎用。

10. 攻中防御

在运用拉攻战术时，不可避免地会遇到对方的反攻。此时必须加强积极的防御。当对方进行削中反攻时，应尽量采取推挡变线和正手打回头来压住对方的第一板攻球，使他不能连续进攻。若对方两边能攻可压其中路，对方单面攻可压其两角。如对付攻守结合打法则要经常做好对攻的准备。

以上的拉攻战术，可根据自己的特长线路和对手的具体情况灵活运用。在实战中，有时往往是几套战术交替在一起运用，有时则会专用其中某一套。这些都要根据当时的具体情况而决定，除非对方有明显的缺陷，否则不宜运用得太死板。

（四）削中反攻战术

削中反攻战术，是用削球变化旋转和落点，迫使对方在走动中回击失误或接出机会球，伺机进行反攻。运用削中反攻战术的基础是削球。首先，要求削球能与对方拉攻形成相持或主动的局面，能为进攻创造条件。同时，还要求具备走动中的进攻能力，以便不失时机地进行反攻。

1. 削转与不转球，伺机反攻

这是削球中反攻常用的基本战术。一般是先削加转球，使进攻型选手难以抢冲，并使其拉得手臂发硬后，突然送出不转球，伺机反攻。

在具体运用中，有时还采用削加转球至对方反手，削不转球至对方正手，伺机进行反攻。

还有人以连续削球接近端线的不转长球为主，使对方拉球失误或自己伺机反攻。

使用不同性能球拍的削球选手，应充分发挥武器的特点，不仅反手擅长倒拍削球，正手亦应掌握此项技能。著名削球手陆元盛当年使众多攻球手败北，重要原因就是他正手的倒拍削球使对方很难适应。

2. 逼两角，伺机反攻

有两种方法：一是先逼左角，再逼右角；二是先逼右角，再逼左角。对手右方攻势强的先逼其左角，对手左方攻势强的（如擅长侧身拉攻）先逼其右角，不能使对方站定等着打。

此战术若能和旋转变化相结合则更好。如先逼对方右角，再突变其左角，配合转与不转的变化，对方在来不及侧身攻时，多以搓球过渡，判断不清就容易出高球或下网，削球选手可伺机反攻。

3. 接对方突击球时，逢斜变直，逢直变斜

削球选手在接突击球时往往是接过去就算，结果常遭对方连续攻击，最终难免失分。为在被动中争得主动，应采用"逢直变斜，逢斜变直"的战术，使对方不能站在一个固定的位置上击球，增加了连续进攻的难度。

4. 破对方长短球的战术

(1)如对方吊的小球较高，位置也合适，削球手应果断地上前反攻。

(2)如对方吊的小球又短又低，很难反攻，可采用摆短、劈两大角或控制一板到对方攻势较弱的地方，不让其起板突击，争取自己抢攻。

(3)如果发现对方在有意识实施吊小球的战术，可主动削出对方端线的不转长球。这样对方很难再吊小球，若硬要放小球也很容易出机会球，削球选手可上前抢攻。

5. 攻、削、挡结合

(1)削、挡结合。

①主动运用削、挡结合战术。一般是异线变化。如先用削球连逼对方反手大角度，对方侧身拉，再突然上前挡一板至其正手空当，伺机反攻。

②被动运用削挡结合战术。在对方搓中突击、发球抢攻或吊小球后打突击时，皆可在台前挡一板，既可缓解来不及后退削球的燃眉之急，又可变化击球节奏，变被动为主动。

(2)拱、挡、削结合，伺机反攻。

此战术多为使用长胶球拍的直拍选手采用。在近台，用反手拱斜、直线

后，伺机用正、反手抢攻。当对方轻拉时，可轻挡对方两大角（一般多挡至对方反手），对方被迫改搓或轻轻将球托起后，迅速反攻。对方发力拉时，一般以削球回接，伺机变挡或攻。这种打法在回球的旋转、落点、力量、节奏上皆有变化，所以，往往使对方心里很不踏实。

(五)搓攻战术

搓攻是削中反攻和攻守结合类打法的主要进攻战术，又是快攻类打法对付攻球和削球打法的辅助战术。它主要是利用搓球的旋转和落点变化控制对方，为进攻创造机会，以达到攻击对方的目的。使用两面不同性能球拍的选手，利用倒拍搓球来创造机会，更是加强主动进攻的重要手段。

弧圈球技术的不断发展，对搓球的要求也相应提高，不仅要有旋转和落点变化，还要加上速度才能控制对方，使自己能抢先拉起或突击。

1. 先搓反手大角，再变直线，伺机进攻

主要用来对付反手不擅长进攻的选手。先逼住对方反手大角，视其准备侧身攻或将注意力都放到反手后，就变线至其正手，伺机抢攻。

2. 搓转与不转球后，伺机反攻

一般先以搓加转球为主，然后用相似的动作搓不转球，对方不适应或一时不慎就会将球搓高，为自己创造进攻机会。在运用旋转变化时，最好能与落点相结合，二者相辅相成。

3. 以快搓（或摆短）短球为主，配合劈两大角长球，伺机进攻

短球，特别是加转短球，对方抢攻的难度比较大，但光是短球对方又容易适应。近年来欧洲选手攻台内短球的技术有很大提高，所以，应注意用两大角长球配合。

对付进攻型选手（尤其是弧圈球选手）时，应特别讲究搓球的速度和落实，并尽量少搓，树立搓一板即攻的指导思想。

4. 搓中转快攻

(1)对搓中先拉一板弧圈或小上旋，迫使对方打快攻。

(2)搓中突击：直拍正胶快攻选手，在遇到旋转不特别强烈或位置比较合适的搓球时，应大胆运用搓中突击或快点的技术，由此而转入连续进攻。

(3)搓中变推：遇对方搓过来的不转球（包括长胶、防弧圈球拍搓过来的球），直拍进攻型选手可用推挡对之，由搓变推，转为快攻。

二、特殊情况下的特殊战术

特殊战术是指比赛中运动员在非正常的情况下所采用的战术手段和方法。这种战术在运用过程中，没有一个固定的模式，往往在应急动作中产生，以达到意外收获的目的。

（1）削对削时的"轮换发球法"。根据"轮换发球法"规则，首先要抓住接发球这一分，要以稳健的削球、旋转和落点的变化调动对方，守住对方的进攻，坚持到13板而得分。本方发球时要大胆进攻，力求在13板之内得分。这是由于"轮换发球法"的比赛非同一般的正常比赛，它有严格的限制条件，因此，运用的战术、技术手段的要求也有一定特殊性。

（2）团体比赛排阵时，采用"针对性"战术，有意用本方某队员"碰"对方某队员，这也是一种违反常规的排阵方法，目的是出其不意扰乱对方。这种战术在使用时，必须分析准确。有较高胜率把握才会有效果。否则，会适得其反。

（3）比赛中有的应急动作会收到意想不到的效果，如在快速对抗中运动员被攻近身，来不及侧身时突然用"撕"的动作回接，对方会感不适处于防守状态，从而使自己争得主动。

总之，特殊战术在运用时，要突出一个"奇"字，"奇"中求变才能在比赛中达到预想的目的，获取胜利。

三、新规则下乒乓球战术的运用

(一)11分制下乒乓球战术的运用

11分制，由于比分减少近半，整个赛程大大缩短，对运动员战术运用所产生的影响很大。11分制要求运动员进入状态一定要快，开局（前4分称为开局）一上来就应"拼命"，就应打个人特长（在了解对手的情况下，尤应如此），以自己的战术变化为主，重视技术的严密性，减少无谓失误，争取开局领先。21分制时，开局多采用试探性打法，前10分球往往难于拉开双方比分距离；11分制，没时间打试探性战术，7分、8分时比赛就接近局末了。11分制中，5～8分为中局，双方已有所了解，应实施最有效的战术，具体可采用以长打短、以长打长或以短打短的战术，总之应争取局部优势，可以适当打得凶狠些，争取打出一两个高潮，为获得本局的胜利打下基础。9分以后称为收局（或称局末、局尾），应根据场上情况，决定采用大胆搏杀或是灵活巧妙的打法。11分制打到9∶10或10∶10的比分特别多，所以，应特别注意对此类关键球的处理。总的来说，11分制对精力的要求比21分制有明显提高，它特别强调对每个球的算计。

11分制使双方发球的机会变少，运用战术时必须重视发球及战术的多变。发球由5个一轮换变为2个一轮换，而且每局局分变少，这就要求运动员要格外珍惜发球机会，充分利用好发球权，扬长避短、避实击虚。由于每一轮2个球不容易配套变化，所以可将一局中的发球联系起来综合考虑，即根据对方的特点，决定一局中发球的大体变化规律，如发球的种类、路线、配套变化等，再根据场上的具体情况，灵活运用。

(二)大球时代乒乓球战术的运用

38 毫米的小球时代，球越打越快，来回次数越来越少，战术简单化就成了必然。改用 40 毫米的大球后，旋转与速度变弱，接球率提高，相持段的战术变化能力将成为得分的关键因素之一。相持是一种暂时的平衡状态，谁先打破这种平衡，谁就占了主动。因此，对运动员根据对手的情况而灵活多变地调整和运用战术的能力提出了更高的要求。在旋转、速度变慢后，抢先主动发力和击球落点变化是战术运用的主要方面。另外，在战术的具体运用上，靠单一的战术或特长战术获胜的比重降低，而接发球抢攻战术、左推右攻战术等的地位和作用显著提高。

(三)无遮挡发球下乒乓球战术的运用

1. 发球抢攻战术的运用

由于实行无遮挡发球，对方在能够判断清楚发球旋转的情况下，接发球更多采用的是进攻型手段，挑打、抢拉的使用率会大大增加。因此，在发球抢攻时由以前要以抢拉下旋球为主变成抢拉上旋球为主，并争取直接得分，这是在实施发球抢攻战术时的一个较大的改变。

2. 接发球抢攻战术的运用

实行无遮挡发球以后，发球质量下降，接球方能清楚地判断对方发球的旋转，为接发球赢得了很宝贵的准备时间。因此，接发球的进攻、质量、变化都应该相应提高。在接发球的手段上要突破以摆短为主的被动式接发球旧框框，建立以进攻型手段为主(如挑打、抢拉)，主动劈长、摆短为辅的新模式，争取直接得分。接发球后以及下一板的衔接要形成一体，才算是一个完整的接发球技术，接发球手段和下一板的衔接哪一个环节出现问题都不是好的接发球。

新规则实施以后，前三板和前五板的重要性更加突出，而且接发球在某种意义上更为重要，所以只有通过积极主动、灵活多变的战术运用，才能做到真正意义上的抢先上手，争取在前三板、前五板得分或力争进入主动相持阶段。

第四节 乒乓球的战术训练

一、战术行为的培养

战术是以运动员在战术活动中的具体行为来体现的。所以，战术训练过程就是对运动员战术意识和战术行为的培养、塑造过程。

(一)加强战术意识培养

战术意识是运动员在比赛中为达到特定目的而决定战术行为的思维活动过程。战术意识强的运动员，能在复杂多变的比赛环境中，及时发现、准确观察赛场情况，随机应变、迅速确定战术行动方案。

1. 明确战术行动的因果关系

加强战术意识的培养，首先应该从战术行为的因果关系着手，让运动员了解战术行为的意识性是从哪些地方体现出来的。弄清欲达某种目的需要什么样的行动；某种行动又可以达到什么样的目的。明确手段与目的的针对性和互动性。

乒乓球比赛时，战术意识强的运动员能准确地观察赛场情况，根据比赛状况随机应变，迅速确定行动方案，及时拿出制胜对策。在这种有意识的思维活动表现和行为决策过程中，运动员不仅要明确自己采取行动对策的目的及所针对的比赛对抗状况，而且还要预测对策行动将会产生的后果。反之，如果对行为过程缺乏针对性、目的性，对当前亟须解决的问题模糊不清，对自己的行动后果也不甚了解，其行为也因缺乏战术行为的思维活动过程而不能称其为对策，简单说就是缺乏战术意识。

2. 发展对战术情景的识别能力和预测能力

加强战术意识的培养，还应注意发展运动员对战术情景的识别能力和预测能力。较强的战术意识往往表现在运动员对比赛环境的能动反应上，战术意识强的运动员对赛场情景反应敏感、主动，战术应对决策果断、迅速。例如，当运动员感到对方正手弧圈球对自己威胁太大时，就会力争使回球不出台或将球快速地回击到对方不能侧身正手拉弧圈球的地方，通过控制回球落点抑制对方特长的发挥。因为他对比赛的环境有能动的反应，知道对方一旦有了正手拉球的机会，就会对自己产生什么样的被动局面。正是由于战术意识较强，对比赛进程发展情景及后果能有所预测，才有可能用应对的战术行动去控制局面，使其朝着有利于自己的方向发展。

3. 加强经验积累

加强战术意识的培养，经验的积累是一个不可忽视的重要环节。战术行为的意识性，是别人的间接经验和自己的直接经验相互交织积累的结果。因此，不断地向运动员灌输战术活动的经验、通过观察比赛总结战术经验、通过比赛随时总结自己的战术经验，是培养运动员战术意识的重要手段和有效方法。

(二)注意心理素质培养

良好的心理素质是娴熟的运用乒乓球战术的必备条件。比赛中运动员的心理压力对战术运用的影响是很大的，关键时刻稍有犹豫就功亏一篑。有的人连续受挫却仍怀希望，稍有成功立刻精神大振；有的人虽在顺境却提心吊胆，稍遇坎坷就会惊慌失措。自信心是每个成功者共有的心理素质，是心理上的优势，在乒乓球比赛中能运用战术手段摆脱困境、克敌制胜，良好的心理素质举足轻重、功不可没。

运动员在比赛中表现出的战术活动意识不强、战术情景判断不准、战术对策犹豫不决、战术行动出现偏差等等状况，以及新手在比赛中手足无措、不知所为，往往就与运动员的心理素质有关，是心理素质不良的表现。

1. 提高身体素质、增强自信心

强健的体魄、充沛的精力是自信心的物质基础。坚持在技战术训练的同时努力提高专项身体素质是加强自信心的重要途径。尤其是步法训练，不仅能保证击球技术的质量，而且能提高灵敏、速度、力量、耐力和协调等专项身体素质，为技战术的高水平发挥提供充分的保证，同时良好、娴熟的步法还有利于帮助运动员提高心理素质。一般来说，步法好的运动员遇事不慌，心理素质通常较好。

2. 注重过程、不为结果所累

乒乓球比赛中要细化技战术的运用过程，努力运用灵活机动的战术和娴熟的技术打好一招一式，淡化比赛结果，力争达到"只问是非、不计功利"的境界。淡化结果不是不要结果，比赛发挥得好自然会有好结果，这里主要是强调调整心理状态，不要为结果所累。

3. 战胜对手、战胜自己

"一定要战胜对手"的要求是一种强烈的心理暗示，"一定要战胜对手"的要求逼得运动员必须调动全部潜能、全力以赴，对运动员的心理状态产生积极的影响。人类最大的困难就是战胜自己，提高心理素质的过程就是战胜自己的过程，不断战胜自己、超越自己，必将会大大改善心理状态、提高心理素质。

有了良好的心理状态，面对"弱者"不仅要做好"顺利"的心理准备，而且还要做好"困难、甚至落后"的心理准备；面对"强者"不仅要做好"拼搏"的心理准备，而且还要做好"关键时刻抓住机会就能赢"的心理准备；面对"实力相当"的对手，更要对可能发生的情况多加预测，多做针对性的准备，以便在关键时刻采取有效措施，运用战术手段把握和引导比赛进程，力争比赛的胜利。

4. 加强特长训练、提高兴奋期望值

运动员的特长打法不仅有较高质量的击球技术，而且在旋转、速度、力量、落点、弧线等制胜诸因素上有其个性化的特点。特长是个人技术中赖以制胜的重要武器，运动员有了撒手锏，提高了兴奋期望值，更能提高战而胜之的信心。

(三)技术训练战术化

乒乓球运动实践中可以看出，运动员对技术掌握和运用的熟练程度，直接影响着战术行动的实施。战术中必然包含着诸多技术成分。可以这样讲，乒乓球战术就是根据战术行为的目的和任务，将若干个技术动作组合成一个具有针对性的动作系列。可想而知，当运动员必须全身心地投入到如何完成某个技术动作上时，就不可能解放自己的视野和思维去观察、分析和判断比赛场上的情景，更不可能依据比赛状态思考下一步的战术行动。由此可见：

(1)战术行为的运用要以娴熟的运动技术为基础，提高运动员技术熟练性和运用技术的能力，是发展战术行为的必要条件。只有当运动员不再把注意力放在怎样完成技术动作上时，才有精力去洞察全局，才有可能表现出战术行为。

(2)技术训练时，不能单纯地为练技术而练技术，技术训练要战术化，要让运动员掌握这项技术可以运用于什么场合，什么情况下可以变通使用，它的适用范围以及与其他技术的衔接方式等，以此来强化技术的战术运用理念。

(3)对运动员已经熟练掌握的技术，要让其在不同的情景中去运用，以便通过不同条件下的灵活运用而将其升华为战术。

(四)注重战术行为的灵活性

好的战术行为应该表现为灵活多变、快速多样、出奇制胜。只有各种技术高度熟练、出神入化才能表现出战术的灵活运用，让对手琢磨不透而无法把握其战术行为规律；战术行为的多样性造就了战术行为的多变性，给对手增加了判断难度、降低了反应速度；战术行动的快速性，缩短了对手可用的反应时间，加大了对手应对的难度；战术行为的出奇制胜表现出运动员的创造性思维能力，因出其不意、攻其不备而使对手措手不及。战术行为的灵活性是多种因素综合的结果，战术行为灵活性的培养是战术训练的最高层次。

(1)战术行为的多样性是多变性的基础，战术训练中要求运动员要不断地去适应新的情景变化，掌握更多的战术方法。同时，也有助于运动员加快环境适应速度，按新的情景要求完成战术行动，由多样性过渡到多变性。

(2)在战术训练中应提倡运动员有即兴发挥的空间，既能锻炼运动员随机应变的能力，又能鼓励运动员的创造性思维，提高战术运用的灵活性。

(3)在战术训练中应注意启发性和联想性，一种战术行为如果在运用过程中有意外发现，产生联想，就有可能派生分化出新的战术行为。

二、战术训练方法

(一)知识传授培养

知识是人们在实践中获得的认识和经验，战术知识作为主观和客观存在的产物影响着运动员的战术意识和行为。总结归纳前人的实践经验，将前人的经验上升为战术理论知识，向运动员传授系统的战术理论知识，是战术训练的重要方法。运动员在战术理论知识学习过程中对战术理论得到认同和强化，逐渐建立自己的战术思维方式，形成自己的战术意识。

(二)战术讨论和研究

战术行为融理论、经验、技术为一体，同一比赛情景中，不同运动员的战术理念也不尽相同。因此，战术行动的答案不是唯一的。针对这种战术的不确定性，充分拓展运动员的开放性思维，进行战术讨论和研究，也是将战术训练引向高层次的有效方法。讨论研究战术对策时，既要调动运动员的逻辑思维能力，使其能通过分析、综合、判断、推理等认识活动过程深化战术理论；又要调动运动员的形象思维能力，使其能在战术理论上有所突破、有所创新、有所发展。

(三)情景引申训练

这种训练方法是由教练员设置比赛对抗情景，让运动员决策战术方案，教练员再将比赛对抗情景不断引申，要求运动员连续决策。情景引申训练有助于培养运动员的快速反应能力和快速决策能力。情景引申训练可以在操作训练中进行，也可以用口头提问的方式进行。

(四)运动技术训练中的战术行为训练

这种训练方法是将战术训练融入技术训练之中，尤其强调各种技术组合动作的战术意图，让运动员在技术训练时反复练习，在娴熟掌握技术动作的基础上，形成条件反射，达到只要一有情景就能及时、正确应对。

三、战术训练中应注意的问题

(一)战术训练与技术训练要紧密结合

技术训练要在一定的战术要求下进行。使技术训练达到战术的要求，做到练以至用。但战术训练又是以技术为基础的，技术质量是战术质量的保证。技术训练与战术训练不能相互代替，基本技术和战术训练都必须有一定的比例安排，通过反复练习，并且在不同训练阶段有所侧重，才能使技战术达到熟练与提高。

(二)灵活多变适应比赛需要

乒乓球运动具有强烈的对抗性和高度的灵活性特点，因而对人的高级神经活动要求较高，既要能快速地兴奋，又要能迅速地抑制，兴奋与抑制过程转换迅速，在乒乓球战术训练中，许多变化多端的灵活性练习，不但可以提高大脑皮层兴奋与抑制过程迅速转化能力，而且还可以强化各种条件反射，形成动力定型，有利于运动员掌握比赛所需要的技战术。练习时还要配合技战术的需要，注意节奏变化、路线变化、力量变化，必须练得"活"。

(三)抓好结合性技术和单个战术的训练

在乒乓球训练中，有时容易将结合性技术与单个战术弄混淆。那么，如何区分它是结合性技术训练，还是单个战术训练呢？主要视其不同的训练目的和要求。如果作为技术训练，它着重于技术范畴提出要求，以达到一定数量和熟练技术为主要目的。而单个战术训练则是从战术角度提出要求，如作为技术训练推挡结合侧身攻是反复练习由推变攻的步法移动，要求挥臂自如，腰臂发力协调，两个技术动作衔接恰当。如作为战术练习，首先想到比赛，想到战术意图，对某一推挡或侧身攻在落点和力量方面提出带战术性的要求。寻找机会的一板推攻，要求大角度或重压对方中路追身或轻重结合，迫使对方露出破绽，再进行侧身攻。总之，这种训练以提高战术关键性的一板或两板为主要目的，力争自己在这些方面不失手，从而达到制胜的结果。对此，还需注意两点：

(1)各种打法有着不同的结合性技术和单个技术，不能生搬硬套，否则达不到良好的效果。

(2)不同的训练阶段，要有所侧重。如：准备期应多练结合性技术，接近比赛期应着重单个战术和综合战术的训练。

(四)练好综合战术

在掌握基本战术的基础上，进一步将各种基本战术有机地组织起来，组织成综合战术进行练习是非常必要的。在综合战术的训练中，要特别重视战术意识的培养和实战能力的提高。

1. 将同一单项战术中的单套战术有机地组合起来进行练习

例如：快攻型打法在分别掌握对攻战术中，"紧压反手，结合变线，伺机反攻"与"调右压左，伺机反攻"两种单套战术基础上，进一步将两套战术结合起来进行练习，提高进攻战术的水平和效果。

2. 将不同单项战术中的单套战术有机地组合起来进行练习

将发球抢攻战术与对攻战术或拉攻战术中的单套战术结合起来练习；将发球战术与对攻战术、拉攻战术或搓攻战术中的单套战术结合起来进行练习；将搓攻战术与对攻战术或拉攻战术中的单套战术结合起来进行练习。

3. 针对不同类型打法，将各种基本战术结合起来进行全面综合练习

快攻型打法对快攻型打法的全面练习；快攻型打法对弧圈型打法的全面

综合战术练习；弧圈型打法对弧圈型打法的全面综合战术练习；快攻型打法对削攻型打法的全面综合战术练习；弧圈型打法对削攻型打法的全面综合战术练习；削攻结合型打法对削攻结合型打法的全面综合战术练习等。

>>>>>>>>>>>>>>>>>>>>>>>> **练习与思考** <<<<<<<<<<<<<<<<<<<<<<<<<

1. 试述乒乓球运动员战术能力的构成。
2. 简述制订乒乓球战术的基本原则。
3. 按技术使用的顺序，如何进行战术分类？
4. 在比赛中如何使用拉攻战术？
5. 试述新规则下乒乓球战术的运用。
6. 试分析战术训练中应注意的问题。

乒

·

乓

·

球

第七章 乒乓球的双打

本 章 要 点

> 本章共三节，主要介绍了乒乓球双打的特征，双打配对的选择，双打的站位，双打的位置移动，双打比赛的战术，双打训练的指导思想及双打训练的方法等方面知识。

第一节 乒乓球双打概述

在乒乓球比赛中，双打项目占有比较重要的位置，在世界锦标赛 7 个项目中占有 3 项，在奥林匹克运动会的乒乓球 4 个项目中占 2 项。

双打发展的趋势：

(1)趋向于凶狠、回合少、结束战斗快。表现在前四板结束战斗的比例提高。

(2)技术难度加大。表现在短球控制的能力提高，例如用搓短、摆短控制，用挑、撇、抢攻、抢拉两大角等。接发球抢攻的能力大大提高。

(3)战术要求高。根据以往数据分析，要取得双打比赛的胜利，发抢段得分率应该达到 $60\% \sim 65\%$，使用率达到 25% 左右；接发段得分率达到 55%，使用率达到 35% 左右；相持段得分率达到 $45\% \sim 50\%$，使用率达到 40% 左右。

一、双打的特征

(一)双打以单打的竞技水平为基础

双打技术建立在单打技术基础上，单打水平高，一般双打的水平也会比较高。例如，在很多大赛中经常出现两个来自不同协会的运动员临时搭配的组合，偶尔也能获得很好的成绩，甚至夺得冠军，说明双打运动员自身的竞技水平是很重要的。因此要强调提高单个运动员的自身实力。

(二)两人协同作战

虽然在双打比赛中两名运动员各自的实力很重要，但要想成为世界顶尖的双打配对就必须看配对选手之间的配合默契程度。由于这种默契要靠长期的训练磨合才能逐渐成为一种潜意识的东西，因此要培养出一对好的双打选手需经过很长一段时间的磨炼。

在双打训练和比赛中一定要坚持贯彻积极主动、先发制人的主导思想，注重提高主动进攻的能力和意识。

(三)比赛中充满变化，教练员应该鼓励运动员之间互相沟通

打法的变化，进攻与防守的变化，发球与接发球的变化，凶与稳的变化，旋转、速度、落点的变化，无论哪一方面都要有驾驭变化的能力。

(四)轮流击球要让位

乒乓球的双打区别于羽毛球、网球的双打，它需要每方运动员轮流交替击球。一对选手之间每人击球后都必须让位。如何让位，如何为同伴创造最佳的击球位置非常关键。

二、双打配对注意事项

双打配对的选择是双打项目取得好成绩的重要前提，要非常重视。一般双打配对须注意以下几个问题。

(一)运动员持拍手的选择：首选一左一右配对

目前世界上的最佳双打组合均为一左一右的搭配。

现在世界上的主流打法都是积极主动上手，而且多用正手进攻，一左一右配对从站位到跑动都更有利于运用正手技术，其优点有：

(1)在跑位的区域和交替跑位上更有利于相互弥补空当。

(2)从技战术运用的情况看，特别是在"前三板"主动上手和相持中发挥正手进攻能力上都有明显的优势。

(3)这种搭配可以避免两个右手选手(或左手)被对方逼住反手位侧不开身，以及正手位大角度形成反手位空当的局面。

从第36届至第48届世界锦标赛有15次是由左、右手搭配的选手获得冠军的。自乒乓球项目进入奥运会以来，中国有7对选手夺得双打项目的冠军，其中4对选手是左、右手选手配对的。由此可见，左、右手的搭配应该是双打的最佳选择。

(二)运动员打法类型的选择：打法凶狠和稳健的配对

打法凶狠和稳健的配对。如果两名运动员打法都偏于凶狠，无谓失误就会过多；如果两名选手都偏于稳健，则缺乏进攻的杀伤力。

(1)一般这样的配对可以是以弧圈为主和以快攻为主的搭配。

(2)可以是两面弧圈球和两面性能不同球拍的搭配。

(三)习惯打球区域的配对：中远台与近台的配对

这种配对中最好是一名选手习惯运用中远台技术；另一名选手则习惯运用近台技术。

(1)这样他们的活动区域较大，在进攻和防御，以及攻防转换中有很大的横向和纵向的跑位空间。

(2)若两名运动员站位都习惯于偏近或偏远，那么他们在跑动中击球时因极易相互牵制而影响击球质量，甚至相撞。

(四)两名选手均以守球为主，但都具有进攻能力的配对

一名应该善于近削变化落点，一名善于远削变化旋转，这样在削球时给对方不同的落点和旋转，调动其位置移动，容易制造出机会球从而突击反攻。

(五)在各种打法类型配对中要尽量避免以下两种搭配

(1)进攻型打法和近削型打法的配对。

(2)远攻型打法和远削型打法的配对。

这两种配对由于不能连续进攻，也不能连续防守，相互协调换位也很别扭，因此应该尽量避免。

(六)尽早确立双打打法风格

在配对确定后，应该尽早确立他们的打法风格，明确哪一名是主攻，哪一名是副攻。双打配合不能各自为战，要有一名占主导地位，起到发动进攻和得分的主要作用，另外一名要想办法为同伴的进攻和得分创造条件，根据同伴的需要来决定自己处理球的方式。

(七)运动员之间的关系

由于双打选手之间必须有良好的沟通和交流，因此，两名选手必然应该是有较好的友谊关系，在感情上是好朋友，并且教练员在平时应该有意识地培养他们的交流能力和相互之间的信任、鼓励。

(八)运动员神经类型的选择

神经类型可以作为选择双打配对的参考条件，因为两种不同神经类型的运动员相搭配可以互相弥补在场上由于情绪问题带来的不足。他们可以是安静型和兴奋型搭配，但这只是辅助依据，其他要点满足后再加以选择。

三、双打的站位

(一)站位的重要性

站位合理，移动迅速，让位方便，避免相互冲撞，有利于发挥每人特点。

(二)具体站位方式

1. 发球员及其同伴的站位

平行站位：多为进攻型选手发球时采用。发球员站位偏右，让出 3/4 的位置给同伴居中并近台站位。

前后站位：多为削攻型选手发球时采用。发球员站位偏右稍前，其同伴站位居中略后。

2. 接球员及其同伴的站位

平行站位：多为一左手一右手执拍的进攻型选手采用。进攻型选手用反手接发球时亦常取此种站位。

前后站位：

(1)进攻型选手用正手接发球时采用，接球员站于近台偏中位置，以利正手进攻，其同伴稍后错位站立。

(2)削攻型选手无论用正、反手接发球均以前后站位为宜。

四、双打的位置移动

双打比赛中，要求运动员脚步移动十分灵活，移动时必须注意以下几点：第一，不能影响同伴的视线和判断来球；第二，不妨碍同伴抢占击球位置和还击来球；第三，有利于本人下次还击来球。

双打运动员脚步移动的方式和路线是根据对方击球的不同力量、速度、旋转和落点，以及本方运动员不同类型打法的配对而决定的。双打运动员脚步移动的方式有三种：第一，左右移动；第二，前后移动；第三，曲线移动。运动员脚步移动的具体线路如下：

(一)"八"字形移动(图 7-1)

一个左手和一个右手执拍的进攻型选手配对，多采用此种移动方法。两人击球后均向自己反手侧后斜线移动，既确保了同伴的击球空位，又有利于发挥自己正手攻球的威力。一般运用跳步、换步、小碎步较多，也可用交叉步。

(二)环形移动(图 7-2)

两名右手执拍的选手配对时，多采用此种移动方法。

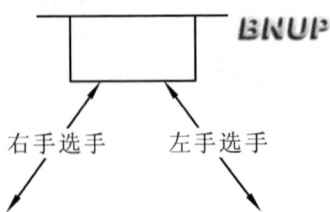

图 7-1 "八"字形移动

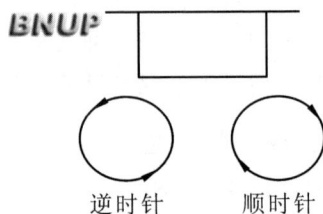

图 7-2 环形移动

(三)"T"字形移动(图 7-3)

一名站位近台与一名站位中远台的选手配对时，多用此种移动方法。如一名快攻选手与一名弧圈球选手配对，一名近台快攻与一名中远台攻球手配对，一名近台削球手与一名远台削球手配对，一名快攻手与一名削攻结合选手搭配时，皆采用此种移位法。

(四)"∞"字形移动(图 7-4)

对方有意识地针对本方一名选手交叉打两角时，其移动路线多为"∞"字形。

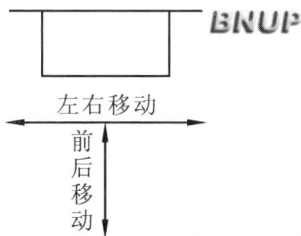

图 7-3 "T"字形移动

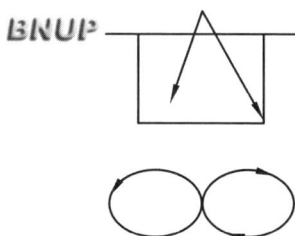

图 7-4 "∞"字形移动

以上只是双打位置移动的几种基本方法，实践中常常是几种方法的结合运用。在比赛中情况千变万化，固定不变的移位方法是没有的，运动员应灵活运用。

第二节 乒乓球双打比赛的战术

一、双打配阵

双打的配阵，主要指力争有利的接、发球次序。由于规则规定发球者必须从本方球台的右半台发至对方球台的右半台，受发球区域的限制，发球一方不如接发球一方有利。另外，接发球一方还可根据发球者的不同技术水平自行决定本方的接发球次序。所以在双打比赛中，较多的选手会首先选择接发球。

在配阵时，可考虑以下事项：

(一)在选择接发球后，根据对手情况决定选择接、发球次序。

(1)虽然女选手极易被男选手攻死，但女选手使用不同性能或非常规球拍时，亦可选择女打女的次序。因为非常规(如长胶)球拍击过去的球易被男选手抢攻，而女选手却往往易吃此球。

(2)在男双或女双比赛时，可选择以强打强的次序。弱者的攻击力和控制对方的能力不如强者，我方强者便于从中寻求机会攻击对方的强者，使对方强者的攻击力难以发挥。

(3)选择接对方比较适应的一名选手的球，打另一名选手的次序。如甲 A

特别适应乙A的球路，甲方就应选择甲A接乙A球的次序。

（二）当对对手的技术情况不了解时，也可以先选择发球权，即使第一局失利，第二局还可以调整接发球的人选，还可以改变不利的局面。这是一种后发制人的战术。

（三）在双方技术水平比较悬殊的情况下，力量较强的一方也常会使用先发球的配阵，假如第一局赢了，那么以后就会越打越顺利。

（四）若本方被确定为先发球时（当对方选择了接发球；或在不了解对方的情况下，本方中签选择了发球），应由本方发球技术好的选手为第一发球员，以争取开局主动。在混合双打中优先选择男选手先发球较为有利。

二、双打暗示

乒乓球双打比赛中，常采用手势、暗语及某些特定形式来传递本方运动员的想法以达到控制比赛的目的。

三、双打的战术

双打是技术特长和风格不尽相同的两人协同作战。因此，在战术运用上比单打要复杂一些。除了要很好地研究对方的特点外，还要根据配对两人的特点来确定。在双打比赛中，先发制人，力争主动的战术思想尤为突出，往往在前四板中就决定一分球的胜负。即使是以削为主的配对，也应贯彻积极防御的思想，力争以旋转和落点的变化控制对方，伺机组织进攻。

下面介绍几种主要的配对在对付不同类型打法的对手时所运用的主要战术：

（一）快攻类打法对快攻或弧圈类打法的主要战术

1. 发球抢攻的战术运用

发球者以发侧上、下旋或转与不转的近网短球为主，配合发长球至对方的右大角和中线稍偏右处进行抢攻。抢攻者必须根据回球的落点、长短、旋转进行抢攻，用力大小要善于根据回球来加以调节，要求抢得快、落点活，如能向对方的空当发动攻势效果更好。

2. 接发球抢攻的战术运用

首先对发来的球要判断清楚，以快点为主或用快拉回击，必须树立敢打必胜的信念。要求出手快、落点活，配合突然的假动作，主要攻击对方空当。有时也可做相反的运用，以便为同伴创造进攻机会。当不能起板进攻时，可运用多种技术（摆短、切、撇等）过渡一板。要求落点好、具有突然性，使对手不容易抢攻，为同伴下一板进攻创造机会。

3. 从中路突破再变线的战术运用

如果对方是两名身材高大、右手横握球拍（欧洲此类打法较多）、技术水平较高、正、反手均能拉弧圈球的选手，那就要从中路突破。首先应在发球、接发球方面严格控制台内短球，伺机抢先突击，力争主动打至对方中路，使对方处于被动防守的局面后，突击变线，从而为扣杀创造更多的机会。切不可过分求稳、防御过多，以至造成被动挨打的局面。

4. 专门向对方的身体进攻

使回击者必须迅速让位，造成其回球的困难或被动，伺机进行扣杀。

(二)弧圈类打法对快攻类打法的主要战术

1. 发球抢攻的战术运用

发球者以发下旋、侧下旋近网短球为主，配合急侧下旋球以牵扯对方的注意力，使对方在接近网短球上只能以搓球回接，充分发挥弧圈球的威力，这需要两名选手在场上的默契配合，要求拉弧圈球选手在旋转、落点等方面质量要高，为同伴创造更多连续冲或扣杀的机会。

2. 接发球抢攻的战术运用

如自己中台对攻的能力较强，可多用拉或撇的方法去接发球，主动与对手展开对攻，如估计自己的对攻能力较弱，则可多用搓短球去回接，然后再伺机拉弧圈球去争取主动。

3. 以不变应万变的战术运用

当对方技战术出现明显漏洞或在对方两名选手中有一名实力明显较弱的情况下，有意识、有目的地把所有来球都控制回击到对方的某一区域或某一人，能起到很好的效果；而对另一名技术水平较强的选手，在控制落点、旋转等方面要极为谨慎，不给对方进攻的机会。

(三)以攻为主类打法对以削为主类打法的主要战术

1. 发球抢攻或接发球抢攻的战术运用

利用发球抢攻与接发球抢攻打乱对方的战术意图，在发球后或接发球时，看准旋转，尤其是对底线加转下旋球，充分利用弧圈球或突击到对方的中间偏右处，再伺机扣杀或爆冲另一方的近身或两大角。接发球寻找机会突然起板，造成对方措手不及判断失误，打乱对方战术部署，为全局的胜利奠定优势。

2. 拉一点突击两大角的战术运用

先拉对方固定一点，当对方两名选手移位不及时，进行突击和连续扣杀；或拉弧圈球(突击)至对方两名选手不同的空当，迫使对方左右奔跑，出现机会再伺机扣杀。

3. 运用长短球找机会

伺机向站位近台的选手进行突击；亦可吊短球给站位离台远的对手，然后伺机扣杀。还可利用上旋强烈的弧圈球迫使对方两个人都后退进行防御，再突然放短球，伺机冲杀追身或两大角。另外，还可采用拉搓结合的打法，变化回球旋转与落点长短，伺机冲杀。

(四)弧圈类打法对弧圈类打法的主要战术

1. 发球抢攻的战术运用

一直一横选手的配对，发球者多以中路近网侧上、下旋或转与不转球为主，适当配合有速度的中路长球，这种突出"中路"的特点主要是为了限制对方回大角度球，为同伴创造机会。现在的最新技术是，当对方快拉、挑、点过来的球时，同伴应利用反剃或反撕技术至其空当，这往往使对方措手不及。

2. 接发球抢攻的战术运用

充分利用弧圈球技术的特点，积极主动抢先上手(滑板、快拉、挑、点)打对方的空当。当对方站位远离球台或进攻能力较弱时，可用摆短至中路过渡，为同伴进攻创造机会，要求回球旋转强、弧线低、落点好。

3. 防守反攻的战术运用

首先应具备顽强的意志与必胜的信心，同时还应具有良好的防御能力、手上感觉及灵活的步法。通过激烈争夺而取得的一分球，能够鼓舞士气，增强心理优势，从而扭转整场比赛的战局。采用此战术时，防守要求弧线长、落点刁、旋转强，为同伴反攻创造有利条件。

(五)以削为主类打法对以攻为主类打法的主要战术

(1)连续削对方一点，把对方两人调到同一位置上，然后伺机进攻对方空当；或采用交叉削球到对方不同的空当，使对手不断地向左、右移动，再伺机反攻对方空当或追身。

(2)当对方进攻能力比较强并具备很强的杀伤力时，应采用连续交叉逼对方两大角战术，不给对方从容扣杀的任何机会，使对方在大范围走动中回击来球，伺机进行反击。要求削球弧线低、角度大、旋转强。

(3)发球抢攻战术的运用，以发近网转与不转短球为主，配合突然性急球扰乱对手，伺机进行反攻。

(4)运用突然性的接发球抢攻，从心理上给对方造成很大压力，同时也能给同伴创造机会，使自己增强信心和削球的主动性。但在运用接发球抢攻时，应提前向同伴示意做好准备，方能取得预期的效果。

(六)防守对防守类打法的主要战术

(1)首先，要在指导思想上改变过去常用的那种"死磨"战术，要树立抢攻意识；其次，搓球要有长短、快慢及旋转的变化，这样才能为突击创造更多的机会，打乱对方的战术意图。抢攻要果断、线路要清楚。

（2）拉、搓结合战术的运用，以拉攻为主，配合搓球，使对手不断前后移动去接球，然后伺机进行突击。

（3）一方面可采用特长发球技术伺机进行抢攻；另一方面也可根据同伴的打法特点有选择地发球，以利于同伴进行抢攻。接发球时，可以伺机大胆地采用突然性接发球抢攻，以取得主动。

（4）当对方的攻击力强于本方时，在加强防守的同时，积极寻找机会进行反攻，从而削弱对方的攻势。实施此战术时应积极移动步法，同伴要做好连续进攻的准备。

第三节　乒乓球双打的练习方法

一、双打训练的指导思想

一般来说，双打技术是建立在单打技术基础上的，单打技术水平高，双打水平也会较高，但这不是绝对的。因为双打是每人按次序各击球一次，除发球和接发球外，接下来的还击球在速度、旋转、力量、落点和节奏上都比单打难度大、变化多。这是双打与单打的最大区别也是双打的特点。双打训练的指导思想为：

(一)长年坚持，保证训练时间，这是双打的成功经验之一

双打要求两人感情交流，相互信任和技术上的默契这不是一朝一夕所能做到的，需要通过较长的训练时间去磨合。据此，我们认为双打要天天练，一般情况下每天练一次，一次练一小时左右，实践中还可根据具体情况适当调整。

(二)双打的实用性和针对性是最主要的训练内容

双打要根据主要对手的特点(包括对方的弱点)进行训练，把两人的技战术融合在一起，光是拼命地练，并不能达到预期的效果。实用技术靠平时一个一个地去解决，练基本技战术可一对二，或用多球练。

(三)抓好发、接、抢技战术

双打比赛中发、接、抢和控制前四板球是重点，这两项使用率加起来占全局比分的 $55\% \sim 65\%$。最低也超过一半，最高接近全局的 2/3。很明显，把这四个环节训练抓紧抓好了，取胜便有了保证。

(四)要练好几种主要步法

"八"字形步法(一左一右配对)；三角形(环形)步法(两个右手配对)；灵活的跑动位置是打好相持球的基础。因为双打是在移动中击球，并且还要让位置给同伴还击。因此双打跑动范围相对比单打大，除了向左、右、前、后、斜上下方做"八"字形和向右方做绕圈循环跑动外，对角度大的来球有时还要做一前一后的跑动，步法不能停顿。要打出威力大(既有速度，又有旋转、力量及节奏变化)又命中率高的高质量回球，如果不训练灵活合理的步法是难以做到的。还有一种主要用于两名削球手的"T"字形步法，近削者向左、右移动呈"一"字形；远削者向左、右、前、后移动，两者组合呈"乒乓"字形。

二、双打训练的具体方法

(一)发球与接发球抢攻的练习方法

1. 发球练习

一定要以提高发球质量为主，要重视发球训练，不能产生枯燥乏味的想法。练习时可采用多球训练，以节省时间。先将两人拆开，分别站在球台的右角，有计划地进行各种发球练习。

要求运动员发到规定的落点，在发落点的同时要结合旋转与速度，力求出手速度快，动作相似，转与不转差距大。在单人练习发球时，可根据球越网后在对方台面上能跳多少次来检查质量，跳的次数越多，说明球发的越短，有些发球不但次数跳得多，而且能从对方台面缩回来，这说明球的下旋很强。右侧上旋发球也可以用上述方法来观察，球跳至对方台面后往右拐弯越厉害，说明侧旋越强。

有时也可以一方发球为主，另一方练接发球。发球后如对方失误多，出机会球多，无法抢攻，说明发球质量高，效果好，反之，对方接发球较易抢攻，说明发球质量低，效果差。

2. 发球与抢攻的结合练习

训练发球抢攻时，可以用单人来陪练，双人一方先发球，开始要求对方回接的落点固定在1/2台内，使同伴练习抢攻。单人一方在回接方法上也可以先简单些，固定以拉、削或搓来回接，使回球难度小一些，以提高双人一方抢攻的走位与命中率。然后再逐渐增大难度，单人一方回球可以不限落点，以提高双人一方步法移动的灵活性。最后让单人一方采用各种不同的回接方法，这样双人一方发球与抢攻更接近实战，这一练习过程能使训练逐渐贴近比赛，有助于提高实战能力。

3. 用比赛方法进行发球抢攻训练

教练员可用统计方法来检查训练质量。一方将球发出后，另一方可以不限接法，但发球一方必须进行连续进攻，进攻不超过三板才能得分，否则即算失分。通过统计可以看出抢攻的命中率与威力，若连续攻三板不得分，说明抢攻落点不好、攻球力量不重或战术运用有问题等。通过这种比赛也可以从统计中看出对方接发球的水平与防御能力的强弱。

（二）接发球和接发球抢攻的练习方法

1. 用多球方法进行接发球练习

用多球方法练习可以节省时间增加密度。方法是将配对拆开，各占球台一方，一方以发球为主，一方以接发球为主，发球者可根据接发球者提出的要求发球(包括落点、长短、旋转性能等)，接发球一方以快点或快拉为主配合快搓与其他回接的方法回接。回接要速度快，弧线低，控制落点，逐步提高接发球的质量。

2. 重点回接不同性质的来球练习

在接发球的训练中要特别强调判断清楚，移位及时，并要在很短的时间内将球回击到对方台上。通过接发球反复练习，提高运动员前臂及手腕控制球的能力。以攻为主的运动员在训练接发球时，重点应放在多接近网下旋(转与不转)或侧下旋短球上，以接长球为辅；以削球为主的运动员，重点应放在多接一些侧上旋、急下旋等长球上，短球为辅。有时也可根据个人在接发球技术上的某些缺点练习，以提高接发球的能力。

3. 用多球专门进行接球抢攻的练习

发球一方可用单人来发，接发球一方可以双人配合来做接发球抢攻练习。若结合实战需要训练，效果更好。

4. 用比赛方法进行接发球抢攻训练

在这项训练中，教练员可用统计数字来检查接发球抢攻的使用率和得分率。

方法是接发球一方首先抢攻，然后同伴继续攻，不超过三板可得分，否则算失分。通过统计可以看出接发球抢攻直接得分的多少，得分多说明接发球抢攻水平高；连续进攻三板尚未得分，说明接发球抢攻能力比较低。同时从统计中也可以检查另一方的发球质量与防御能力情况。

（三）上旋相持球的训练方法

(1)正手弧圈球相持练习，可采用一人用推挡(拨)连续打全台，使主练一方两个人不断地在走动中正手拉。适当采用多球训练，效果更好。

(2)发球抢攻后转相持球练习。可采用单人与双人进行对练。此种练习方法由发球抢攻开始，陪练一方被攻后连续回击不同落点，主练一方两人在走动中不断正反手回击。

(3)单线近台封堵和中远台对拉练习。以快攻为主者在近台封堵，以旋转为主者在中、远台对拉，提高相持能力。

（四）搓、拉结合的训练方法

(1)双打搓球练习，可参照双打走位练习的方法，既可采用单人对双人的练习，也可采用双人对双人的练习，既可做定点走位搓球练习，也可做不同落点搓一点的练习，最后还可采用任意对搓不同落点的练习，在搓中逐步掌握和提高搓得快、低、短、转以及落点变化或旋转变化的能力。

(2)搓中抢拉练习。首先要判断清楚来球距网高度、长短、旋转程度和落点，后进行抢拉，在抢拉时要注意力量的调节，因为双方均重视搓中控制，是爆冲还是拉落点，应视机会而定。没有把握时，应在 $50\%\sim70\%$ 的力量中进行调节(搓中的练习，既可采用单人与双人对练，也可采用双人与双人对练)。搓球的落点可以不受限制，但抢拉可以一方为主，先攻规定一点，另一方练搓球控制和提高防御能力。最后双方可以任意搓不同落点和随意找机会抢攻，然后打相持球。

>>>>>>>>>>>>>>>>>>>>>>> **练习与思考** <<<<<<<<<<<<<<<<<<<<<<<<<<<

1. 试述乒乓球双打运动员如何配对。
2. 画图说明乒乓球双打运动员的位置移动。
3. 为什么在双打比赛中运动员往往首先选择接发球？
4. 简述双打训练的指导思想。

第八章　乒乓球运动员的素质训练

本章要点

本章共三节，主要介绍了乒乓球身体训练的内容，身体训练的内部关系，身体训练的基本要求，一般身体训练的方法，专项身体训练的方法，乒乓球比赛的心理特征，常用心理训练的方法及运动员心理技能训练计划的制订等方面知识。

第一节　身体训练概述

一、身体训练的概念

身体训练是指运用各种身体练习的方法与手段，全面提高与改善运动员的素质、形态、机能和健康水平的训练过程。对于乒乓球运动员来说，身体训练是指乒乓球技战术训练以外的身体练习，旨在提高运动员的身体素质、运动机能和健康水平，促进身体形态的发展。

身体训练可分为一般身体训练和专项身体训练。

一般身体训练是指在运动训练中，运用多种多样的身体练习手段，进行旨在增进运动员的身体健康，改善身体形态，提高各器官系统的机能水平，全面发展各项身体素质，为专项训练打下基础的训练。

专项身体训练是指在运动训练中，采用与专项紧密联系的专门性身体练习手段，进行旨在提高与专项技术有直接关系的专项身体素质，以保证运动员在比赛中有效地运用技战术，创造优异运动成绩的训练。

二、身体训练的内容、内部关系及身体素质的相关概念

（一）身体训练的内容

乒乓球运动员的身体训练包括一般身体训练及专项身体训练两部分。

乒乓球运动员的一般身体训练包括为发展运动员全面身体素质而进行的速度、力量、耐力、灵敏及柔韧等身体素质训练内容。

乒乓球运动员的专项身体训练通常包括击球挥摆速度、反应速度、步法移动速度、快速力量、力量耐力、速度力量、场上灵敏性及柔韧性等专项素质训练内容。

（二）身体训练的内部关系

从宏观的角度分析，一般身体训练与专项身体训练是身体训练的两个重要组成部分且二者之间存在着密切的关系。一方面，一般身体训练与专项身体训练在训练内容、训练方法与训练目的、任务等方面存在一定差异。因此，在训练过程中二者之间具有不可替代性。另一方面，一般身体训练与专项身体训练在某些练习内容与训练方法上又存在一定共性且二者之间无明显的界限。因此，在训练过程中二者又具有一定的兼容性。总的来说，一般身体训练是专项身体训练的基础，专项身体训练是一般身体训练的高级阶段。前者是运动员全面发展的重要前提，后者是运动员专项技术水平提高的必要保证。

从微观的角度分析，身体素质各个方面之间又彼此联系、互相制约、相互促进。速度素质的发展有赖于力量、灵敏等素质的提高。而力量的发展又依存于速度、耐力等素质的有效改善。从专项的角度讲速度力量、力量耐力等更是各项身体素质的结合发展。总的说来，任何一项身体素质发展的滞后都可能成为制约其他或者全面身体素质发展的桎梏。因此，身体素质的各个方面具有相互制约与相互促进的二重性关系。

（三）身体素质的相关概念

（1）速度素质是指人体快速运动的能力。速度是指人体在运动时身体各部位肌肉收缩和放松交替过程的快慢。它包括人体某一部位的移动速度和整个身体重心的移动速度。

（2）反应速度是指人对外界刺激的快速应答能力。

（3）动作速度是指人体快速完成某一动作的能力。

（4）移动速度是指在周期运动中人体在单位时间内快速位移的能力。

（5）力量素质是指人体或身体某部分肌肉在运动时克服阻力的能力。

（6）耐力素质是指有机体长时间工作，克服工作过程中所产生的疲劳的能力。

（7）灵敏素质是指在各种突然变换的条件下运动员迅速、准确、协调地改变身体运动的能力。

（8）柔韧素质是指人体各个关节的活动幅度，以及肌肉、肌腱和韧带等软组织的伸展能力。

三、身体训练的基本要求

(一)长期性与系统性

身体训练必须长期进行,而且要制订多年训练计划与年度训练计划。重视身体训练的连续性,长期系统地进行身体素质训练是逐步提高运动能力、防止身体素质消退和防止运动损伤的重要途径。

(二)全面性与重点性

身体训练应注意全面性与重点性相结合。乒乓球运动是一项全身运动,各身体素质之间彼此联系、互相制约。只有全面、系统地进行身体素质训练,才能有效地发挥运动员的运动能力。同时,乒乓球运动员的身体训练又必须具有重点性,即在某一特定阶段,必须根据运动员的年龄与身体素质状况等对其身体素质中的某一方面进行重点训练。如15岁以前少年的力量训练重点应放在发展速度力量上。

(三)方法和手段的多样性

练习方法及练习手段的多样性是提高运动员的练习兴趣与训练效果的重要途径。

四、身体训练应注意的问题

(一)安全训练,严防事故

(1)身体训练前应做好准备活动,防止运动损伤。

(2)身体训练中,必须加强组织管理,切实注意安全、落实安全措施,严防发生伤害事故。

(3)身体训练结束后,要进行有关部位的反向活动,使在训练中长时间收缩或伸展的肌体能得到充分的恢复,加强医务监督工作,并做些必要的放松、按摩活动,以利于消除疲劳。

(二)按需训练,计划严谨

(1)坚持全年系统训练,在一般身体训练的基础上,根据技战术训练的不同阶段或不同的比赛任务,紧密结合乒乓球运动员的各种打法特点进行专项素质训练。

(2)发展各项身体素质,应根据乒乓球运动特点分清轻重缓急。例如,就发展灵敏性和柔韧性来说,发展灵敏性就应优于发展柔韧性。

(3)发展各项身体素质,应根据乒乓球技术训练各个时期的特点和要求,有所侧重的安排身体训练项目。在身体训练的练习形式上,要尽可能接近乒乓球特定运动技术的特点。例如,在提高移动中攻球技术训练的阶段,就应多安排些发展步法移动和步法起动方面的专项身体素质训练。

（4）身体训练运动量和运动强度的安排，应逐步与乒乓球竞赛的实际需要相适应。经过一场紧张激烈的比赛，运动员的脉搏可达每分钟190次以上，一次重大比赛，通常要连续奋战近10天。制订身体训练计划必须针对这些具体情况，做到计划严谨、按需训练。

（三）科学训练，一举多得

（1）根据具体队员的训练任务和实际条件，科学安排各项身体素质训练的内容、比例、顺序及各项素质的达标标准。例如，应先安排发展速度和反应的练习，后安排发展力量和耐力的练习等。

（2）进行身体训练的方法手段，应尽可能地做到一举多得。例如"变速跑"不仅可以发展耐力和速度，同时也可以和乒乓球步法移动练习相结合；"按信号变换花样跳绳"不仅可以发展耐力和弹跳，同时也可以发展反应和灵敏。

（3）身体训练与技战术训练穿插进行，一般在每次技战术训练结束后，接着安排身体训练效果较好。

（四）综合训练，因人而异

（1）提高身体素质必须从实际出发，在综合发展全体队员的整体素质的同时，要根据具体选手的各项身体素质情况和特点有所侧重，做到因人而异、区别对待。

（2）由于每个选手的类型打法不同，对身体素质的具体要求也有差异，在安排身体训练时要考虑到每个选手的打法特点。

（3）要根据队员的性别、年龄及体质状况差异，考虑个人承受身体训练负荷量的实际可能性。

（4）身体训练的方法和手段应多种多样，以利于激发兴趣，提高训练的积极性和兴奋性，保证每个人的训练效果和质量。

第二节　身体素质训练的方法

一、一般身体训练方法

（一）力量素质

力量素质的提高，可以增加肌肉的体积和提高运动成绩，合理的力量练习可以促进骨骼的生长发育，还可以增大关节的稳固性，提高关节的灵活性。力量素质可以分为动力性力量和静力性力量。肌肉以等张形式收缩而产生的力量，称为动力性力量，又可分为绝对力量和快速力量。在单位时间内肌肉快速收缩而产生的力量，称为快速力量，即爆发力。根据乒乓球运动的特点，应重点发展快速力量。

（1）上肢力量训练：主要采用俯卧撑、俯卧撑推地、持哑铃弯举、持哑铃伸臂、持哑铃曲伸、单杠引体向上等练习。

（2）躯干部位力量训练：主要采用胸前推举杠铃、直臂前上举杠铃、快速平推杠铃、仰卧起坐、悬垂举腿（两手同肩宽上举握住单杠，身体悬垂，然后两腿伸直或稍屈向上举至水平位置）、俯卧两头起、左右抓举杠铃（将杠铃置于体侧，身体侧转屈体，双手比肩宽握杠铃，直接将杠铃抓举至头上、然后放至另一侧，再从另一侧抓起，反复练习）等练习。

（3）下肢力量训练：主要采用负重深蹲、单腿深蹲、腿举（仰卧于升降练习架下，两脚蹬住练习架做腿屈伸动作）、负重登台阶、蛙跳等练习。

（二）速度素质

（1）最高频率的各种形式高抬腿跑，持续时间 5～10 秒。

（2）最快频率的小步跑、半高抬腿跑，距离 30～40 米。

（3）30～60 米段落的追逐跑。

（4）加阻力跑：各种段落的负重跑、拖重物跑、上坡跑、逆风跑等。

（5）加助力跑：各种段落的下坡跑、顺风跑、牵引跑等在外力的帮助下提高跑速，克服"速度障碍"，提高跑的步频。

（6）各种段落、形式的测验跑、检查跑等。

（7）各种游戏性质的反应练习、比赛等。

（三）耐力素质

（1）各种形式的长时间跑，如持续跑、变速跑；变换环境的越野跑、间歇跑等。

（2）除跑以外的长时间活动及其他周期性运动，如游泳、滑冰、自行车、划船等。

（3）长时间重复做某一非周期性运动。

（四）灵敏素质

（1）躲闪摸肩。两人站在 2.5 米内的圆圈内做 1 对 1 巧摸对方左肩练习。要求计算 30 秒摸中次数。

（2）各种形式的追逐游戏。如将运动员分成若干组，每组两人环形站立，另设两人一追一逃，逃者若背贴于某组内环第一名前面，则该组最后一名便成为逃者；如逃者被抓住则改为追者，反复练习。

（3）快速折回跑。要求运动员听哨音或看手势做各种变换方向跑。

（五）柔韧素质

（1）各种肩绕环。

（2）弓步压腿或弓步压胯走。

（3）站立，脚跟相对，脚尖尽量外展或脚尖相对脚跟尽量外展，使两脚成"一"字形。

（4）倒卧悬垂拉肩。

二、专项身体训练方法

（一）提高反应速度的练习

提高乒乓球运动员的专项反应速度，首先是通过练习者视觉的观察，其次是通过听觉对声音辨别，经过判断然后作出迅速的反应和正确的动作，因此，反应速度练习的一个特点，就是要使练习者根据信号作出迅速的反应。信号可以是动作、手势、声音、物品等。

（1）二人表象比赛。要求观察对手作出击球动作后，再作出反应和动作。

（2）根据教练员指令做相应回球动作：

"近网"——做扣杀或推挡动作。

"底线"——做拉球或搓球动作。

"削球"——做正手快带或反手推挤动作。

（3）在单线对攻中，突然有一方变线。

（4）在重心不停顿地交换中，根据教练员信号。迅速起身做侧身步、跨步、交叉步等。

（5）在行进中听信号后，突然作准备姿势，然后迅速做交叉步、侧身步等。

（6）用多球做接发球练习。根据对方发球动作，迅速判断旋转性质和落点，然后作出反应和动作。

（7）两个人用多球在同一方位交替发球，另一人在对面球台练习接发球。

（8）对墙距1米左右站立、教练员在其背后用多球对墙供球，练习者连续还击墙上反弹回来的球。

（9）目视教练员向上击球，练习者按旋转球落台反弹的方向，原地转一周后，沿球台跑一圈。

（10）按信号急跑、急停。

（二）提高移动速度的练习

乒乓球运动员的移动速度是指在最短时间内，通过步法移动、迅速达到击球位置的能力。提高专项移动速度，应尽量结合打乒乓球的步法特点进行练习。

（1）左右移动步法练习（以球台宽度为界），15～30秒为一组。

（2）左右跨跳（以1/2球台宽度为界限），15～30秒为一组。

（3）交叉步移动（以球台长度为界），15～30秒为一组。

(4)摸球台端线两角(左右侧的、侧后移动),15～30秒为一组。

(5)推、侧、扑步法练习,15～30秒为一组。

(6)长短球步法练习,15～30秒为一组。

(7)基本球路结合步法练习。

(8)用多球练习提高步法移动速度。

(9)沿球台侧滑步接力赛。

(10)沿球台变向跑一周,要求队员始终保持面向一个方向。

(三)发展专项力量的练习方法

1. 上肢专项力量的练习

(1)变速弯举。持哑铃或杠铃做变速弯举,从直臂至屈臂90°用3秒,然后加速用1秒完成弯举动作。

(2)变速转动杠铃杆。持杠铃杆(右手正握、左手反握),右臂内旋做逆时针转动,使杠铃杆由体前横握转为垂直竖握。转动30°用15～30秒。

(3)持轻哑铃做变速模仿拉弧圈球练习,15～30秒。

(4)持轻哑铃做变速模仿削球练习,15～30秒。

(5)持轻哑铃做变速模仿正手扣杀练习,15～30秒。

(6)持轻哑铃连续做模仿动作练习。

(7)正握持哑铃弯举,同时做外旋动作。

(8)反握哑铃弯举,同时做内旋动作。

(9)双手持哑铃于体侧,做前臂绕环。

(10)双手持哑铃于臂上,做前臂绕环。

2. 下肢专项力量的练习

(1)用杠铃负重半蹲,做静力练习,15～30秒。

(2)用杠铃负重下蹲,做慢速动作练习。

(3)用杠铃负重蹲起,做慢速动力练习。

(4)用杠铃负重半蹲,左侧滑步行进。

(5)用杠铃负重,做侧跨步行进。

(6)用杠铃负重,做左右跨跳。

(7)用杠铃负重,快速箭步上挺。

(8)用杠铃负重提踵。

(9)用杠铃负重,做双脚前后跳或左右跳。

(10)用杠铃负重,向侧做交叉步行进。

(四)发展专项耐力的练习方法

(1)1分30秒换发多球的练习。

(2)400～800 米变速跑。

(3)1 分钟推、侧、扑步法练习。

(4)1 分钟长短步法练习。

(5)利用多球做连续扣杀，15～30 秒。

(6)双人利用多球在移动提踵练习扣杀，1 分钟。

(7)利用多球做拉后扣杀，1 分钟。

(8)1 分钟交叉步练习(在两端线之间)。

(9)1 分钟二人表象比赛。

(10)1 分钟花样跳绳(正摇、反摇、交叉摇、双摇跳)。

(五)发展专项灵敏素质的练习方法

(1)追逐游戏。追人者手持球拍托球，在限定的范围内追逐别人，将乒乓球击到被追者身体算捉到了被追者。然后被追者变为追人者。

(2)6 人一组，沿球台跑动，轮流击球。在限定时间内，两组可进行击球板数的比赛，击球板数多者为优胜。

(3)传球抢截游戏。分两组，每组 3～4 人。手持球拍在限定范围内，进行传球抢截游戏。

(4)两人传球行进。可分两组进行接力比赛。

(5)托球折回跑接力游戏。

(6)各种姿势起跑。可分为两组进行接力赛。中途也可设点做各种练习(越过栏板、跳绳、托球凳)。

(7)2 人一组，多球练习打目标比赛。在球台两角附近放置两个目标(拍套或球拍等)，两人比赛看谁击中目标多。

(8)分两队，每队 3～4 人，用球拍和乒乓球进行类似足球比赛的游戏。在规定时间内，射中球门次数多者为优胜。

(9)限定采用各种不同步法，托球进行"∞"字形跑的接力游戏。

第三节 乒乓球运动员的心理能力

一、乒乓球比赛的心理特征

(一)乒乓球运动员最佳竞技状态的心理表现

乒乓球比赛是个人对抗，经常出现相持、落后、关键时刻等各种情况。处于最佳竞技状态的乒乓球运动员在这种时候，往往表现为：

(1)情绪良好，能在极度紧张条件下保持自制力进行活动，动作严谨，效果好，能处理好平时自己不太擅长处理的球。

(2)能提高击球的命中率、准确性、力量、落点。

(3)能正常发挥自己的实力和特长，甚至超水平发挥。

(4)无畏性表现，乐于拼搏。

(5)动作轻松而且定型。

(6)有创造欲和表现欲。

(二)影响乒乓球运动员竞技状态的心理因素

1. 赛前因素

经有关因素分析研究表明，影响乒乓球运动员竞技状态的赛前因素有以下的情况：

(1)全队获胜的希望全都寄托在自己身上。

(2)赛前教练员规定只能赢不能输。

(3)参加单打前 16 名或前 8 名比赛。

(4)参加半决赛。

(5)参加决赛。

(6)自己太想赢得这场比赛。

(7)赛前看到对手与别人比赛时发挥出色。

(8)遇到自己特别害怕的某种打法的选手。

(9)不适应赛地的饮食。

(10)不适应比赛场地。

(11)亲人、朋友前来观看。

(12)有重要的领导前来观看。

(13)团体赛被列为第一场。

(14)赛前身体不适。

(15)赛前失眠。

2. 赛中因素

(1)比赛打到 11∶11 时。

(2)与对手水平相当，比分交替上升。

(3)领先两局反而被对方追平。

(4)一场志在必得的比赛久攻不下。

(5)比赛中教练员的脸色变得很阴沉。

(6)双打比赛时，由于失误而受到搭档的埋怨。

(7)比赛中教练一直在场外大声指导。

(8)比赛时观众起哄、喝倒彩。

(9)比赛进行时赛场嘈杂。

（10）比赛中观众齐声为对手加油。

（11）比赛中自己出现连续失误。

（12）比赛中对手以较大的比分领先。

（13）比赛中自己的特长受到对手的压制而无法发挥。

（14）不适应对手的打法。

（15）比分在较大领先的情况下产生轻敌思想而被对手追上。

（16）对手的战术与自己预先设想的不同。

以上影响乒乓球运动员赛前赛中心理状态的各种因素可归纳为比赛难度、比赛对手、赛地适应、他人期望、赛场观众、对手发挥和预测失误等方面。

教练员要注意对高水平乒乓球运动员的认知方式进行调整，加强对运动员的环境适应性和应变能力的培养。

（三）获得和形成最佳竞技状态的对策

1. 培养乒乓球运动员充分的自信

自信好比是一剂"灵丹妙药"，可以激发运动员的天赋与才智。教练员要告诫运动员如下几点：

（1）日常训练的准备工作越充分，自信心水平就越高。对每天的训练、饮食、作息时间乃至每个微小的细节都要充分准备，并预测可能会发生的问题。

（2）选择自信的训练方案。

如在所有的比赛中，25％是与你能击败的选手进行的比赛，这能激发你的求胜欲望；25％是与经常能击败你的选手进行比赛，这有助于你的球技提高并保持客观实际的态度；而在其余的50％的比赛中，是与那些与你水平相当的选手对垒，只要你准备赢得51％的比赛胜利，就能保持较高的自信水平。

（3）使身体状况达到最好，对心理疲劳进行调控，尽量减少伤病。

（4）良好的自我暗示和胜利的肢体语言。

（5）在失败中学习并超越它。

将自己的失败经历忘记，让一切成为过去。不要将错误带到以后的比赛中，使自己变得更为坚强与自信。要记住，成功不是永久的，失败也不是永久的；重要的是，永远不要放弃。

2. 要用脑子打球，增强应变能力

（1）首局比赛，要有策略、耐心和毅力。第一场、第一局比赛要小心谨慎，无论如何不能去拼命搏杀，强攻猛扣。要观察试探对方，以己之长克对方之短，等待和寻找机会，机会一出来就要坚决打。

（2）领先时注意扩大战果，落后时要意志坚强，不气馁。乒乓球比赛瞬息万变，随时潜伏失败和成功的因素，随时可能转败为胜或转胜为败。比赛中即使有失分和不顺手也不要灰心丧气，一直打下去，会很快恢复正常，形成良好的竞技状态。

（3）比分关键时刻，要斗智斗勇，合理运用战术；比分交替上升形成拉锯战时，要避免求胜心切而出现急躁、焦虑以至盲目进攻。要寻找对方的弱点，不停顿连续攻击他的弱点，使对方处于防御状态。

（4）多想自己的优势特长，多回忆比赛胜利的经历；多想战术，想最简单而又最有效的几点。少想比赛得失，避免分心涣散注意力。

3. 把握赛前敏感期

赛前 1～2 天，严防内外干扰。

4. 对运动员参赛角色的合理定位

乒乓球比赛中，要使运动员更好地找到自我，应将参赛的角色定位在冲击对手上，即以"夺、冲、追"为最佳，并要随比赛中双方成绩的变化而变化。运动员要本着必须"冲击"对手的原则及时调整比赛角色，克服侥幸心理的产生。

5. 克服运动员盲目迷信心理，追求纯洁、自然的心态

建议运用心理专家所提出的对每位高水平运动员的心理要求：

静——心情要安静（不要浮躁、焦虑）；净——思想要干净（没有杂念）；境——动作要入境（真正全身心投入到比赛过程中去）。

6. 培养顽强的斗志

不想练的时候要去练；难受的时候要去顶；害怕的对手要去打。

二、常用的心理训练方法

运动员的心理训练，是指训练运动员为完成专项运动所需的心理因素得到稳定地加强和提高，并学会调节心理状态的各种方法，控制好比赛前和比赛时的心理活动，最大限度地发挥运动员的技战术水平。

由于每一名运动员的个性心理特点不同，训练中要根据运动员的不同特点，采用相适应的训练方法和手段区别对待，才能达到良好的训练效果。心理训练不能只局限在训练和竞赛中，还应渗透到日常生活中去。

（一）动机训练

动机是推动学习和训练的内部动力，是激励人们从事活动的主观动因。运动员必须在良好的动机支持下发展专项运动的稳定兴趣和能力。一个人对训练和比赛具有强烈的动机，他就会信心十足，勇于克服困难去争取胜利。

帮助运动员形成正确动机可以采取说服动员的方法。在进行训练和比赛之前，通过言语分析，帮助运动员认识有利的客观条件和自身潜力，这种说服动员方法，如果使用得当，具有针对性，可以收到较好的效果。采用言语

说服动员的方法，要求谈话者具有权威性，论据充分符合实际，如此才能起到鼓励作用。除此之外，战绩回忆也经常用于动机训练中。有些人缺乏运动动机，是由于过多地想到了自身的不利方面，忽视有利因素的结果。对此，单纯采用说服动员的方法不一定能改变动机状态，战绩回忆是一种独特的动机训练方法。具体做法是，让被训者处于自我放松的状态，在恢复身心力量的基础上，诱导他回忆自己最佳的运动训练和比赛的情景。如在紧张的比赛中，自己注意力高度集中，沉着冷静地进行比赛，打得得心应手的情景；面对强手毫不畏缩，每一分钟都进行拼搏和取得胜利的情景；在比赛进入关键时刻，毫不犹豫，敢于抢先上手，果断抢攻，使对手措手不及的情形等。回忆战胜对手的比赛情景，重视积极的情感体验，对训练或比赛能起到推动作用，能提高运动员的活动能力和效果。被训者可以在表象追忆中重新认识到自己有利的身体、技术、心理素质的优势，从优势中找到潜在的力量，使暂时被失利因素压抑的心理力量唤发出来，达到增强运动动机，提高信心的目的。

(二)表象训练

表象训练是指有意识地在自己的头脑中重现已经形成的动作表象。良好的表象训练可使运动员原有的暂时神经联系恢复，形成精确的运动知觉，提高动作的熟练程度，有利于建立和巩固正确动作的动力定型，减少运动员的各种焦虑，克服心理障碍，增强自信心。

为了提高运动技术水平，加强运动表象、想象和思维等在技术动作形成中的作用，可以采用回忆技术动作的表象训练方法。这一心理训练方法的主要特点是：回忆学过的技术动作形象，使技术动作的主要部位在表象中出现，以便根据动作表象进行技术动作练习，在此基础上，进一步形成技术动作的概念，加深对技术动作的理解和掌握。在平时的训练中，教练员应该要求运动员经常注意体会自己成功运用某一技战术的各种感觉，包括动作结构、要领、关键及细节部分等。例如，在还击来球时，位置的选择、击球时身体各部分发力时间顺序和肌肉感觉等。经常要求运动员重视回击各种来球的肌肉感觉表象，有利于尽快形成各种熟练的动作技巧，并能在比赛中得到正常发挥。表象训练在运动训练中，是体脑结合的科学训练方法，也是一种自我训练方法，对提高技战术水平能起到重要的作用。

(三)模拟训练

模拟训练就是针对比赛中可能出现的情况进行反复练习，为运动员参加比赛做好适应性准备。这种训练的前提条件是必须对比赛的对手、环境等方面有充分的了解，做出正确的判断与分析，然后，有针对性地训练，提高运动员临场比赛时的适应能力，在头脑中建立合理的动力定型结构，以便使技战术在千变万化的情况下得到正常发挥。如果缺乏这方面训练，运动员对赛场上突如其来的意外情况缺乏必要的心理准备，可能导致技战术不能充分发挥，甚至造成比赛中失常的现象发生。

乒乓球模拟训练所包含的内容很广，应根据比赛的实际情况和运动员的特点来确定。如提高身体负荷水平的超量模拟训练；提高技战术水平的克服各种障碍的模拟训练；提高心理负荷水平的对手特点的模拟训练；反败为胜的模拟训练；裁判偏袒对方的模拟训练和观众情绪影响的模拟训练等。模拟训练的具体方法有以下三点：

1. 模拟对手特点

根据收集到的比赛对手的情报，进行有人专门模拟比赛对手的技战术打法、比赛风格等特点或专和与对手打法特点相似的队员进行练习。通过模拟，了解和适应比赛对手的情况，使其做到知己知彼，心中有数，增强获胜的信心。

2. 模拟可能出现的赛场局面

在高水平的比赛中，场上情况变化莫测，意想不到的情况经常发生，这就需要参赛者有对突发局势变化的应对能力。乒乓球比赛 11 分制规则的改革，使比赛的节奏明显加快，提高了比赛的激烈程度，对比分情况要有良好的心态，无论领先或是落后，都要发挥出应有的技战术水平。训练中可模拟各种比分时的形势或裁判员有意出现错误判罚，改变赛场局势。通过这种方法，可锻炼运动员比赛时的稳定情绪和随机应变能力。

3. 模拟赛场气氛

比赛时，赛场上的热烈气氛容易分散参赛者的注意力，产生紧张情绪。因此，训练时可模拟这种环境，营造一个非常热烈的气氛。例如：可组织观众观看比赛，加油呐喊；或采用放观众噪声录音的形式，尽量接近竞赛时的实际情况，提高运动员的适应能力。

(四)心理调节训练

在运动训练和比赛中，运动员常因受到各种环境条件的影响，而导致心理活动发生异常变化。例如，当乒乓球比赛打到关键比分或关键局时，赛场气氛的变化，对手的情况，观众的情绪，都可能给运动员的心理活动带来一定的影响，影响他们对技术动作的有效控制。这就需要运动员学会进行心理调节适应，以便排除由于比赛的环境条件变化而引起的异常心理变化。对于训练或比赛中出现的各种情况，可以采用各种不同的暗示方法进行有效的心理调节，即在事先建立一种积极的想法去代替可能产生的消极想法，使运动员把全部注意力都集中在自己的战术行动上，从而排除来自主客观的各种干扰，促进运动员技战术水平的发挥。当训练或比赛出现对自己不利局面引起心理波动时，要学会利用规则，控制好比赛的节奏，并在恰当的时机利用暂停机会，与教练员一起分析双方技战术发挥情况，扬长避短，稳定自己的情绪，减轻急躁情绪和焦虑，调整好心理状态，使比赛局势朝有利的方向转变。

心理调节训练主要是建立一种战胜对手的信念，用一种积极展望前景的思维去代替消极思维。但是，这种"信念"和"前景"的展望不能脱离主观实际，过高或过低的展望都会产生不良的影响。调整的方法更多的是以内部激励语言的形式表现出来。所以，平时应根据训练或比赛中可能出现的情况，合理使用，反复训练，就可以在训练和比赛中取得积极的效果。

(五)意志训练

意志训练是运动训练中有目的地使运动员克服各种困难，调节运动员的心理状态，使其去从事达到预定目的的活动。培养意志品质，主要是通过克服运动实践中本身的困难和教练员有意出的难题进行的。在克服困难的训练中，可以参考以下方法：

1. 鼓励法

表扬本队意志坚毅的队员，介绍乒乓球界依靠意志顽强，战胜对手的事例，激励队员去学习、效仿，从而培养队员不畏困难和自觉地培养意志。

2. 诱导法

激发和诱导运动员对某种训练手段的兴趣，并与提高运动员的事业心和责任感结合起来，让运动员在参加训练实践中得到意志的培养。

3. 刺激法

通过科学的大运动量训练，使运动员能承受高强度、高密度、高难度的考验，以增强克服困难的勇气和信心。特别是在疲劳的状态下进行这种训练，对运动员的意志品质培养有积极的促进作用。

4. 强制法

教练员的命令、训练规定要求及竞赛规程中的规定等内容，不管运动员乐意不乐意，运动员必须保质保量地去完成。运动员在从事和完成这些活动的过程中逐步培养起顽强的意志。

在对运动员进行意志训练的过程中，关键的还是运动员主观对意志力自我培养的自觉性。只有运动员具有了培养意志的要求和愿望，才能收到良好的训练效果。

三、教练员如何制订运动员的心理技能训练计划

(一)长期心理技能训练计划的制订

1. 进行心理状态诊断

根据诊断结果安排训练内容，通过心理诊断了解和掌握运动员共同的心理规律和个别特殊的心理状态。

2. 解释心理测试的结果，进行初始评价

向运动员解释心理测试的评分结果，帮助他们了解自己现有的技能水平。要告知运动员，甲的分数比乙的高一倍并不意味着甲的心理技能水平比乙高一倍。在解释结果时，一定要个别进行。因为你会发现这些评定结果很可能会牵动运动员的自信心，而且运动员对这些心理技能问题非常敏感。

3. 进行心理技能训练重要性的教育

介绍一些由于心理技能水平较高，心理状态稳定而取得成功的运动员的例子，同时也介绍一些由于缺乏某种心理技能、心理失常而导致失败的例子。向运动员说明，心理技能是一种并非通过遗传，而是通过系统训练获得的技能。

4. 乒乓球运动员的心理技能训练内容顺序

注意技能训练——→放松技能训练——→表象技能训练——→心理能量管理训练。

(1)开始练习时，每次介绍一种心理技能，时间为1～2小时。要求运动员记下所介绍的要点，并写好心理技能训练日记，记录每个训练阶段的自我评价和心理技能发展的有关情况。

(2)有针对性地实施心理技能训练，检查心理训练日记，观察训练进步情况。通过前面的练习后，可与运动员一起讨论，制订一个针对个人不同心理要求的训练计划。

(3)进行阶段性评价。将目前运动员的心理状态与心理诊断的初始状况进行比较，了解运动员心理状态的变化。

(二)应注意的方面

将心理技能训练与日常的训练比赛相结合

内容 {
以日常的乒乓球技术训练内容为基础
以一般的队内比赛为内容
以队外比赛为内容
}

形式 {
想象比赛情况
模拟比赛情景，提高运动员的心理承受能力
以重大比赛为目标
}

(三)心理调控准备

赛前心理准备 {
赛前 1～2 天，每天 3 次，每次 2～3 小时
想象自己以最大努力在发挥技术和战术
想象自己已达到最佳心理能量
将自己的注意力集中在具体运动成绩上
进行合理思维
}

到达赛场后的心理准备 {
确认自己的目标
（着眼于战胜对手，而不是比赛名次）
调整心理能量
减少心理压力（运用合理思维和放松技能）
}

临赛前心理调整 {
从准备活动结束后开始
想象自己的动作和肌肉感觉
肯定技术动作情况良好
检查比赛用具、服装、对手的位置
集中注意想象战术和理想的竞技状态
（在 15 秒钟～5 分钟之间）
}

赛中心理调整 {
失分时用言语暗示调整
每得一分使用动作提高自己信心
紧张时使用腹式呼吸进行放松
积极假设对手的心理状态
}

赛后心理调整 {
想象比赛中所有的感受
在 24 小时之内记心理日记
画心理示意图
}

>>>>>>>>>>>>>>>>>>>>>>>>> **练习与思考** <<<<<<<<<<<<<<<<<<<<<<<<<

1. 简述身体训练的内容。

2. 乒乓球运动员最佳竞技状态的心理表现是什么？

3. 简述影响乒乓球运动员竞技状态的心理因素。

4. 论述教练员如何制订运动员的心理技能训练计划？

第九章　乒乓球竞赛规则、裁判及组织编排

本 章 要 点

本章共五节，主要介绍了乒乓球竞赛基本规则，乒乓球裁判员工作流程，乒乓球裁判员临场操作程序，乒乓球竞赛组织工作的内容，循环赛、淘汰赛、混合赛制的组织工作及方法，乒乓球竞赛的抽签与编排，乒乓球团体比赛的形式等方面知识。

第一节　乒乓球竞赛规则简介

一、器材介绍

(一)球台

长 2.74 米，宽 1.525 米，高 76 厘米。

(二)球网

包括球网、悬网绳、网柱和夹钳部分。球网高 15.25 厘米。

(三)球

直径为 40 毫米，重 2.7 克，颜色为白色或橙色，无光泽。

(四)球拍

大小、形状和重量不限。但底板应由 85% 的天然木料制成。球拍两面无论是否有覆盖物，必须无光泽，且一面为鲜红色；另一面为黑色。

用来击球的拍面应用一层颗粒向外的普通颗粒胶覆盖，连同黏合剂，厚度不超过 2 毫米；或用颗粒向内或向外的海绵胶覆盖，连同黏合剂，厚度不超过 4 毫米。

二、定义

(一)回合

(1)"回合"：球处于比赛状态的一段时间。

(2)"球处于比赛状态"：从发球时球被有意向上抛起前静止在不执拍手掌

上的最后一瞬间开始，直到该回合被判得分或重发球。

(二)其他

(1)"重发球"：不予判分的回合。

(2)"执拍手"：正握着球拍的手。

(3)"不执拍手"：未握着球拍的手。

(4)"发球员"：在一个回合中，首先击球的运动员。

(5)"接发球员"：在一个回合中，第二个击球的运动员。

(6)"击球"：用握在手中的球拍或持拍手手腕以下的部位触球。

(7)"阻挡"：对方击球后，向比赛台面方向运动的球，在没有触及本方台区、也未越过端线之前。即触及本方运动员或其穿戴的任何物品。

(8)"穿或戴"的物品：指运动员在一个回合开始时穿或戴的任何物品，但不包括比赛用球。

(9)"越过或绕过球网装置"：球从球网和比赛台面之间通过以及从球网和网柱之间通过的情况除外，球均应视作已"越过或绕过"球网装置。

(10)球台的"端线"：包括球台端线以及端线两端的无限延长线。

三、合法发球与还击

(一)合法发球

(1)发球开始时，球自然地放置于不执拍手的手掌上，手掌张开，保持静止。

(2)发球员须用手将球几乎垂直地向上抛起，不得使球旋转，并使球在离开不执拍手的手掌之后上升不少于 16 厘米，球下降至被击出前不能碰到任何物体。

(3)当球从抛起的最高点下降时，发球员方可击球，使球首先触及本方台区，然后越过或绕过球网装置，再触及接发球员的台区。在双打中，球应先后触及发球员和接发球员的右半区。

（4)从发球开始，到球被击出，球要始终在台面的水平面以上和发球员的端线以外；而且不能被发球员和其双打同伴的身体或衣服的任何部分挡住。

(5)运动员发球时，应让裁判员或副裁判员看清他是否按照合法发球的规定发球。

(6)如果没有副裁判员，裁判员对运动员发球合法性有怀疑，在一场比赛中第一次出现时将进行警告，不罚分。

(7)在同一场比赛中，如果发球员或其双打同伴发球动作的正确性再次受到怀疑，不论是否出于同样的原因，均判接发球方得 1 分。

(8)无论是否第一次或任何时候，只要发球员明显没有按照合法发球的规定发球，接发球方将被判得 1 分，无须警告。

(9)运动员因身体伤病而不能严格遵守合法发球的某些规定时，可由裁判员作出决定免于执行。

(二)合法还击

对方发球或还击后，本方运动员必须击球，使球直接越过或绕过球网装置，或触及球网装置后，再触及对方台区。

四、比赛次序

(一)正确的比赛次序

(1)选择发球、接发球和方位的权力应由抽签来决定，中签者可以选择先发球或先接发球，或选择先在某一方，另一方运动员必须有另一个选择。

(2)在单打中，首先由发球员合法发球，再由接发球员合法还击，然后两者交替合法还击。

(3)在获得每 2 分之后，接发球方即成为发球方，依此类推，直至该局比赛结束，或者直至双方比分都达到 10 分或实行轮换发球法，这时，发球和接球次序仍然不变，但每人只轮发 1 分球。

(4)双打中，首先由发球员合法发球，再由接发球员合法还击，然后由发球员的同伴合法还击，再由接发球员的同伴合法还击，此后，运动员按此名序轮流合法还击。

(5)在双打的第一局比赛中，先由发球方确定第一发球员，再由先接发球方确定第一接发球员。

(6)在双打以后的各局比赛中，第一发球员确定后，第一接发球员应为前一局发球给他的运动员。

(7)在双打中，每次换发球时，前面的接发球员应成为发球员，前面发球员的同伴应成为接发球员。

(8)在双打决胜局中，当一方先得 5 分时，接发球方应交换接发球次序。

(9)一局中首先发球的一方，在该场下一局应首先接发球。

(10)一局中，在某一方位比赛的一方，在该场下一局应换到另一方位。

(11)在决胜局中，一方先得 5 分时，双方应交换方位。

(二)错误次序的纠正

(1)在单打中，裁判员一旦发现发球、接发球次序错误，应立即暂停比赛，按该场比赛开始时确立的次序，按场上比分由应该发球或接发球的运动员发球或接发球。

(2)在双打中，裁判员一旦发现发球、接发球次序错误，应立即暂停比赛，按发现错误时那一局中首先有发球权的一方所确立的次序进行纠正，继续比赛。

(3)裁判员一旦发现运动员应交换方位而未交换时，应立即暂停比赛，按该场比赛开始时确立的次序，按场上比分运动员应站的正确方位进行纠正，再继续比赛。

(4)在任何情况下，发现错误之前的所有得分均有效。

五、重发球

(一)回合出现下列情况应判重发球

(1)如果发球员发出的球，在越过或绕过球网装置时，触及球网装置，此后成为合法发球或被接发球员或其同伴阻挡。

(2)如果接发球员或接发球方未准备好时，球已发出，而且接发球员或接发球方没有企图击球。

(3)由于发生了运动员无法控制的干扰，而使运动员未能合法发球、合法还击或遵守规则。

(4)裁判员或副裁判员暂停比赛。

(二)裁判员或副裁判员可以在下列情况下暂停比赛

(1)由于要纠正发球、接发球次序或方位错误。

(2)由于要执行轮换发球法。

(3)由于警告或处罚运动员。

(4)由于比赛环境受到干扰，以致该回合结果有可能受到影响。

六、1分、1局、1场

(一)1分

除被判重发球的回合，下列情况运动员得1分：

(1)对方运动员未能合法发球。

(2)对方运动员未能合法还击。

(3)运动员在合法发球或合法还击后，对方运动员在击球前，球触及了除球网装置以外的任何东西。

(4)对方击球后，该球没有触及本方台区而越过本方端线。

(5)对方阻挡。

(6)对方连击。

(7)对方用不符合规定的拍面击球。

(8)对方运动员或他穿戴的任何东西使球台移动。

(9)对方运动员或他穿戴的任何东西触及球网装置。

(10)对方运动员不执拍手触及比赛台面。

(11)双打时,对方运动员击球次序错误。

(12)执行轮换发球法时,接发球方连续还击 13 板。将判接发球方得 1 分。

(二)1 局比赛

在 1 局比赛中,先得 11 分的一方为胜方,10 平后,先多得 2 分的一方为胜方。

(三)1 场比赛

(1)1 场比赛应采用单数局,如 3 局 2 胜制、5 局 3 胜制、7 局 4 胜制等。

(2)1 场比赛应连续进行,除非是经许可的间歇。

七、轮换发球法

(一)时间控制

(1)如果一局比赛进行到 10 分钟仍未结束(双方都已获得至少 9 分时除外,或者在此之前任何时间应双方运动员要求),应实行轮换发球法。

(2)当时间到时,球仍处于比赛状态,裁判员应立即暂停比赛。由被暂停回合时的发球员发球,继续比赛。

(3)当时间到时,球未处于比赛状态,应由前一回合的接发球员发球,继续比赛。

(二)板数控制

(1)执行轮换发球法时,每名运动员都轮发 1 分球,直至该场比赛结束。

(2)执行轮换发球法时,如果接发球方进行了 13 次合法还击,则判接发球方得 1 分。

(3)轮换发球法一经实行,将一直使用到该场比赛结束。

乒乓球比赛的项目一般包括团体比赛(男子团体、女子团体)和单项比赛(男子单打、女子单打、男子双打、女子双打和混合双打)。

第二节 乒乓球裁判员临场操作程序

一、乒乓球裁判员工作流程

(1)裁判员必须提前 30 分钟到场。

(2)裁判长召集赛前短会。宣布各台裁判员名单,下发本节比赛任务书,提具体要求。

(3)裁判员组织本台比赛的赛前准备工作。

(4)完成比赛中每分、每局、每场的裁判任务(宣判得失分和比赛结果)。

(5)比赛结束后各台裁判员上报比赛成绩。

(6)遇到特殊问题报告裁判长。

二、乒乓球裁判员临场操作程序

(一)比赛前的工作

1. 检查比赛必备用品

一般比赛时,大会都提供一个器材包,由器材组在发给每位裁判员时将其装备完毕,但为了保证比赛的顺利进行,在到达场地前裁判员还要重新检查一遍,以防万一。器材包里面配置的物品如下:

(1)比赛用球。

(2)量网尺。

(3)团体(或单打)比赛用记分表格和记分夹。

(4)记分用圆珠笔。

(5)挑边器(也可用硬币代替)。

(6)红、黄、白牌和暂停用"T"形牌。

(7)团体或单打用队牌、姓名牌和大局分牌。

(8)擦台用毛巾。

(9)秒表。

(10)次序册。

2. 赛区的可使用性

到达比赛场地后,主、副裁判员可按照以下分工进行赛区的检查:

(1)主裁判员。

检查比赛场区的可使用性。

①球台是否整齐。

②球网高度是否合适。

③球台是否干净。

④挡板是否排放整齐。

⑤队名牌和大局分是否挂好。

⑥主裁判椅是否与球网成一直线。

(2)副裁判员。

①检查翻分器是否完好。

②检查副裁判桌、椅是否放好。

③检查秒表是否正常工作。

④将"T"形牌放在翻分器下。

⑤与主裁判一起检查挡板。

⑥使翻分器显示无比分、无局分(图9-1)。

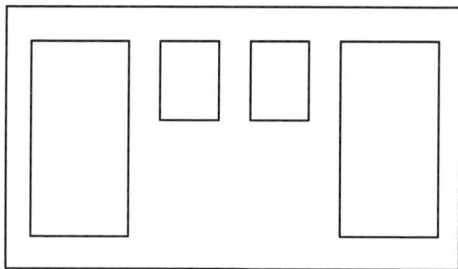

图9-1　运动员未到场地时翻分器的显示

⑦在双方运动员到达比赛场地后，使翻分器的小局分显示为0∶0(图9-2)。

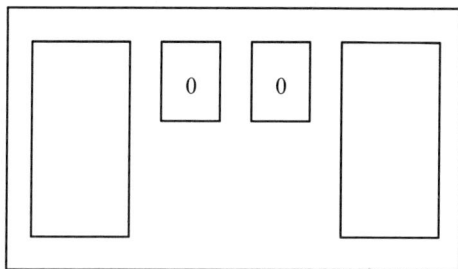

图9-2　双方运动员到达场地后翻分器的显示

3. 运动员到达赛场后，比赛开始前的工作

团体比赛前，组织双方队长挑选主、客队。

(1)主持抽签。

请双方队长用掷挑边器(或硬币)的方式决定由谁先做选择，中签者有权选要主队(A、B、C)还是要客队(X、Y、Z)。掷挑边器时，最好将其放在食指第一关节处，拇指托在它的下面、向上弹起，使其翻转，再用两手接住(最好不要使它掉到地上)，让双方队长看到最后结果。

(2)将主队(A、B、C)和客队(X、Y、Z)交由双方队长填写比赛顺序。

(3)收回排名表后将表给双方队长过目；然后将排名顺序填写在比赛记分表中。

(4)排名表一经交换不得更改。

(5)按照排名顺序，组织双方第一名出场的运动员选择发球、接发球次序和方位。

4. 三检查、两挑选

(1)三检查。

①检查上场运动员的号码布：检查其是否与秩序册上号码相同，运动员有无参赛证。

②检查服装的可行性：团体赛的出场服装（款式、颜色）是否一致；双方运动员的服装应明显不同；有不符合规则规定者立即报告裁判长。

③检查球拍：有无国际乒联规定的 ITTF 标志；球拍颜色是否是一面红色、一面黑色；胶皮和海绵的厚度、颗粒胶的数量是否符合规定；球拍拍面是否完整，有无明显破损等。

（2）两挑选。

①挑选发球、接发球次序和方位：用掷挑边器（或硬币）决定由谁先选，中签者可选择发球、接发球次序或方位。中签者选择后剩下的由另一方接受。

②挑选比赛用球：双方运动员从一盒大会指定的比赛用球中选择 1～2 个球，再由裁判员从中取出一个用于比赛。假如双方运动员就比赛用球的意见不一致，则裁判员可任意挑选一只，运动员必须服从。

5. 检查比赛赛区的完整性

①双方运动员的毛巾是否放入毛巾盘内。

②挡板两侧有无杂物或是否整齐。

③再一次检查要随身携带的红、黄、白牌；比赛用球；记分夹和笔。

④向临场裁判长示意赛前工作完毕。

(二)比赛中的工作

1. 入场和赛前

①以裁判员、副裁判员、离入场远方运动员、离入场近方运动员的顺序站好后入场。

②入场后一般是面对球台，背向主席台行注目礼后相互握手，然后走向各自的方位。

③主裁判员站立球网处向双方运动员宣布"练习两分钟"，然后将球慢慢滚动给即将发球方的运动员。

④副裁判员在球进入比赛状态时开表。

⑤在运动员练习时，裁判员可以走向入口处关闭挡板，并检查队、姓名牌指示是否正确。

⑥副裁判员在两分钟时宣布"练习时间到"。主裁判员右手垂直上举、掌心向前示意练习停止，收回比赛用球，坐上主裁判员椅。

⑦双打时，要确定第一发球员和第一接发球员。

2. 比赛进行中

（1）启动比赛。

主裁判员将比赛用球拿在将要发球运动员一侧的手中。看到双方运动员已准备好、副裁判员也准备好后，主裁判员掌心向上，指向接发球方，同时宣布"比赛开始，×××准备"，然后将球抛向发球方，掌心向上，指向发球方，宣布"×××发球，0∶0"。

听到主裁判员报完"0∶0"后，副裁判员将比分调至显示 0∶0(图 9-3)。

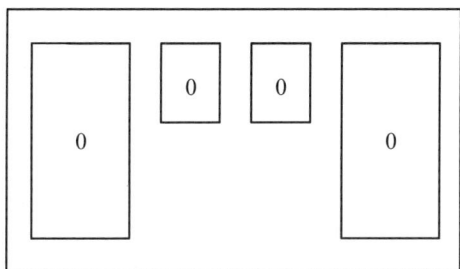

图 9-3　一场比赛开始时翻分器的显示

(2)比赛中。

①副裁判员在进入比赛后开动计时器，并在以下情况下随时开关计时器：

a. 暂停时(球飞出赛区、外界球进入赛区、1 分钟暂停、比赛器材损坏、无法控制的干扰等)。

b. 对场外指导进行判罚。

c. 对运动员的不良行为进行判罚。

d. 一局比赛进行到 10 分钟时还未结束。

②主裁判员在每个回合结束时，宣布得分或重发球。

宣布得分时，主裁判员应举拳示意，并在适当时候宣报比分，报分时要先报下一回合将要发球方的分数。

主裁判员宣报比分后，副裁判员方可显示比分(图 9-4)。

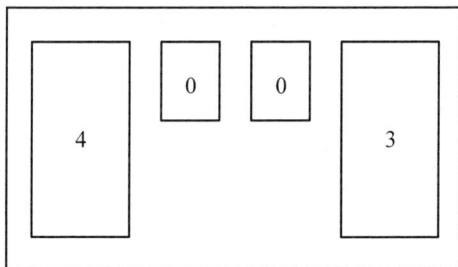

图 9-4　副裁判员显示比分

③在比赛中，主裁判员要做到保持比赛的连续性：包括对运动员的行为加以限制，如擦汗速度、交换发球时的发球速度；对场外指导的时间加以限制，如 1 分钟时间到时催促运动员返回；对裁判员本身的工作加以限制，如一局比赛结束时迅速记分，交换队牌、姓名牌和大局分牌，为下一局比赛及时做好准备；副裁判员要等待主裁判员记分完毕方可还原比分；一场比赛结

束后迅速组织下一场等。

④主裁判员记好比分，运动员回到球台前，副裁判员将翻分器还原，并显示小局分(图9-5)。

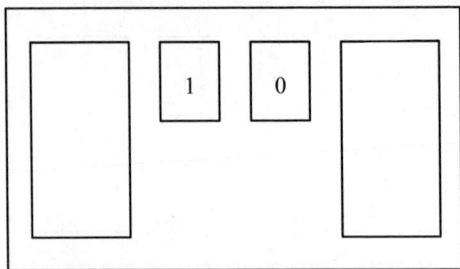

图 9-5　局与局之间休息时

⑤副裁判员掌握好局与局之间的休息时间，时间到立即向主裁判员示意并招回运动员。

⑥局与局之间休息时间运动员的球拍应放在球台上。

⑦下一局比赛开始，主裁判宣布 0：0 时，副裁判员再把比分显示为 0：0(图9-6)。

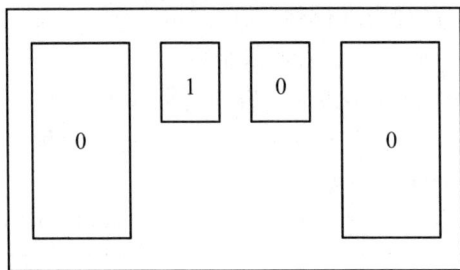

图 9-6　第二局比赛开始，主裁报 0：0 后

⑧一场比赛结束后，应宣布比赛结果。先宣布胜方的比分，然后宣布负方的比分。团体比赛结束时，还要宣布全场比赛的比赛结果。

⑨主裁判员将当场比赛的最后一局的比分记下，再检查全部记分表格是否记录清楚。

⑩副裁判员不要立即还原翻分器，应使整场比赛的比分在翻分器上持续显示。

(三)比赛后的工作

(1)比赛结束后，主裁判员收回比赛用球，记录比赛比分，并检查全部记分表的正确性，请双方运动员签字后签上主裁判员的姓名，审核无误后与队牌、姓名牌一起交记录台。

(2)退场前，检查赛区秩序，拿好毛巾、"T"形牌、秒表等物，再将翻分器调整到无任何显示状态。

（3）主、副裁判员一起退场。

第三节　乒乓球竞赛的组织工作及方法

一、竞赛组织工作的内容

（一）制定竞赛规程

竞赛规程是一次竞赛"纲领性"的文件，是组织和进行比赛的指南。一般由竞赛主办单位根据竞赛的目的、性质、规模、时间和场地情况制订。竞赛规程的内容有：竞赛名称、目的、举办日期、举办地点、竞赛项目、竞赛办法、报名人数、报名资格、报名截止日期、报到日期、录取名次及奖励、采用的竞赛规则、比赛用球、球台，精神文明运动员、运动队、裁判员的评选，以及其他有关规定。

（二）接受报名

接受报名即确定抽签和编排的对象。而报名表是竞赛编排工作的重要依据。

（三）组织赛前练习

在安排练习场地时，应遵从机会均等的原则。每支参赛队至少应有一次进入比赛场地进行练习的机会；每队每天安排的练习时间原则上尽可能相等。

（四）组织抽签

（五）编排

二、循环赛

循环赛是各类竞赛中最常用的一种基本比赛方法。在乒乓球比赛中也是如此。循环赛分单循环赛和双循环赛。

单循环赛：即同组的参赛队（人）之间都相互比赛一次。按全部比赛中得分多少决定名次。

双循环赛：同组的参赛队（人）相互比赛两次。按两次的比赛成绩计算名次。

（一）循环赛的特点

1. 循环赛的优点

（1）比赛机会多，可以充分地学习和交流。

（2）比赛结果的偶然性、机遇性小。

（3）比赛的名次相对合理，能够反映各队的实力。

2. 循环赛存在的问题

(1)在比赛次序上机会不均等。

(2)在名次计算上理论与实际存在着不完善。

(3)应用范围有很大的局限性。

(二)单循环赛的编排

1. 单循环赛的轮转方法

一般采用 1 号位置固定不逆时针轮转方法，该轮转方法如下：

第 1 轮比赛次序的轮转方法是，将比赛队数的前一半号码由上向下依次排列在左侧，后一半号码由下向上依次排列在右侧，遇到奇数时用 0 补齐，左右一一对应并用横线连接起来，即排出第 1 轮比赛次序。

第 2 轮比赛的轮转方向是，1 号位置固定不动，其他号位按逆时针方向轮转一个号位，即可排出。第 3 轮比赛次序是在第 2 轮的基础上，逆时针轮转一次，依此类推(图 9-7)。

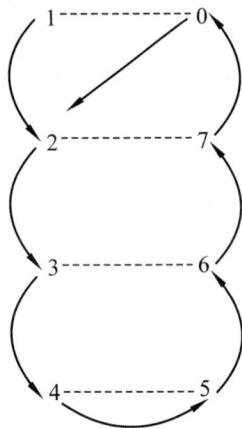

图 9-7　逆时针轮转方法

2. 单循环赛轮次、场次计算方法

(1)如果比赛只有一组，其计算方法如下：

$$单循环赛轮次\begin{cases}队(人)数-1(当队或人数为偶数时)\\队(人)数(当队或人数为奇数时)\end{cases}$$

$$单循环赛场次=\frac{队数(队数-1)}{2}$$

例如：7 人单循环比赛

轮次是 7 轮，7 人＝7 轮(轮次即 7 个人每人都出场比赛一次为一轮)。

场次是 21 场，$\dfrac{7\times(7-1)}{2}=21$ 场，（场次即 7 个人每人比赛的场次之和）。

（2）如果采取分组单循环赛，如果各组的队（人）数相同，轮数就等于一个小组的轮数；如果各组的队（人）数不同，轮数就等于队（人）数组多的一个小组的轮数。

例如：18 个队参加比赛，分 4 组进行循环赛，18/4＝4 余 2 则 2 个小组 4 个队，比赛轮次为 4 轮；2 个小组 5 个队，比赛轮次为 5 轮，因此，分组循环的轮数应按 5 轮计算。场次等于各组场次之和。上例中总场次数为：4 个队一组的比赛场次数为 4×（4－1）/2＝6 场，2 个组有 4 个队，共 2×6＝12 场；5 个队一组的比赛场次数为 5×（5－1）/2＝10 场，2 个组有 5 个队，共 2×10＝20 场，则分组循环赛的总场次数为 12＋20＝32 场。

3. 7 人单循环比赛示例

（1）逆时针轮转次序表（表 9-1）。

表 9-1　7 人逆时针轮转次序表

第 1 轮	第 2 轮	第 3 轮	第 4 轮	第 5 轮	第 6 轮	第 7 轮
1－0	1－7	1－6	1－5	1－4	1－3	1－2
2－7	0－6	7－5	6－4	5－3	4－2	3－0
3－6	2－5	0－4	7－3	6－2	5－0	4－7
4－5	3－4	2－3	0－2	7－0	6－7	5－6

（2）单循环比赛时间、球台安排表（表 9-2）。

表 9-2　7 人单循环比赛时间、球台安排表

球台	第 1 轮 1 日 8:30	第 2 轮 1 日 9:00	第 3 轮 1 日 9:30	第 4 轮 1 日 10:00	第 5 轮 2 日 8:30	第 6 轮 2 日 9:00	第 7 轮 2 日 9:30
第 1 台	2－7	1－7	1－6	1－5	1－4	1－3	1－2
第 2 台	3－6	2－5	7－5	6－4	5－3	4－2	4－7
第 3 台	4－5	3－4	2－3	7－3	6－2	6－7	5－6

（3）单循环比赛次序表（表9-3）。

表9-3　7人单循比赛次序表

	姓名	1 甲	2 乙	3 丙	4 丁	5 戊	6 己	7 庚	得分	计算	名次
1	甲	▲	2日 (1) 9：30	2日 (1) 9：00	2日 (1) 8：30	1日 (1) 10：00	1日 (1) 9：30	1日 (1) 9：00			
2	乙		▲	1日 (3) 9：30	2日 (2) 9：00	1日 (2) 9：00	2日 (3) 8：30	1日 (1) 8：30			
3	丙			▲	1日 (3) 9：00	2日 (2) 8：30	1日 (2) 8：30	1日 (3) 10：00			
4	丁				▲	1日 (3) 8：30	1日 (2) 10：00	2日 (2) 9：30			
5	戊					▲	2日 (3) 9：30	1日 (2) 9：30			
6	己						▲	2日 (3) 9：00			
7	庚							▲			

注：2日即某月2日；(1)即第1号球台；9：30即比赛时间。

（4）循环赛节目单（表9-4）。

表9-4　7人循环赛节目单

轮次	时间	第1台	第2台	第3台
第1轮	1日8：30	2—7	3—6	4—5
第2轮	1日9：00	1—7	2—5	3—4
第3轮	1日9：30	1—6	7—5	2—3
第4轮	1日10：00	1—5	6—4	7—3
第5轮	2日8：30	1—4	5—3	6—2
第6轮	2日9：00	1—3	4—2	6—7
第7轮	2日9：30	1—2	4—7	5—6

4. 单循环赛名次的确定

确定单循环赛的名次是单循环比赛中重要的一环，裁判长必须亲自抓好此项工作，出现任何偏差，都会影响整个比赛的进程。确定名次应按以下步骤进行：

（1）按积分确定名次，积分多者名次在前。积分按胜一场（次）得 2 分，负一场（次）得 1 分，未出场比赛或未完成比赛数的场次得 0 分计算。

（2）如果有两个或两个以上的队（人）积分相同，他们有关的名次应按他们相互之间比赛的成绩决定。首先，计算他们之间获得的积分，再根据需要计算某个队的场次（团体赛时）局和分的胜负比率，直至算出名次为止。场次比率＝胜场数/负场数；局数比率＝胜局数/负局数；分数比率＝胜分数/负分数。

（3）如果在任何阶段已经决定出一个或更多小组成员的名次后，而其他小组成员仍然积分相同，为计算相同分数成员的名次，根据上述程序继续计算时，应将已决定出名次的小组成员的比赛成绩删除。

（4）如果按照上述 3 条所规定的程序，仍不能决定某些队（人）的名次时，这些队（人）的名次将由抽签来决定。

例一：6 个队参加男子团体比赛共达 5 轮，15 场。其比赛成绩如表 9-5 所示。

从表 9-5 可以看出甲、丙、丁、己四个队的积分相同，为前四名，戊队积 7 分为第 5 名，乙队积 6 分为第 6 名，根据规则规定去除已确定名次的队的成绩，再计算积分相同队的名次（表 9-6）。

表 9-5　男子团体赛成绩表

	甲	乙	丙	丁	戊	己	积分	胜负比率	名次
甲	▲	3：1	2：3	3：2	3：2	2：3	8		
乙	1：3	▲	3：0	2：3	2：3	1：3	6		6
丙	3：2	0：3	▲	0：3	3：2	3：2	8		
丁	2：3	3：2	3：0	▲	3：1	2：3	8		
戊	2：3	3：2	2：3	1：3	▲	3：1	7		5
己	3：2	3：1	2：3	3：2	1：3	▲	8		

表9-6　男子团体赛积分相同队成绩表

	甲	丙	丁	己	积分	胜负比率	名次
甲	▲	2：3	3：2	2：3	4		
丙	3：2	▲	0：3	3：2	5		
丁	2：3	3：0	▲	2：3	4		
己	3：2	2：3	3：2	▲	5		

　　从上表可以看出甲、丁两队积分相同；丙、己两队积分相同，且丙、己两队的积分大于甲、丁两队的积分。去除积分不同队的成绩，得到下面两表（表9-7、图9-8）。

表9-7　男子团体赛第1、2名成绩表

	丙	己	积分	胜负比率	名次
丙	▲	3：2	2		1
己	2：3	▲	1		2

　　丙队的积分大于己队，为第一名，己队为第二名。

表9-8　男子团体赛第3、4名成绩表

	甲	丁	积分	胜负比率	名次
甲	▲	3：2	2		3
丁	2：3	▲	1		4

　　甲队的积分大于丁队，为第3名，丁队为第4名。

　　例二：有一个小组由三个队进行单循环比赛，比赛的成绩如表9-9所示：

表9-9　男子团体赛小组循环成绩表

	甲	乙	丙	积分	胜负比率	名次
甲	▲	2：3	3：2	3	1	2
乙	3：2	▲	0：3	3	0.6	3
丙	2：3	3：0	▲	3	1.66	1

　　甲、乙、丙三队的积分完全相同，根据规则计算它们之间的场数比率：

甲＝(2＋3)/(3＋2)＝5/5＝1

乙＝(3＋0)/(2＋3)＝3/5＝0.6

丙＝(2＋3)/(3＋0)＝5/3＝1.66

因为 1.66＞1＞0.6

所以，丙为第 1 名，甲为第 2 名，乙为第 3 名。

三、淘汰赛

淘汰赛是按照事先排好的比赛次序进行比赛，胜者进入下一轮继续比赛，负者被淘汰，直到剩下最后一人，为冠军。

(一)淘汰赛的特点

1. 淘汰赛的优点

(1)对抗性强，只有胜者才有机会继续比赛。

(2)可在较短时间内决出由多人参加比赛的冠亚军。

(3)比赛逐步走向高潮，在最高潮中结束。

2. 淘汰赛存在的问题

(1)合理性差，每个区只有一名选手打出来。如强强过早相遇，其中负者再没有机会比赛。

(2)机遇性强，抽签决定对手。

(3)不完整性，当参赛人数不是 2 的乘方数时，要用轮空(抢号)的方法补齐。

(4)比赛只能排出冠亚军，其他名次需要安排附加赛。

3. 克服淘汰赛存在问题的方法

(1)用设种子的方法，提前将种子选手分区，以克服合理性差。

(2)用有原则的控制抽签的方法克服机遇性强。

(3)用加轮空(抢号)或设预选赛的方法克服不完整性。

(二)淘汰赛轮次、场次的计算方法

轮次＝2 的乘方数中的指数

轮次是参赛选手全部出场比赛一次为一轮(轮空的选手包括在内)。例如，8 等于 2 的 3 次方($2^3 = 8$)，3 为轮数；16 等于 2 的 4 次方($2^4 = 16$)，4 为轮数；32 等于 2 的 5 次方($2^5 = 32$)，5 为轮数。

两人之间的一次比赛为一场。

场次＝参赛人数－1

例如，16 人参加比赛，场次＝15 场；30 人参加比赛，场次＝29 场。

(三)设种子

(1)种子即本次比赛中的优秀运动员或运动队，又称高手或强队。通常排名在前的选手被列为种子，以便他们在比赛进行到较后的轮次时相遇。

(2)由于淘汰赛的机遇性很大，如果随机抽签，很有可能高手与高手过早相遇，比赛结果的合理性就差。为了避免高手之间过早相遇，有目的地将比

赛中的高手定为种子选手，均匀地分布在不同的区域，使他们在比赛的较后轮次相遇。种子数目主要是根据参加人数多少来确定，一般是 2 的乘方数为宜。

(3)确定种子选手的通常方法是根据各类比赛的排名。

①根据国际乒联最新世界排名顺序。

②根据洲的排名顺序。

③根据国内排名顺序。

④根据上届比赛成绩排名。

⑤根据最近比赛成绩排名。

⑥根据报名单位的报名顺序。

(四)选择位置数

根据淘汰赛的比赛规律，整个比赛的位置数应该以 2 的乘方数逐次收缩。所以淘汰赛第 1 轮的位置数要求是 2 的乘方数。比赛前，根据参赛人数多少而选定一个接近 2 的乘方数，如 8，16，32，64，128 等即是位置数。

(五)设轮空/抢号

(1)由于实际报名的参赛人数不一定是 2 的乘方数。但淘汰赛又要求第 1 轮的位置数一定是 2 的乘方数。所以用设置轮空(抢号)的方法来补足到 2 的乘方数。轮空(抢号)位置应该均匀地分布在不同的区域。

(2)轮空位置的确定原则：种子序号在前的选手优先轮空；轮空位置应尽量均匀分布。

(3)当参赛人数刚刚超过 2 的乘方数，采用轮空的方法则会出现第 1 轮轮空数过多，一般多采用抢号的方法。抢号就是由抽签决定谁先进行第一轮比赛，胜者抢得某个号位，负者被淘汰。经过第一轮抢号，选手人数正好为 2 的乘方数。

(4)轮空和抢号没有本质上的区别。

(六)设预选赛

提前设定好参赛的正式选手名单，并预留出相应的空位，使比赛的位置数正好是 2 的乘方数。其余选手通过预选赛，争夺参加正式选手比赛的位置。

(七)种子位置数

确定种子位置数的原则：种子一定要均匀地分布在不同的区域。

1 号种子，在上半区的顶部；2 号种子，在下半区的底部；3、4 号种子，分别在上半区的底部和下半区的顶部；5～8 号种子，分别在奇数 1/4 区底部和偶数 1/4 区顶部；9～16 号种子，分别在奇数 1/8 区底部和偶数 1/8 区顶部；17～32 号种子，分别在奇数 1/16 区底部和偶数 1/16 区顶部。

(八)种子号码位置表(表 9-10)

表 9-10　种子号码位置表

序号		位　　　置　　　号							序号
1	1	256	129	128	65	192	193	64	
	33	224	161	96	97	160	225	32	2
3	17	240	145	112	81	176	209	48	
	49	208	177	80	113	144	241	16	4
5	9	248	137	120	73	184	201	56	
	41	216	169	88	105	152	233	24	6
7	25	232	153	104	89	168	217	40	
	57	200	185	72	121	136	249	8	8

　　注：种子号码位置表是按"跟种子"原理排列出来的。查找时根据所设种子数与比赛号码位置数，逐行由左向右摘出小于或等于比赛号码位置数的号码，即为种子号码位置。

(九)轮空号码位置表(表 9-11)

表 9-11　轮空号码位置表

序号		位　　　置　　　号							序号
1	2	255	130	127	66	191	194	63	
	34	223	162	95	98	159	226	31	2
3	18	239	146	111	82	175	210	47	
	50	207	178	79	114	143	242	15	4
5	10	247	138	119	74	183	202	55	
	42	215	170	87	106	151	234	23	6
7	26	231	154	103	90	167	218	39	
	58	199	186	71	122	135	250	7	8

　　注：轮空号码位置表是按"跟种子"原理排列出来的。查找时根据所设轮空数与比赛号码位置数，逐行由左向右摘出小于或等于比赛号码位置数的号码，即为轮空号码位置。

(十)示例

　　120 人参加男子单打比赛，使用 128 个号码位置数，设 16 名种子，找出 16 个种子号码，找出 8 个轮空号码。

1. 种子与种子号位(表9-12)

表 9-12　种子号位表

种　　子	进位方式	位　　　　置
1 号种子	进入	1 号位
2 号种子	进入	128 号位
3～4 号种子	抽签	64、65 号位
5～8 号种子	抽签	33、96、97、32 号位
9～16 号种子	抽签	16、17、48、49、80、81、112、113 号位

2. 轮空与轮空号位

轮空数＝位置数－人数＝128－120＝8

8 个轮空数分别为：2、127、66、63、34、95、98、31(查轮空号码位置表)

(十一)淘汰赛比赛次序表(图9-8)

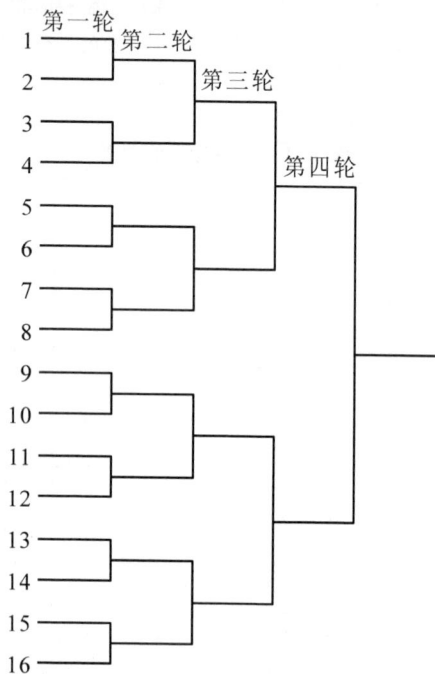

图 9-8　单淘汰比赛次序表

(十二)附加赛

淘汰赛存在的问题之一就是排名问题。正常的淘汰赛只能排出第 1 名和第 2 名，其他名次都是以一种并列的形式出现，如比赛需要排出更多名次则应根据需要增设附加赛。

（十三）解读淘汰赛加附加赛的比赛用表

实线表示胜者，向右前进一轮与相邻的胜者进行比赛。虚线表示负者向左后退一轮与相邻的负者进行比赛。在每一轮中运动员都能找到与自己胜负场次一样的运动员进行比赛。直至比赛全部结束（表9-13）（图9-9）。

表 9-13　淘汰赛的种子与轮空（32 为例）

1/2 区	1/4 区	位置号	种子序号	轮空序号
上半区	第 1 个 1/4 区	1	1	
		2		1
		3		16
		4	16	
		5	9	
		6		9
		7		8
		8	8	
	第 2 个 1/4 区	9	5	
		10		5
		11		12
		12	12	
		13	13	
		14		13
		15		4
		16	4	
下半区	第 3 个 1/4 区	17	3	
		18		3
		19		14
		20	14	
		21	11	
		22		11
		23		6
		24	6	
	第 4 个 1/4 区	25	7	
		26		7
		27		10
		28	10	
		29	15	
		30		15
		31		2
		32	2	

```
1
2
3
4
第五名  第六名    第八名 第七名        第三名 第四名      亚军  冠军
5
6
7
8
```

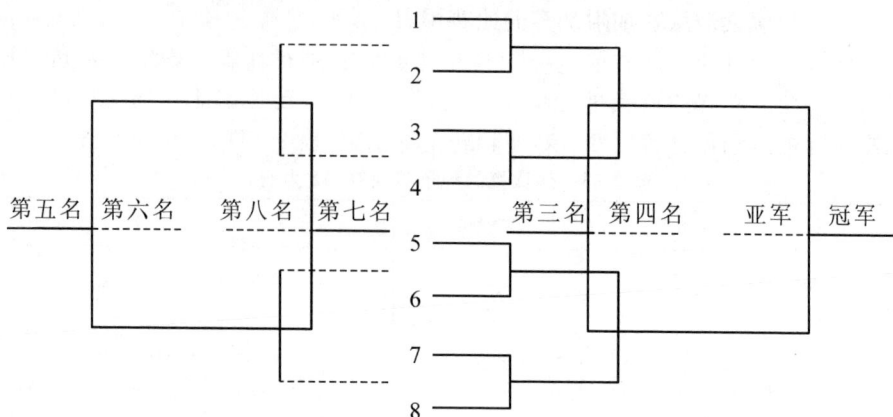

图 9-9　淘汰赛加附加赛用表

(十四)淘汰赛加附加赛场次计算方法

淘汰赛加附加赛的场次＝有附加赛的第 1 轮的场数×轮数

表 9-13 为比较直观的单淘汰赛的区域、位置、种子、轮空示意图。从中有助于理解分区、定位。种子位置与相应的轮空位置之间的规律，可以在此基础上举一反三。

四、混合赛制

混合赛是在一次竞赛的不同阶段，分别采用循环赛和淘汰赛两种比赛方法的赛制。

混合赛制的优缺点：

混合赛制具有循环赛和淘汰赛的优点，也不同程度地克服了循环赛和淘汰赛中的问题。所以经常被采用。但是对不分组的循环赛来说，最后排出的名次也存在着一定机遇性。

采用这种赛制，一般是将比赛分为 2 个或 3 个比赛阶段。通常是第一阶段分组循环，第二阶段采用淘汰赛。也有第一阶段采用淘汰赛，第二阶段采用循环赛的。

如在乒乓球比赛中经常采用的方法是第一阶段分组循环(分 2 组、4 组或 8 组)，各小组前两名进入第二阶段打淘汰赛。

第四节　乒乓球竞赛的抽签与编排

一、抽签

(一)抽签的任务

主要是确定每个参赛者在整个比赛结果中的位置，以确定各参赛者之间的相互关系,同时,也为确定比赛次序和比赛条件提供基础。在一切具有不同机遇的竞赛环节中都需要抽签,以使所有参赛者在竞赛中实现最大限度的机会均等。

(二)抽签的原则

1. 种子队员合理分开,最后相遇

规则规定:

(1)排名在前的选手应被列为种子,以使他们在比赛进行到较后轮次时相遇。

(2)第一号种子应安排在上半区的顶部,第二号种子应安排在下半区的底部,其余种子应通过抽签进入规定的位置,具体如下:

第三、第四号种子应抽入上半区的底部和下半区的顶部。第五号至第八号种子应抽入单数 1/4 区的底部和双数 1/4 区的顶部;第九号至第十六号种子应抽入单数 1/8 区的底部和双数 1/8 区的顶部;第十七号至第三十二号种子应抽入单数 1/16 区的底部和双数 1/16 区的顶部。

2. 同队队员合理分开,最后相遇

规则规定:

(1)来自同一协会的报名选手应尽可能合理分开,使他们在比赛进行到较后轮次时相遇。

(2)各协会应按技术水平由强至弱地排列其报名运动员和双打配对的顺序,并应与种子排名表的顺序一致。

(3)排列为第一号和第二号的选手应被抽入不同的半区,第三号和第四号选手应被抽入没有本协会第一、第二号选手所在的另外两个 1/4 区。

(4)排名第五号至第八号的选手,应尽可能均匀地抽入没有前四号选手的 1/8 区。

(5)排名第九号至第十六号的选手应尽可能的抽入没有前八号选手的 1/16 区,依此类推,直至所有报名的选手都进入适当位置为止。

(6)由不同协会的选手组成的男子双打或女子双打配对,应被视为属于在世界排名表上排名较高选手的协会;如果两名选手在世界排名表上无名,则被视为属于在相应的洲联合会排名表上排名较高选手的协会;如果两名选手均不在上述排名表内,则应被视为属于在世界团体赛排名表中排名较高的协会。

(7)有不同协会的选手组成的混合双打配对,应被视为属于男选手的协会。

(三)抽签前的准备工作

抽签前的准备工作内容很多,工作量很大,而且准备工作质量的好坏,直接关系到抽签工作的成败。

1. 接受、汇总报名

接受报名的目的是确定编排和抽签的对象，接受报名的工作非常重要，裁判长要亲自抓好接受报名的工作。在接受报名时应做到，任何变动都应有文字依据，并由专人保管好。汇总工作的目的是统计出各比赛项目的参赛队数、人（对）数，以便最终确定具体的抽签编排方案。

2. 确定比赛办法

各参赛队的报名情况和竞赛规程中对竞赛办法的规定是准备抽签的两个基本依据。竞赛规程规定的比赛办法，一般是比较原则的，在实践中制订规程的主观设想与实际报名情况和比赛条件的变化会有一定的差距。因此，在抽签前必须熟悉和吃透规程对比赛办法规定的精神，以便根据实际报名和比赛场地等情况，确定具体的比赛办法。例如：有 24 个队参加团体比赛，规程规定比赛采用两个阶段，第一阶段为分组循环，第二阶段为淘汰赛，因为，24 个队比赛分组循环时既可分 8 个组又可分 4 个组，一般情况下，比赛如果球台较多，日程较长时采用 4 个组进行比赛，反之则采用 8 个组进行比赛，但如果在竞赛规程中规定，第一阶段的比赛分 4 个组进行循环赛，则必须执行。

3. 确定种子数量和种子名单

采用单淘汰赛时，种子的数量一般是 2 的某次幂乘方数，且为该单项比赛报名选手总数的 $1/6\sim1/12$；采用分组循环时，种子的数量应为循环赛小组数的倍数。一般情况下，如果对参赛队员的技术情况较了解时，可设置较多的种子，反之种子的数量应减少。

确定种子名单的方法是：在团体淘汰赛中，每个协会中排名最高的队才有资格按排名被列为种子；排列种子应按国际乒联最新公布的排名表为准，下列情况除外：

如果符合种子条件的报名选手（队）均来自同一洲的联合会，该联合会最新公布的排名表应优先考虑；如果符合种子条件的报名选手均来自同一协会，该协会最新公布的排名表应优先考虑；如果是基层的比赛，在有以往成绩的情况下，应根据以往的成绩确定种子，在某些非传统性或变迁较大的比赛中，如果种子名单很难确定可以考虑由各单位该项比赛的第 1 号选手作为种子选手。

由于确定种子是一项较复杂，且较难精确的工作，所以在考虑种子序号时，以分批的方法为宜。例如：有 16 名种子，其序号不必从第 1 排到第 16 排，而易列为：第 1 号种子，第 2 号种子，第 3、4 号种子，第 5～8 号种子，第 9～16 号种子。在每批种子内部不予具体区分种子的序号，而应作为一批种子处理。这样既简化了确定种子的工作，又符合抽签的实际情况。

4. 准备抽签用具

目前国内常用的抽签方法有：计算机抽签和卡片式抽签。

如果采用计算机抽签，赛前需要准备好电脑、投影设备，并应将每个项目的参赛队（选手）的具体情况输入电脑，确定每个项目的种子名单。由于计算机抽签的方法较固定，应注意输入名单的正确性，熟悉所使用的电脑程序，一般较易成功，抽签费时也相对较短，但因抽签的过程在参赛队看来过于简短，易怀疑其真实性。

如果采取卡片式抽签，赛前需要准备的用具有：

(1)抽签的"签卡"。一般包括"名签"和"号签"，"名签"用来书写选手的姓名，选手的协会序号，比赛队名、国名、地区名，每个项目的每个参赛队（选手）均有一张"名签"。"号签"书写位置号、组号、区号（1/2 区、1/4 区、1/8 区）等。"名签"和"号签"应每个项目一套，并按照比赛的实际抽签顺序整理好。制作"签卡"的材料应不透光，在"签卡"的背面不能看见"签卡"正面的字样；"签卡"的背面的图案应完全对称，没有方向性，使任何人不能从"签卡"的背面进行任何辨认。

(2)平衡控制表。平衡控制表是用较科学的方法通过贯彻"预见性"和"区别性"两项原则，解决好抽签工作中"机遇"和"控制"这对矛盾。在确定了适应某个数量的号码位置的淘汰赛之后，上下半区、各个 1/4 区、各个 1/8 区……可以容纳的选手数是固定的，而且原则上是平均分布的，各区之间差数不能超过 1；同样，在确定了参赛选手和单循环小组数之后，每个单循环小组的人数也是基本固定的，而且原则上是均匀分布的，各小组所容纳的队（人数）差值不能大于 1，因此在抽签时如果不进行控制，较后抽签的单位将会出现违反规则的情况，但过多地、不应该地控制，又会使抽签很不合理、甚至失去意义，所以必须较好地使用平衡控制表，使被控制的面最小，受控制的选手都是每个协会排名较后的选手。在正式抽签前，表内各项数字和符号应填好，并且核对无误，且每个项目应单独使用一张平衡控制表。

二、编排

编排是将全部比赛中的每一场球安排出日期、时间、球台。

编排工作的任务是将各个项目所要进行全部的比赛，在限定的时间内，合理地安排到一定数量的球台上，并按照一定的比赛秩序进行比赛。

编排是一项技术性很强的工作，要考虑到运动员、教练员、场地工作人员、食宿、交通、新闻、观众等，以确保比赛的方方面面的合理衔接。每场比赛由于参赛人数不同，场地条件不同，食宿安排不同，所以编排方案没有统一的最佳模式。但确实有一些规律和经验可以借鉴。

(一)编排比赛日程要考虑的问题

(1)编排日程应符合运动员、主办单位，新闻中心和观众的需要。编排人员的工作是在保证比赛顺利完成的前提下尽力满足各方面的需求，协调好它们的关系。

(2)运动员要求安排合理的运动量和合理的时间比赛，在场与场之间要适当的休息。

(3)比赛官员要求安排合理的时间工作和休息。

(4)主办单位要求最有效的使用场馆和球台，节省开支。

(5)新闻中心和观众都要求在方便的时间里欣赏高水平的比赛，尤其是决赛。

(6)需要安排运动员和比赛官员必要的休息和吃饭时间。

(二)编排比赛常识

1. 团体比赛

(1)一次 5 场 3 胜制的团体比赛安排 90～120 分钟。

(2)一次 7 场 4 胜制的团体比赛安排 120 分钟。

(3)一次 9 场 5 胜制的团体比赛安排 120 分钟。

2. 单项比赛

(1)一场 3 局 2 胜的比赛安排 10～15 分钟。

(2)一场 5 局 3 胜的比赛安排 15～20 分钟。

(3)一场 7 局 4 胜的比赛安排 20～30 分钟。

3. 一张球台比赛总量

(1)一节一台最多安排 12 场 15 分钟一场的比赛。

(2)一节一台最多安排 10 场 20 分钟一场的比赛。

(3)一节一台最多安排 7 场 30 分钟一场的比赛。

(4)一节一台最多安排 2 个团体赛(通常安排 1 男团，1 女团)。

4. 一队、一人比赛总量

(1)1 队一天最多打 2～4 个团体比赛。

(2)1 人一天最多打 5～7 场单项比赛。

第五节　乒乓球竞赛形式和常用竞赛表格

一、团体比赛形式

(一)9 场 5 胜制(9 场单打)

主队：ABC

客队：XYZ

报名：每队限报 3～5 人，出场比赛必须 3 人。

比赛顺序如表 9-14 所示。

表 9-14　9 场 5 胜制比赛顺序

```
1. A—X
2. B—Y
3. C—Z
4. B—X
5. A—Z
6. C—Y
7. B—Z
8. C—X
9. A—Y
```

(二)5 场 3 胜制(4 场单打，1 场双打)

主队：AB

客队：XY

报名：每队限报 2～4 人，出场比赛可 2～4 人，双打可在 4 人中随意组合。

比赛次序如表 9-15 所示。

表 9-15　5 场 3 胜制(4 场单打，1 场双打)比赛顺序

```
1. A—X
2. B—Y
3. A/B—X/Y(4 人随意组合双打)
4. A—Y
5. B—X
```

双打比赛的配对名单不必立即提交，可以在前一场比赛结束时提交。

(三)5 场 3 胜制(5 场单打)

主队：ABC

客队：XYZ

报名：每队限报 3～5 人，出场比赛必须 3 人。

比赛次序如表 9-16 所示。

表 9-16　5 场 3 胜制(5 场单打)比赛循序

| 1. A—X |
| 2. B—Y |
| 3. C—Z |
| 4. A—Y |
| 5. B—X |

(四)7 场 4 胜制(6 场单打，1 场双打)的团体比赛形式

主队：ABC

客队：XYZ

报名：每队限报 3～5 人，出场比赛可以 3～5 人。

比赛顺序如表 9-17 所示。

表 9-17　7 场 4 胜制比赛顺序

| 1. A—Y |
| 2. B—X |
| 3. C—Z |
| 4. 双打 |
| 5. A—X |
| 6. C—Y |
| 7. B—Z |

(五)5 场 3 胜制(4 场单打，1 场双打)的混合团体比赛形式

报名：每队限报男 3～4 人，女 3～4 人，出场男女各 2～3 人。

比赛顺序如表 9-18 所示。

表 9-18　混合团体比赛顺序

| 1. 男单 |
| 2. 女单 |
| 3. 混双 |
| 4. 男单 |
| 5. 女单 |

(六)7 场 4 胜制(5 场单打，3 场双打)的混合团体比赛(中学生"希望杯")形式

报名：每队限报男 5～6 人，女 5～6 人，出场男女各 3～5 人。

比赛顺序如表9-19所示。

表9-19　7场4胜制(4场单打，3场双打)的混合团体比赛顺序

1. 男单
2. 女单
3. 男双
4. 女双
5. 男单
6. 女单
7. 混双

二、主要常用比赛表格

(一)9场5胜制比赛用表(见表9-20)

表9-20　乒乓球男子团体比赛记分表

场次号	阶段	组别	时间	台号

_____队 VS _____队

顺序	A/B/C _____队	X/Y/Z _____队	每 局 比 分					每场结果
			1	2	3	4	5	
1	A	X						
2	B	Y						
3	C	Z						
4	B	X						
5	A	Z						
6	C	Y						
7	B	Z						
8	C	X						
9	A	Y						

比赛结果：_____　　获胜队：_____

胜方签名：_____　　负方签名：_____

裁判员签名：_____　　比赛地点：_____

团体比赛排名表

_____队 VS _____队

顺序	运动员姓名	号码
A		
B		
C		

队名：_____ 签名：_____

团体比赛排名表

_____队 VS _____队

顺序	运动员姓名	号码
X		
Y		
Z		

队名：_____ 签名：_____

(二)5场3胜制比赛用表(见表9-21)

表9-21 乒乓球女子团体比赛记分表

场次号	阶段	组别	时间	台号

_____队 VS _____队

顺序	A/B/C _____队	X/Y/Z _____队	每 局 比 分 1	2	3	4	5	每场结果
1	A	X						
2	B	Y						
3	双打	双打						
4	A	X						
5	B	Y						

比赛结果：_____ 获胜队：_____

胜方签名：_____ 负方签名：_____

裁判员签名：_____ 比赛地点：_____

团体比赛排名表

_____队 VS _____队

顺序	运动员姓名	号码
A		
B		
双打		

队名：_____ 签名：_____

团体比赛排名表

_____队 VS _____队

顺序	运动员姓名	号码
X		
Y		
双打		

队名：_____ 签名：_____

(三)5 场 3 胜制比赛用表(见表 9-22)

表 9-22　乒乓球——团体比赛记分表

场次号	阶段	组别	时间	台号

_____队 VS _____队

顺序	A/B/C _____队	X/Y/Z _____队	每 局 比 分					每场结果
			1	2	3	4	5	
1	A	X						
2	B	Y						
3	C	Z						
4	A	Y						
5	B	X						

比赛结果: _____　　　获胜队: _____

胜方签名: _____　　　负方签名: _____

裁判员签名: _____　　比赛地点: _____

团体比赛排名表　　　　　　　**团体比赛排名表**

_____队 VS _____队　　　　　　_____队 VS _____队

顺序	运动员姓名	号码
A		
B		
C		

顺序	运动员姓名	号码
X		
Y		
Z		

队名: _____　签名: _____　　　队名: _____　签名: _____

>>>>>>>>>>>>>>>>>>>>>>>>>>> 练习与思考 <<<<<<<<<<<<<<<<<<<<<<<<<<<

1. 简述合法发球。

2. 试述正确的比赛次序及错误次序的纠正。

3. 什么情况下应判重发球?

4. 分别叙述循环赛和淘汰赛的优缺点。

5. 乒乓球比赛的抽签原则是什么?

参考文献

[1]体育院、系教材编审委员会.乒乓球[M].北京:人民体育出版社,1979

[2]徐寅生,梁焯辉等.现代乒乓球技术的研究[M].北京:人民体育出版社,1982

[3]田麦久,武福全等.运动训练科学化探索[M].北京:人民体育出版社,1988

[4]王道俊,王汉澜等.教育学[M].北京:人民教育出版社,1989

[5]体育学院通用教材编写组.学校体育学[M].北京:人民体育出版社,1991

[6]体育学院通用教材编写组.乒乓球[M].北京:人民体育出版社,1992

[7]谢亚龙,王汝英等.中国优胜项目制胜规律[M].北京:人民体育出版社,1992

[8]陆元盛.削球打法的出路[J].乒乓世界,1994(1)

[9]徐寅生.我与乒乓球[M].北京:中国社会科学出版社,1995

[10]中国乒协裁判委员会.乒乓球国际裁判员手册[M].北京:人民体育出版社,1995

[11]巴甫洛夫.巴甫洛夫选集[M].北京:科学出版社,1955

[12]邱钟惠.现代乒乓球[M].北京:人民体育出版社,1995

[13]张力为等.运动心理学——借鉴、移植与发展[M].北京:北京体育大学出版社,1996

[14]林晓彦.乒乓球入门[M].合肥:安徽科学技术出版社,1998

[15]赵修琴.中国乒乓球图解技战术全书[M].北京:中国物资出版社,1999

[16]蔡振华.直板进攻型打法之我见[J].乒乓世界,1999(9)

[17]方凯军.中国乒乓球战例精选四十春[M].北京:人民体育出版社,1999

[18]周京兰,李莉.乒乓球竞赛过程的心理分析[J].哈尔滨体育学院学报,1999(2)

[19]田麦久等.运动训练学[M].北京:人民体育出版社,2000

[20]李秉德.教学论[M].北京:人民教育出版社,2000

[21]全国体育院校教材委员会.运动训练学[M].北京:人民体育出版社,2000

[22]韩志忠,周建军.乒乓球理论与实践方法探索[M].昆明:云南大学出版社,2000

[23]周登嵩.体育科研概论[M].北京:北京体育大学出版社,2001

[24]岑淮光等.怎样打好乒乓球[M].北京:人民体育出版社,2001

[25]张博.乒乓球旋转的技巧[M].北京:人民体育出版社,2001

[26]课题组.乒乓长盛的训练学探索[M].北京:北京体育大学出版社,2002

[27]马启伟,张力为.体育运动心理学[M].杭州:浙江教育出版社,2002

[28]张力为.体育科学研究方法[M].北京:高等教育出版社,2002

[29]国家体育总局"乒乓长盛考"研究课题组.乒乓长盛的训练学探索[M].北京:北京体育大学出版社,2002

[30]中国乒协.乒乓球竞赛规则[M].北京:人民体育出版社,2003

[31]程嘉炎.乒乓球竞赛法研究[M].北京:人民体育出版社,2003

乒
·
乓
·
球